Bradley
Ausnahmezustand Pubertät

# Ausnahmezustand Pubertät

## Wie Sie mit Liebe und Humor die turbulente Zeit überstehen

**Michael J. Bradley**

Aus dem Amerikanischen
von Christiane Bernhardt

TRIAS

**Bibliografische Information
der Deutschen Nationalbibliothek**

Die Deutsche Nationalbibliothek verzeichnet diese Publikation in der Deutschen Nationalbibliografie; detaillierte bibliografische Daten sind im Internet über http://dnb.d-nb.de abrufbar.

Die US-amerikanische Originalausgabe erschien 2017 unter dem Titel »Crazy-Stressed: Saving Today's Overwhelmed Teens with Love, Laughter, and the Science of Resilience«.

© 2017 Michael J. Bradley. Published by AMACOM, a division of American Management Association, International, New York. All rights reserved.

1. Auflage 2018

© 2018 TRIAS in Georg Thieme Verlag KG
Rüdigerstr. 14
70469 Stuttgart
Deutschland

www.trias-verlag.de

Printed in Germany

Programmplanung: Katja Widmann
Redaktion: Dr. Sabine Klonk, Stuttgart
Übersetzung: Christiane Bernhardt
Bildredaktion: Christoph Frick, Nadja Giesbrecht
Umschlaggestaltung und Layout:
CYCLUS Visuelle Kommunikation, Stuttgart
Umschlagmotiv: Dominique Loenicker
Illustrationen: Nina Tiefenbach, Berlin
Satz: Ziegler + Müller, Kirchentellinsfurt
Druck: Westermann Druck GmbH, Zwickau

ISBN 978-3-432-10627-4          1 2 3 4 5 6

Auch erhältlich als E-Book:
eISBN (epub) 978-3-432-10629-8

Liebe Leserin, lieber Leser,
hat Ihnen dieses Buch weitergeholfen?
Für Anregungen, Kritik, aber auch für Lob sind wir offen. So können wir in Zukunft noch besser auf Ihre Wünsche eingehen. Schreiben Sie uns, denn Ihre Meinung zählt!

Ihr TRIAS Verlag

E-Mail Leserservice: kundenservice@trias-verlag.de

Adresse:
Lektorat TRIAS Verlag, Postfach 30 05 04,
70445 Stuttgart
Fax: 0711-8931-748

**Besuchen Sie uns auf facebook!**
www.facebook.com/mama.mag.trias

**Lassen Sie sich inspirieren!**
www.printerest.com/triasverlag

# Der Autor

 **Dr. Michael J. Bradley**, renommierter klinischer Psychologe und Vater zweier Kinder, arbeitet seit über 30 Jahren mit Jugendlichen. Der Bestsellerautor und gefragte Redner inspiriert Leser und Zuhörer in ganz Nordamerika. Mit »Ausnahmezustand Pubertät« werden seine Erfahrungen und äußerst alltagstauglichen Überlebensstrategien nun zum ersten Mal Leserinnen und Lesern hierzulande zugänglich gemacht. Weitere Informationen finden Sie unter: www.doctormikebradley.com

# Inhalt

# Vorwort

Herzlich willkommen zu dem Abenteuer, das Sie am meisten frustrieren, befriedigen, deprimieren, beflügeln, zur Weißglut treiben und begeistern, Ihnen den Schlaf rauben und Sie manchmal in Angst und Schrecken versetzen wird: die Erziehung eines frisch »geschlüpften« Teenagers im 21. Jahrhundert. Theoretisch weiß ich das eine oder andere über die genannten Emotionen, da ich seit mehr als drei Jahrzehnten mit Teenagern und ihren Eltern arbeite. Praktisch – und mit dem Herzen – weiß ich sogar noch mehr darüber, da ich während der letzten beiden Wochen selbst all diese Gefühlslagen durchlebt habe: als Vater eines solchen Teenagers. Gestern Nachmittag um 15 Uhr wollte ich an meinen Schreibtisch. Aufgrund einer akuten Teeniekrise wurde daraus jedoch nichts. Die Situation war so schlimm, dass ich meine beste Freundin Cindy fragte (die nicht nur ebenfalls Pubertätsexpertin, sondern auch meine Ehefrau ist), ob gerade wirklich der richtige Zeitpunkt sei, einen Elternratgeber zu schreiben. Ich sagte zu ihr, dass ich an den guten Tagen das Gefühl hätte, etwas Hilfreiches sagen zu können. Ganz anders sehe es an den schlechten Tagen aus. Cindy überlegte kurz und sagte dann: »Schreibe nur an den schlechten Tagen, dann fühlen sich die Eltern wirklich von dir verstanden.«

Cindy erinnerte mich an etwas, das uns bei vielen Büchern über die Erziehung von Teenagern negativ aufgefallen war. Häufig sind die Bücher voller Informationen, die zwar nützlich, aber auch zutiefst frustrierend sind. Es ist so, als erzählte jemand von oben herab, dass alles eigentlich ganz einfach sei. Noch schlimmer machen es die gutmeinenden Autoren, wenn sie von ihren eigenen »schrecklichen pubertierenden Kindern« erzählen – die am Ende mit Einserabschlüssen auf die besten Universitäten gehen. Als ob ihre filmreifen Happy Ends uns die Sicherheit geben könnten, dass schon alles gut gehen wird. Wir – die »echten« Eltern – wissen allerdings, dass es wahrscheinlicher ist, dass unsere Kinder von Aliens entführt werden, als dass sie ein Stipendium für ihr Studium ergattern. Aber liegt es eigentlich an uns selbst, dass wir manchmal so große Schwierigkeiten haben, unsere

Teenager zu erziehen? Sind wir unfähig oder vielleicht einfach zu dumm?

Maggie, eine meiner Klientinnen, kam eines Tages aufgebracht in meine Praxis. Sie zitierte aus einem Elternratgeber: »Diese Expertin behauptet, dass ich meine Emotionen nicht unter Kontrolle hätte, weil ich hin und wieder ausraste. Meine Tochter würde in solch einer Situation wohl sagen: ›Ach, nee, wirklich?‹ Dr. B., wissen Sie zufällig, ob diese Frau ein Kind hat?« Eine Woche zuvor war Maggies Tochter um ein Uhr morgens vom Beifahrersitz eines Motorrads abgestiegen, mit Bierfahne und ohne Helm. »Ich glaube kaum«, fuhr Maggie fort. »Manchmal schreie ich einfach los, obwohl ich weiß, dass es dumm ist. Also bin ich wohl so dumm, dass mir nicht mehr zu helfen ist.«

Natürlich ist Maggie nicht dumm und weder Sie noch ich sind es. Es ist nur so, dass es wirklich, wirklich schwierig ist, heutzutage einen Teenager großzuziehen. So schwierig, dass es uns manchmal richtig an die Substanz geht. Es kann herausfordernder sein als alles, was Sie je erlebt haben, und Sie dazu bringen, Dinge zu tun, von denen Sie eigentlich wissen, dass sie nicht richtig sind. Sogar außerordentlich starke Menschen gehen vor dieser Herausforderung in die Knie, wie ein anderer meiner Klienten.

## Kein Witz

»Ich möchte Ihnen etwas über mich erzählen«, sagte Jim mit sanfter Stimme. »Zwanzig Jahre lang habe ich in der Armee gedient. Ich war bei drei Kampfeinsätzen dabei und habe die schrecklichsten Dinge erlebt.« Er lehnte sein wettergegerbtes Gesicht nach vorne, kniff die Augen zusammen und sah mich direkt an. »Nichts von alldem hat mir so viel Angst eingejagt, mich dermaßen verrückt und hilflos gemacht, wie Vater einer 14-Jährigen zu sein. Kein Witz.«

Während ich seufzte und ihm zustimmend zunickte, fiel mir das Mantra eines meiner alten Professoren ein: Nichts auf dieser Welt macht uns verletzlicher als das Leben unserer Kinder.

NICHTS
AUF DIESER WELT
MACHT UNS
VERLETZLICHER
ALS DAS LEBEN
UNSERER
KINDER

Manche Elternratgeber klingen, als wären sie von Gewinnern der großen Kinderlotterie geschrieben worden. Sie wissen schon, die mit den perfekten Kindern, die nicht einmal wissen, dass sie das große Los gezogen haben. Die Experten, die zwar möglicherweise mit schwierigen Kindern arbeiten, deren schlimmstes Elterntrauma im Privaten aber ein unerlaubtes Nasenpiercing war. Wenn sich ein geschmückter Nasenflügel als größtes Teenie-Desaster herausstellt, haben sie wirklich keine Ahnung davon, wie schwer das Leben von Eltern anstrengender Halbwüchsiger sein kann. Schwierige Teenager zu beraten, kann man absolut nicht damit vergleichen, sie großzuziehen. Wie Sie im Laufe dieses Buchs feststellen werden, ist das etwas, womit ich mich sehr gut auskenne – da ich beides tue. Von Paaren, die sich einen nagelneuen Porsche kaufen, oder von Eltern eines idealen Teenagers bin ich nicht sonderlich beeindruckt. Aber von den Leuten, die eigenhändig eine alte Rostlaube restaurieren, von den Eltern, die nicht aufgeben, für das Wohlergehen ihres ganz und gar nicht einfachen Teenagers zu kämpfen – vor diesen Menschen habe ich den größten Respekt.

Um fair zu bleiben: Die meisten Eltern von Teenagern (vor allem Psychologen, die Bücher über das Thema schreiben) erzählen nicht die ganze ungeschönte Wahrheit über ihre Kinder. Stellen Sie sich folgendes Szenario vor: Während eines Fußballturniers an der Schule ihres Kindes sitzen Sie in den Rängen und hören den anderen zu. Elternteil eins fängt an: »Unser Brendan wurde zum Medizinstudium an einer der renommiertesten Universitäten zugelassen«. »Wie großartig«, erwidert Elternteil zwei. »Unsere Susan beginnt voraussichtlich im nächsten Semester mit ihrem Jurastudium.« Wenn Sie die Gedanken der beiden lesen könnten, würden Sie im Kopf von Brendans Vater wahrscheinlich etwas sehen wie »... allerdings hängt das von der Strafe ab, die der Richter verhängt, da Brendan seine Ex-Freundin auf Facebook bedroht hat.« Bei Susans Mutter sähe es auch nicht rosiger aus: »... es sei denn, wir müssen Susan einweisen lassen, da sie jeden Tag kifft.« Die meisten Eltern überforderter Teenager leiden einsam und leise, sie fühlen sich wie Idioten und Versager und denken, nur ihre Kinder verbocken die Schule und ihre Zukunftschancen. Tatsache ist aber, dass die meisten Teenager ein bisschen verrückt sind, viele sogar sehr, und sie alle können uns in den Wahnsinn treiben.

Bei Partys mit meinen Akademikerfreunden macht es mich nicht gerade beliebt, wenn ich sage, dass Teenager ein bisschen verrückt sind. Viele beschweren sich darüber, dass ich die Teenager in meiner Arbeit zu negativ darstellen würde. Sie sagen sogar, ich würde andeuten, dass Teenies geistig umnachtet und nicht ganz normal seien. Diese Sicht, meinen die Kollegen, führe dazu, dass sich Eltern weniger auf ihre Kinder einließen und so der Eltern-Kind-Beziehung schadeten. Ich erwidere darauf, dass Jugendliche wirklich gewissermaßen verwirrt sind. Und dass diese geistige Verwirrung daher rührt, dass ihre Gehirne noch nicht voll entwickelt sind und dass sie sich in einer Welt zurechtfinden müssen, die sich heute schneller dreht als je zuvor. Dass die »Umnachtung« also völlig normal ist. Heranwachsende machen tatsächlich Dinge, die uns völlig irrational erscheinen, als ob sie keinerlei Gefühl für die Realität hätten. Ich meine aber, dass wir unsere Kinder in Gefahr bringen, wenn wir über diese Fehleinschätzungen hinwegsehen, da wir ihnen Situationen zumuten, mit denen sie noch nicht umgehen können. Die Eltern-Kind-Beziehung ist in Gefahr, wenn Eltern nicht akzeptieren, dass ihre pubertären Lieblinge ein wenig verrückt sind. Dann stellen sie zu hohe Ansprüche an ihre Sprösslinge und interpretieren das verrückte Verhalten als persönlichen Angriff gegen sie selbst.

Aber bei allen Problemen: Teenager sind auch ganz wunderbare Wesen. Das Wort »verrückt« kann »umnachtet« bedeuten, im Lexikon finden sich aber noch weitere Definitionen: »extrem enthusiastisch, leidenschaftlich, schwärmerisch, verliebt« – und all diese Zuschreibungen passen zu Teenagern genauso wie »verrückt«. Darüber hinaus können sie auch kreativ, mitfühlend, einsichtig und großzügig sein. Sie entsprechen also auch all dem, was wir als absolut wünschenswerte Eigenschaften bezeichnen. Und das obwohl sie unter extremem Stress stehen. Genau deshalb sind diese »Verrückten« auch meine Helden.

Natürlich ist es einfach über die guten Eigenschaften von Teenagern zu sprechen, wenn sich gerade kein anstrengender Teenie in der Nähe aufhält. Viel schwieriger ist es, sich daran zu erinnern, wenn man sich gerade von Krise zu Krise schleppt, sich fragt, warum man überhaupt jemals Kinder wollte. Obwohl W.C. Fields Frauen meinte, hätte er mit folgendem Satz ebenso gut über Teenager sprechen können:

> *»[Sie] sind wie Elefanten. Schön anzusehen,*
> *aber ich möchte keinen besitzen.«*

Wenn Sie nun aber schon einen Teenager im Haus haben, kann Sie dieses Buch vielleicht dabei unterstützen, das Zusammenleben besser zu gestalten. Ich kann Ihnen natürlich nicht versprechen, dass ihr Kind am Ende eine Eliteuniversität besuchen wird, aber ich kann Ihnen etwas – wie ich finde – viel Besseres mit auf den Weg geben: die Fähigkeiten, die es braucht, um die schlechten Zeiten zu überstehen, das Verständnis, um die guten wertzuschätzen, und das Wissen, wie man einen jungen Erwachsenen so formt, dass man ihn letztlich gerne noch viel länger bei sich behalten hätte. Wie schwierig die Situation im Moment auch sein mag, ich verspreche Ihnen, dass Sie das schaffen können.

Eigentlich verdanken Sie nicht mir dieses Wissen, sondern den Familien, die ich während der letzten drei Jahrzehnte durch turbulente Teenagerjahre begleitet habe. Die Beispiele, die ich heranziehe, beruhen auf realen Fällen. Die Schilderungen basieren auf Notizen aus meinen Akten, die ich in der Hoffnung, sie irgendwann anderen mitzuteilen, nach besonders intensiven Therapiestunden gemacht habe. Ich habe festgestellt, dass sie das Wissen weit besser vermitteln, als ich es in meinen eigenen Worten könnte. An Stellen, wo es mir sinnvoll erscheint, habe ich auch Einträge aus meinem persönlichen Tagebuch eingefügt.

Was ich Ihnen als Eltern von Teenagern nicht mit auf den Weg geben muss, ist das Herz, das Sie brauchen werden. Das haben Sie bereits, sonst würden Sie dieses Buch nicht lesen. Am Ende dieser wortreichen Reise werden Sie feststellen, dass es wirklich auf Ihr Herz ankommt, das Ihnen dabei helfen wird, das Leben ihres Teenagers zu schützen. Es kann der Herzgesundheit zugutekommen, wenn wir uns daran erinnern, dass wir diese Geschöpfe nicht »besitzen«, sondern allenfalls für kurze Zeit »leasen«. Auch wenn sich diese kurze Zeit ewig anfühlt. Mutter Natur oder Gott (oder wem auch immer Sie die Schuld geben wollen) hat uns diese halbfertigen Menschenkinder in die Hände gelegt, damit wir uns um sie kümmern, während sie die aufregende und oftmals beängstigende Reise ins Erwachsensein antreten. Eigentlich dauert diese Phase ja nicht wirklich lange. Aber gefühlt zieht sie sich e-w-i-g. Das Wissen, dass all das bald vorbei ist, kann Ihnen dabei helfen, zielgerichtet zu bleiben. Und der Spuk wird vorübergehen, überraschenderweise sogar schneller, als Sie glauben.

Erinnern Sie sich noch daran, als ich sagte, dass die Erziehung eines Teenagers im 21. Jahrhundert das Abenteuer sei, das Sie am meisten frustrieren, befriedigen, deprimieren, beflügeln, zur Weißglut treiben und begeistern, Ihnen den Schlaf rauben und Sie manchmal in Angst und Schrecken versetzen werde? Genauso wird es sein. Es wird auch zum Wichtigsten gehören, was Sie jemals tun werden. Und im Rückblick wird es Sie mit großer Zufriedenheit erfüllen.

Bitte anschnallen, es geht los!

# Einleitung

Die Neurowissenschaften haben unser gesamtes Verständnis von der Pubertät verändert. Seit Dr. Jay Giedd im Jahr 1991 (während seiner Zeit am nationalen Institut für Geistesgesundheit) davor warnte, dass das Gehirn von Teenagern nicht sonderlich gut funktioniere, konnte eine ganze Reihe von Wissenschaftlern beeindruckende Ergebnisse zur Gehirnfunktion (oder dazu, inwiefern das Gehirn eben nicht funktioniert) während der Adoleszenz erzielen und somit die neurologische Sicht auf die Pubertät revolutionieren. In den folgenden Jahrzehnten gelang es uns allerdings nicht, dieses neue Wissen anzuwenden, um das Leben unserer Teenager zu erleichtern. Wie Sie in Kürze feststellen werden, ist es sogar so, dass das Leben von Teenagern heute schwieriger ist, als während der letzten 50 Jahre, in denen wir so viele Daten über sie gesammelt haben.

Als Jay 2002 das Vorwort für mein erstes Buch verfasste, sagte er bereits einige der Gründe für diese Schwierigkeiten voraus. Wie recht er damit haben sollte, war ihm damals nicht bewusst:

*Während sich die biologischen Funktionen des Teenagergehirns während der letzten Jahrtausende wahrscheinlich nicht stark verändert haben, hat sich die Lebenswelt vollkommen verwandelt. Teenager stehen heutzutage einer schwindelerregenden Anzahl an Wahlmöglichkeiten, wirksameren und suchterzeugenderen Drogen und, durch die (neuen) Medien vermittelt, viel mehr Darstellungen von Sex gegenüber. Steinzeitimpulse treffen heute auf die Versuchungen des Computerzeitalters.*[1]

Dieser Cocktail aus neurologischen Gegebenheiten sowie technologischem und kulturellem Wandel hat sich als beängstigend starker Stresskatalysator erwiesen, der in den Jahren, seit Jay ihn beschrieben hat, immer mächtiger wurde. Das Computerzeitalter hat unsere Kultur erheblich und mit größter Geschwindigkeit verändert, etwas, das zu nie gekanntem Stress für unsere Teenager führt. Das Ergebnis: Die Teenies leiden. Wir Eltern haben aber ein ebenso wirkungsvolles Mittel, um unsere Kinder zu schützen: unsere Liebe. Ich möchte Ihnen zum einen wissenschaftliche Kenntnis über die neurologische Entwicklung während der Pubertät vermitteln, zum anderen den aktuellen Wissensstand zum Thema »Resilienz« [was so viel bedeutet wie psychische Widerstandskraft, also die Fähigkeit, Krisen bewältigen zu können] bei Teenagern. Zusammengenommen können diese beiden Ansätze Ihre Kinder wirksam schützen, und sie vor den Bedrohungen unserer Welt bewahren.

In meinem Buch werden Sie ziemlich häufig über militärische Metaphern stolpern. Mir ging es wie Jim, dem Klienten, den ich im Vorwort zitiert habe: Auch für mich war es eine größere Herausforderung, einen Teenager großzuziehen, als den Militärdienst abzuleisten. Die militärische Ausbildung kann für die Aufgaben, denen wir als Eltern gegenüberstehen, aber sehr hilfreich sein. Ernsthaft! Wenn alles drunter und drüber geht, können sowohl Soldaten als auch Eltern besser mit der Situation umgehen, wenn sie einer klaren Mission – dem obersten Ziel – folgen, dabei durch kluge Strategien, quasi Etappenziele, unterstützt werden, die wiederum mittels spezifischer Taktiken – situationsbedingter To-Dos – erreicht werden. Diese drei Kernelemente helfen Soldaten, Lehrern und vor allem Eltern dabei, reflexartige destruktive Reaktionen (Ihrem Kind eine Ohrfeige verpassen, weil es gelogen hat) durch Reaktionen zu ersetzen, die viel besser wirken (einfach weggehen – bitte vertrauen Sie mir bei diesem Beispiel vorerst).

Dieses Organisationsmodell hilft uns dabei, unsere eingebauten Elterninstinkte zu überschreiben. Die Instinkte, die uns innerhalb einer Nanosekunde davon überzeugen, dass es befriedigend und effektiv sei, unserem pubertären Kind wehzutun, nachdem es uns wehgetan hat.

Das Problem dabei ist, dass so etwas tatsächlich befriedigend und effektiv sein kann – aber eben nur für diese Nanosekunde. Und schon eine weitere Sekunde später werden wir von schrecklichen elterlichen Schuldgefühlen heimgesucht.

Aber haben Sie überhaupt je darüber nachgedacht, was für ein Ziel Ihre Mission hat? Wahrscheinlich nicht, was ein bisschen beunruhigend ist, da eigentlich alles, was wir als Eltern unternehmen, auf das eine Ziel ausgerichtet sein sollte: Unsere Kinder dabei zu unterstützen, mit den gegenwärtigen Herausforderungen umgehen zu können.

Im ersten Teil dieses Buches wird es daher darum gehen, ein klares Erziehungsziel zu definieren. Um dieses Ziel zu definieren, beschäftigen wir uns mit den Herausforderungen, mit denen Teenager heutzutage konfrontiert werden. Das Wissen darüber wird uns auch helfen, einfühlsamer auf unsere Kinder zu reagieren, was uns manchmal schwerfällt, da wir denken, genau darüber Bescheid zu wissen, wie sich das Leben in der Pubertät anfühlt. Allerdings: Das tun wir keineswegs. Auch wenn Sie Ihre eigene Pubertät erst vor zwanzig Jahren durchlebt haben, wissen Sie es dennoch nicht mehr. Eher wenige Falten zu haben – also noch relativ jung zu sein – macht Sie sogar noch anfälliger dafür, zu glauben, Sie wüssten genau, wie sich Ihr Teenie in einer bestimmten Situation verhalten solle. Besser ist es zu sagen, dass wir alt und von Natur aus leicht dement wären: »Ich habe völlig vergessen, wie es sich anfühlt ein Teenager zu sein. Kannst Du es mir bitte sagen?« Das wird sich sicherlich als schlaue Strategie erweisen.

Der erste Teil des Buches führt Sie in die Welt der Teenager ein. Dies umfasst neurowissenschaftliche Kenntnisse über pubertierende Gehirne (die häufig nicht sonderlich gut funktionieren), die erstaunlichen Auswirkungen neuer Technologien (die viel zu gut funktionieren) und die verrückte Welt, die die Teenies umgibt (die beängstigend gut darin ist, ungesundes Verhalten zu bestärken). Wenn gruselige Filme nicht Ihr Ding sind, sollten Sie Teil 1 lieber nicht vor dem Schlafen lesen.

Im zweiten Teil wird ein zuversichtlicherer Ton angestimmt. Wir beginnen damit, die nötigen Strategien zu definieren, mit denen Sie Ihre

Kinder dabei unterstützen, die Fähigkeiten zu entwickeln, die diese nicht nur benötigen, um durch die Pubertät zu kommen, sondern um währenddessen auch aufzublühen. Diese Fähigkeit, die man all den Teenagern zuspricht, die sich gut entwickeln, heißt Resilienz. Im zweiten Teil lernen Sie also spezifische Taktiken kennen, die Sie für die resilienzfördernden Strategien benötigen. Das Gute an Resilienz ist, dass diese nicht nur vererbt wird, sondern jeder diese Fähigkeit erlernen kann. Das bedeutet, dass alle Teenies – trotz temporärer »Umnachtung« – Aussicht auf ein glückliches Leben haben. Bitte beachten: Wenn Sie von sich und Ihrem Kind wenig erwarten, werden Sie wahrscheinlich auch wenig bekommen. Besser ist es, sich für das Schlimmste zu wappnen und auf das Beste hinzuarbeiten. Erziehung, die Resilienz fördert, funktioniert bei Teenagern, die sich positiv entwickeln, ausgesprochen gut. Was viele Menschen jedoch überrascht, ist, dass sie bei den Jugendlichen, die in der Pubertät schwere Kämpfe ausfechten, sogar noch besser funktioniert.

Im dritten Teil werden die Kenntnisse des ersten und zweiten Teils zu praktischen Vorschlägen für verschiedene »hochexplosive« Familiensituationen zusammengefügt. Hier bekommen Sie Vorschläge an die Hand, wie Sie Alltagsherausforderungen auf konstruktive Weise lösen können und Ihrem Teenager so dabei helfen, widerstandsfähiger zu werden. Springen Sie nun aber nicht gleich zu diesen Kapiteln. Sie müssen zuerst die grundlegenden Prinzipien verstehen, um diese im zweiten Schritt anwenden zu können, und noch wichtiger, um diese den individuellen Bedürfnissen Ihres Kindes anpassen zu können. Dieses Wissen wird Ihnen das Vertrauen geben, die wohl anspruchsvollste und zugleich erfüllendste Aufgabe ihres Lebens zu meistern.

Aber da gibt es noch etwas, das Sie unbedingt brauchen. Eine klare Mission, kluge Strategien und wirksame Taktiken zeigen keinerlei Wirkung ohne diese mysteriöse Energie namens Liebe, die alles mit selbstloser, leidenschaftlicher Kraft verbindet. Wenn Sie einen heldenhaften Soldaten fragen, warum er sein Leben riskiert hat, wird er normalerweise nicht antworten »Ich wollte meine Mission erfüllen«. Er wird leise sagen, dass es ihm am Ende darum ging, seine Kameraden zu retten. Die Eltern, die ich kenne, würden ihr Leben ohne zu zögern für das ihres Kindes opfern. Um im »Eltern-ärgert-euch-nicht« zu gewinnen, ist es ratsam die Kraft der Liebe zu kanalisieren – etwas, das Sie hier lernen werden. Auf Liebe allein zu vertrauen, hilft genauso wenig, wie nur auf eine gute Strategie zu bauen. Vielleicht tröstet es Sie, zu erfahren, dass der stärkste Ausdruck elterlicher Liebe häufig nicht darin besteht, so flauschig-freundlich zu sein wie die Eltern in Filmen. Etwas, das auch dieser Vater auf die harte Tour lernen musste:

## »Ich habe sie unendlich lieb«

Tom seufzte schwer. Er war gerade ans Ende seiner Beschreibung der letzten Woche mit seiner 14-jährigen Tochter gelangt. Sie war in zwei Nächten einfach für einige Stunden verschwunden, in Toms Worten, »mit der Teufel weiß wem«. Tränen füllten seine sonst harten Augen. »Ich kann Ihnen gar nicht beschreiben, wie es in mir aussieht, wenn sie mitten in der Nacht, mitten im Winter, einfach verschwindet«. Wir schwiegen eine Weile, dann redete er weiter: »Soll ich Ihnen etwas Seltsames erzählen? Als sie ein kleines Mädchen war, bevor sie durchgeknallt ist, dachte ich, ich würde sie immer lieben. Aber diese Woche habe ich sie gehasst und war sicher, dass ich ihr nie dafür vergeben würde, was sie mir und meiner Frau angetan hat. Und als sie letzte Nacht endlich nach Hause kam, konnte ich ihr doch verzeihen und konnte sogar sagen, dass ich sie liebe. Jetzt weiß ich, dass echte Elternliebe nicht dieses zuckrig süße Gefühl ist. Sondern dieses Mitten-in-der-Nacht-ich-werde-dich-für-immer-hassen-Gefühl, das dich an deine Grenzen bringt, nur damit du merkst, dass du sie am Ende trotzdem unendlich liebhast, auch wenn du sie zugleich am liebsten umbringen würdest.«

Tom hatte Recht, wenn wir einen Teenager großziehen, fühlt sich Liebe oft nicht schön an, aber nur mit Liebe funktioniert es.

Bevor wir weitermachen, muss ich Ihnen noch etwas mitteilen: Einen großen Unterschied gibt es zwischen der Erziehung von Kindern und Jugendlichen und dem Militär. Militärische Planung erfordert immer eine Rückzugsstrategie. So etwas ist mit Kindern ausgeschlossen. Es kann sein, dass Ihr Kind sich von Ihnen zurückzieht. Aber Sie können sich Ihrem Kind – unter keinen Umständen – verschließen. Selbst wenn Sie manchmal größte Lust dazu haben. Sie müssen dabeibleiben. Der heilige elterliche Schwur lautet: Sie dürfen das, was Ihr Kind tut hassen, aber niemals Ihr Kind. Sie müssen (sich selbst) schwören, dass Sie der bedingungslosen elterlichen Liebe die Treue halten, komme was möge. Dieses unzerstörbare Band wird zum Rettungsanker, wenn Ihr Kind hilflos in unruhigen Gewässern ringt. Beim Aufziehen eines Kindes ist Rückzug einfach keine Option. Wenn Sie nun bereit sind, blättern Sie um und wir beginnen die Reise in die Welt Ihres Teenagers. Wissen Sie, was über Paranoia gesagt wird? Lesen Sie weiter und finden Sie es heraus.

# Teil 1
# Die Bedeutung von Resilienz
# für Teenager

Teenager wachsen heute in einer sich sehr schnell verändernden Welt auf – dabei verändern sie sich aber auch selbst ganz massiv in der Pubertät. Daher ist es die Aufgabe von uns Eltern, ihnen das nötige Rüstzeug mitzugeben. Eine echte Herausforderung.

# Die Welt hat sich verändert

### ✎ Eine Strafe im Klosterkeller

Die endlos lange Treppe verschwand in der Dunkelheit des Kellers wie das Tor zur Hölle. Unsere Schritte hallten in dem leeren Raum. »Los, bewegt euch!«, bellte unsere Bewacherin, eine massige Nonne, die eine bizarre schwarze Ordenstracht und eine gigantische Kopfbedeckung trug – ein Bild, das selbst einen Terroristen einschüchtern würde. Wir waren fünf 13-jährige Jungs, fünf Sünder, die im Keller des Klosters eine schreckliche Strafe erwartete. An das Vergehen, für das wir bestraft wurden, kann ich mich nicht erinnern. An die Strafe dafür umso besser. Langsam gewöhnten sich unsere Augen an die Dunkelheit. Wir waren erleichtert, als wir hörten, dass uns nicht die sofortige Hinrichtung bevorstand. Stattdessen, so lautete das Kommando, sollten wir »den Keller so gründlich putzen, als käme der Heiland höchstselbst zu Besuch«. Unsere Bewacherin gab Billy Devaney eine Kopfnuss, drehte sich um und verschwand nach oben.

Billy war nicht nur der witzigste Junge, den ich bis dahin getroffen hatte, sondern höchstwahrscheinlich auch das Genie, das hinter unserer frevlerischen Tat steckte. Nicht gerade als Feigling bekannt, ging er in eine düstere Kellerecke, um kurz darauf zu rufen: »Heilige Sch**ße! Die Nonnen haben ja Unterwäsche!!« Das war richtig. Es war die Antwort auf eine blasphemische Frage, die wir uns bisher nie gestellt hatten. Auf einer Wäscheleine hing die Unterwäsche der Nonnen. Die Kleidungsstücke waren allesamt schwarz, einige waren riesig und allein der Fakt, sie zu sehen, musste eine Todsünde sein. Da wir nichts mehr zu verlieren hatten (eine Todsünde kommt ja dem direkten Weg in die Hölle gleich), nahm Billy einen riesigen BH von der Leine, zog ihn über und stopfte ihn mit Unterhosen aus.

»Die sind ja gigantisch«, kreischte er, als er durch den Keller tanzte, »mindestens Doppel-D!!«

Unsere Angst, gemischt mit sexueller Erregung, explodierte in lautem Gelächter, als wir Billy dabei zusahen, wie er uns alle ins Totenreich tanzte. Plötzlich erstarrte Billy, seine ohnehin riesigen Augen wurden noch größer. Er starrte in Richtung der Treppe, auf der eine athletische Schwester, mehrere Stufen auf einmal nehmend, ihre Tracht über die Knie gerafft, nach unten stürzte. In meiner Erinnerung raste eine zornige Gigantin auf einen zitternden Zwerg zu, an dessen schmächtigem Körper ein übergroßer BH traurig herunterhing.

*Aus dem persönlichen Tagebuch des Autors*

Ich teile Ihnen diese alberne, nichtsdestotrotz aber wahre Geschichte mit, da sie die Mission des ersten Teils dieses Buches untermauert. Sie hilft Ihnen dabei, besser zu verstehen, was Ihr pubertätsgeplagtes Kind durchmacht. Eine Erfahrung, die der Ihren teilweise ähnelt, aber auch völlig anders ist als das, woran Sie sich erinnern. Das, was ähnlich ist, hat mit dieser uralten Phase namens Pubertät zu tun. Wahrscheinlich erinnern Sie sich aufgrund ihrer elterlichen Vergesslichkeit nicht mehr richtig daran. Diese Art von Vergesslichkeit manipuliert die Erinnerung, sodass eine Version unserer Vergangenheit entsteht, die uns vorgaukelt, wir alle seien während unserer Pubertät vernünftige, fleißige und tugendhafte Teenager gewesen. Dabei war die Pubertät für Sie bzw. ist sie für Ihr Kind ein wilder Ritt, der aus unfertigen (»verrückten«) Gehirnen, überwältigender sexueller Obsession, niemals zu sättigender Neugier und seltsamen, dauergereizten Erwachsenen, die absolut keine Ahnung davon haben, wie sich all das anfühlt, besteht. Für einen Teenager kann sich das anfühlen, als sei eine Verschwörung gegen ihn im Gange.

Jahre nach dem Vorfall im Klosterkeller, bei einem Treffen mit der Gruppe von damals (wir hatten alle überlebt), erinnerten wir uns an diesen Tag und an die Tracht Prügel, die Billy einstecken musste. Eddie sagte: »Wisst ihr, ich dachte immer, sie würden uns irgendwann umbringen.« Tony lachte: »Eddie, du warst immer ein bisschen paranoid.« Worauf Billy trocken erwiderte: »Es ist keine Paranoia, wenn sie wirklich versuchen, dich umzubringen.«

Die Erfahrungen von heutigen Teenagern unterscheiden sich von denen, die wir machten, so sehr, dass Billys Worte für Ihr Kind wahrer klingen dürften als für uns damals. Da wir davon ausgehen, dass Teenager heute mit den gleichen Herausforderungen konfrontiert sind, an die wir uns erinnern, kommen uns die heutigen Teenies verwöhnt, egozentrisch und faul vor. Meiner Ansicht nach ist das Gegenteil der Fall, und ich bin erstaunt, dass sich so viele von ihnen so gut entwickeln – sicherlich weit besser als meine »Teenie-Gang« (wie mein Vater die Jungs liebevoll nannte) oder ich uns entwickelt hätten, wären wir in der Welt von heute aufgewachsen. So vieles hat sich so radikal verändert, dass alles zusammengenommen wie ein Komplott erscheint, das zur Vernichtung der Resilienz unserer Teenager geschmiedet wurde.

Im Kapitel »Mit den Kindern stimmt etwas nicht« belege ich diese Aussage anhand beunruhigender Vergleiche zwischen damals (vor 50 Jahren) und heute und zeige, dass unsere Teenager immer stärker leiden. Das folgende Kapitel »Mit der Welt der Kinder stimmt etwas nicht« beleuchtet einen wichtigen Grund dieses Leidens: die enorme Veränderung der Welt, in der unsere Kinder leben. Im Kapitel »Und plötzlich ist alles anders: Das Gehirn im Umbau« wird das Gehirn während der Adoleszenz betrachtet, eine brodelnde Masse unfertiger Windungen, die noch nicht ausreichend entwickelt sind, um den gegenwärtigen Herausforderungen angemessen begegnen zu können. Wir werden dann ein Modell entwickeln, das Ihnen und Ihrem Kind dabei helfen kann, die Gehirnfunktionen während der Pubertät besser zu verstehen und sein Handeln besser einordnen zu können. Im letzten Kapitel des ersten Buchteils »Und wie geht es uns Eltern?« folgt eine Beschreibung, wie die meisten Erwachsenen versuchen, ihrem Teenager zu helfen, indem sie ihm Lektionen erteilen, die sie aus ihrer eigenen Pubertät ableiten. Ein völlig aussichtsloses Unterfangen. Wir werden dann, basierend auf den vorherigen Kapiteln, einen Leitgedanken formulieren. Nur mit einem klaren Ziel vor Augen können Sie den Kampf um das Wohlergehen Ihres Kindes gewinnen.

Beginnen wir nun also damit, Sie ein bisschen aus der Fassung zu bringen: damit, wie furchtbar Ihre Kinder im Gegensatz zu denen früherer Generationen leiden. Wenn Sie an Ende des ersten Teils angelangt sind, werden Sie meinem Freund Billy wahrscheinlich zustimmen: Es scheint fast so, als versuchten wir wirklich, die jungen Menschen umzubringen.

# Mit den Kindern stimmt etwas nicht

## »Damals, als das Leben so viel härter war«

»Mein Vater sagt immer, ich müsse nur ein bisschen weniger dünnhäutig sein und mehr so wie er damals, als das Leben so viel härter war. Er meint, die Jugendlichen heute hätten es viel zu leicht. Meine Mutter sieht einfach nur die ganze Zeit gestresst aus, als ob sie nicht wüsste, was sie tun oder sagen soll. Mein kleiner Bruder, er ist neun, bekommt große Augen, wenn er hört, was ich durchgemacht habe. Dann sieht er aus, als wolle er am liebsten nie älter werden.« Misty, fünfzehn Jahre alt, hielt für einen Moment inne, schaute mich dann an und sagte: »Ich glaube, mein kleiner Bruder ist der Einzige, der mich versteht.«

Misty war nach ihrem zweiten Selbstmordversuch innerhalb eines Jahres gerade aus der Psychiatrie entlassen worden.

## Früher war alles anders

Wenn Sie den Eindruck haben, Ihr Teenager sei gestresster, ängstlicher und deprimierter, als Sie es damals waren, liegen Sie mir Ihrer Einschätzung völlig richtig. Wenn Sie denken, das rühre daher, dass er faul und verweichlicht oder zu egozentrisch und verwöhnt ist, liegen Sie falsch. Immer mehr Kinder leiden – genauso wie wir gelitten hätten, wären wir in der heutigen Welt aufgewachsen. Die Anzahl psychischer Erkrankungen unter Jugendlichen hat innerhalb der letzten 50 Jahre so stark zugenommen, dass man von epidemischen Ausmaßen sprechen kann. Dieses Ergebnis gründet übrigens nicht auf Einschätzungen überspannter Psychoheiler oder darauf, dass ich mich einfach zu intensiv mit dem Thema beschäftigt hätte.

Die Psychologin Jean Twenge und ihre Kollegen von der San Diego State University haben einen Vergleich zwischen Teenagern vor 50 Jahren und Teenagern der heutigen Generation durchgeführt und dabei tiefgreifende und beunruhigende Unterschiede festgestellt. Der Anteil von Teenagern mit Angststörungen oder Depressionen hat sich um 300 bis 500 Prozent erhöht. Dieses Ergebnis beruht auf dem Vergleich empirischer Befragungen, die während der letzten Jahrzehnte durchgeführt wurden.[2]

*Auch in Deutschland wird in den letzten Jahren ein deutlicher Anstieg der Depressionen bei Kindern und Jugendlichen beobachtet. 2017 wurden rund 4 600 Kinder und Jugendliche unter 15 Jahren aufgrund einer Depression stationär betreut. Im Vergleich zum Jahr 2000 verzehnfachte sich diese Zahl (2000: 410 Fälle). Auch in der Altersgruppe der 15- bis 24-Jährigen war eine starke Zunahme zu beobachten: Während es im Jahr 2000 rund 5 200 vollstationär behandelte Patientinnen und Patienten gab, war die Zahl im Jahr 2015 mit rund 3 4300 fast siebenmal so hoch. (Statistisches Bundesamt)*

**Liebe Leserin, lieber Leser,**
erlauben Sie uns noch eine zweite Anmerkung. Unser Autor bezieht sich bei seinen Betrachtungen natürlich auf amerikanische Verhältnisse. Leben deutsche Jugendliche in einer vergleichbaren Welt? Wir haben uns erlaubt, an einigen Stellen die deutschen Verhältnisse zu ergänzen und dies entsprechend zu kennzeichnen. Sie werden schnell merken, so gewaltig sind die Unterschiede nicht.

Anmerkung der Redaktion

Auch die Selbstmordrate ist zu trauriger Größe angewachsen: In den letzten Jahren hat in den USA jeder fünfte bis sechste Jugendliche versucht, sich das Leben zu nehmen, oder hatte ernsthafte Absichten, dies zu tun. Dieses Phänomen ist neu. Vor vierzig Jahren führte ich eine lebhafte Diskussion über das Lied »Don't Fear The Reaper« (es wurde behauptet, das Lied handle vom Selbstmord eines Teenagers) von der Band Blue Öyster Cult, da meine »Teenie-Gang«-Freunde und ich nicht wirklich verstanden, worum es in dem Songtext ging. Damals kannten wir niemanden, der sich umgebracht hatte oder dergleichen versucht hätte. Heutzutage gehört Selbstmord zum Alltag von Teenagern. Weitere Ergebnisse des 50-Jahre-Vergleichs zeigen Veränderungen, die ebenfalls besorgniserregend sind und wahrscheinlich in Beziehung zu den stark erhöhten Zahlen psychischer Erkrankungen stehen. Sie müssen darüber Bescheid wissen, um über Ihr Kind Bescheid zu wissen.

*In Deutschland sind Suizide, nach Verkehrsunfällen, die zweithäufigste Todesursache bei Jugendlichen und jungen Erwachsenen. So nahmen sich im Jahr 2015 über 500 Jugendliche und junge Erwachsene unter 25 Jahren das Leben. (Statistisches Bundesamt)*

## Wer hat Kontrolle über mein Leben?

Jugendliche haben heute weit weniger das Gefühl, Kontrolle über ihr Leben zu haben – ein riesiges Problem. Über Jahrzehnte hinweg haben wir Teenager nach ihrer »Kontrollüberzeugung« befragt. Die Kontrollüberzeugung ist ein psychologisches Konstrukt, das Auskunft darüber gibt, in welchem Ausmaß jemand davon überzeugt ist, Ereignisse durch eigene Handlungen kontrollieren zu können.

- Eine internale Kontrollüberzeugung (iK) liegt vor, wenn jemand glaubt, die Kontrolle über sein Leben liege hauptsächlich bei ihm.
- Von externaler Kontrollüberzeugung (eK) spricht man, wenn Menschen das Gefühl haben, sie könnten keinen Einfluss auf ihr Leben ausüben, die Ereignisse lägen jenseits ihrer Einflussmöglichkeiten.

Während der letzten 50 Jahre gab es unter Teenagern eine alarmierende Verschiebung von der internalen hin zur externalen Kontrollüberzeugung. Eine wirklich beängstigende Veränderung.[3]

Teenies mit iK fühlen sich sicher und selbstbewusst, da sie daran glauben, ihre Wünsche verwirklichen zu können. Wenn solchen Kindern etwas misslingt, sagen sie: »Ich bin nur faul«, und: »Ich kann das jederzeit ändern.« Selbst in Situationen, in denen etwas völlig schiefläuft, haben diese Jugendlichen das Gefühl, die Kontrolle zu behalten. Ganz anders sieht es bei den Teenagern mit eK aus, die sich wie ein macht- und steuerloses Boot in schwerem Sturm fühlen. Eine Beschreibung, die der von Angststörungen und Depressionen ziemlich ähnlich ist. Aus diesem Blickwinkel kann das Leben hoffnungslos wirken und der Tod als guter Ausweg erscheinen.

Während Hoffnungslosigkeit unter Jugendlichen heutzutage allgemein zunimmt, kann man feststellen, dass das Gefühl, keine Kontrolle über das eigene Leben ausüben zu können, ein klassenspezifisches Problem ist und eines, das unsere Gesellschaft widerspiegelt: Es gibt Gewinner, Verlierer und kaum jemanden in der Mitte.

Kinderarmut (auch diese steigt an) wirkt sich auf Teenager heutzutage – im Gegensatz zu vor 50 Jahren – absolut verheerend aus und bedeutet weit mehr als nur den Verlust finanzieller Sicherheit. Früher boten zahlreiche Arbeitsplätze in der Industrie denen, die willig waren, hart zu arbeiten, die finanziellen Möglichkeiten, um aufzusteigen. Intakte Familien, Erwachsene, die als positive Identifikationsfiguren taugten, oder die Gemeinde konnten vieles auffangen. Zusammen mit vielen dieser Arbeitsplätze sind diese Möglichkeiten jedoch allesamt so gut wie verschwunden.

*In Deutschland trifft Armut vor allem Kinder und ältere Personen. Hier gilt als armutsgefährdet, wer über weniger als 60 Prozent des sogenannten Medianeinkommens von derzeit (stand 2017) 1758 € verfügt. Dies sind im Bundesdurchschnitt 969 Euro. Etwa ein Drittel der Alleinerziehenden, und damit natürlich auch deren Kinder, gelten derzeit in Deutschland als armutsgefährdet. Grund dafür sind unter anderem prekäre Arbeitsverhältnisse wie Minijobs, Leiharbeit oder Teilzeitarbeit. Ein geringes Einkommen bedeutet auch geringe Teilhabe. Die Teilnahme am Schulausflug, der Kindergeburtstag oder die Mitgliedschaft im Sportverein werden zum Luxus. (Statistisches Bundesamt)*

Nachdem wir die Mechanismen der Armut, diesen gefährlichen Treibsand, von dem man so schnell hinabgezogen wird, eingehend analysiert haben, waren meine »Teenie-Gang«-Freunde und ich uns einig:

Hätte sich unsere Jugend in einer der verarmten Gegenden der Gegenwart abgespielt, wären wir wohl kriminell geworden. Häufig scheint es so, als gäbe es einfach keine realistische Alternative zur Kriminalität – weder um allein zu überleben und schon gar nicht, um eine Familie zu ernähren.

Teenager aus Mittelklassefamilien (die Letzten ihrer Art) sehen sich mit ähnlichen, wenngleich weniger harten Herausforderungen konfrontiert. Verunsicherte Eltern sprechen davon, zwischen zwei sozioökonomischen Welten gefangen zu sein: der gruseligen Welt unten, die bereits nach ihren Kindern greift, um sie zu verschlingen – und der unerreichbaren Welt oben, für die man Eintrittskarten braucht, die häufig horrende Summen kosten.

Die Armen sind nicht die einzigen, denen es schlecht geht. Das Gefühl, keinerlei Kontrolle über sein Leben zu haben, quält häufig auch Leistungsträger der Spitzenklasse, Jugendliche, die es ganz nach oben geschafft haben. Doch die Aussicht dort oben kann ebenfalls düster sein. So war es jedenfalls für Frankie:

## »Ich schmeiß hin«

»Ich habe drei APs gewählt [AP steht für Advanced Placement, High-School-Kurse, die im Studium angerechnet werden können], ich habe einen Einserdurchschnitt, betreibe zwei Sportarten, spiele in einer Band und bin Schülervertreter. In einer guten Nacht schlafe ich vielleicht vier bis fünf Stunden. Heute hat ein Studienberater, gesagt, mir fehlten die richtigen Voraussetzungen dafür, um an einer der Eliteuniversitäten wie Princeton oder Stanford angenommen zu werden.« Als Frankie »richtige Voraussetzungen« sagte, malte er mit seinen Händen Anführungszeichen in die Luft. »Seit der sechsten Klasse habe ich kein richtiges Leben mehr. Ich arbeite ununterbrochen und kann nicht mal die Uni besuchen, auf die ich gerne möchte? Ich bin fertig, ich schmeiß hin. Sagen Sie mir doch, warum ich nicht einfach beginne, Drogen zu nehmen?« Hoffnungslosigkeit breitete sich in ihm aus.

Währenddessen fiel mir eine weitere Diskussion ein, die ich vor langer Zeit mit meinen »Teenie-Gang-Freunden« geführt hatte. Wir sprachen darüber, wie sicher wir uns waren, dass wir all unsere Ziele erreichen könnten, und darüber, wie wir ihnen näherkommen könnten, wenn wir nur hart genug arbeiteten. Ich wünschte mir, Frankie das Versprechen geben zu können, dass sich auch in seinem Leben alles finden würde, so wie es für uns gewesen war. Aber alles, was ich ohne zu lügen tun konnte, war, ihm zuzuhören.

## »Und worin liegt der verdammte Sinn des Lebens?«

Eine zweite vergleichende Untersuchung hängt eng mit Frankies Frage nach dem »verdammten Sinn des Lebens« zusammen. Es geht darin um die Ziele, die sich die verschiedenen Generationen setzen. Früher haben Jugendliche davon gesprochen, die Welt zu verändern, eine tiefere Bedeutung und ein Ziel in ihrem Leben finden zu wollen. Die Wissenschaft erzählt uns, dass eine tiefere Bedeutung und ein Ziel wie wunderbare Antidepressiva wirken, die wir für ein glückliches Leben benötigen.

Heutzutage sagen Teenager viel eher, der Sinn ihrer Existenz liege darin, materielle Güter zu erwerben. Diese Lebensphilosophie könnte man auch als sicheres Rezept für Angststörungen und Depressionen bezeichnen. Oder wie ein 17-Jähriger treffend sagte: »Wer mit den meisten Spielsachen stirbt, gewinnt.« Ich erinnere mich daran, wie ich mich verwundert fragte, wie er auf so eine Aussage gekommen war (tatsächlich handelt es sich um ein Zitat, das Malcolm Forbes zugeschrieben wird). Ein paar Wochen danach las ich diese Worte wieder, auf einem Aufkleber am Kofferraum eines Mercedes. Der Fahrer des Autos sah ganz und gar nicht glücklich aus.

## Doch nicht mein Kind

Das Ergebnis eines dritten Vergleichs, das ebenfalls mit den grassierenden Ängsten, Depressionen und Selbstmorden unter Teenagern zu tun haben könnte, besagt, dass viele Eltern davon überzeugt sind, ihren Kindern schade es, zu scheitern oder kritisiert zu werden. Früher überließen es Eltern ihren Sprösslingen, für ihr schlechtes Verhalten einzustehen. Eltern der alten Weltordnung ergänzten Strafen, die ihre Kinder von Sporttrainern, Lehrern oder Polizisten zu spüren bekommen hatten, gerne mit eigenen Mitteln (keine Taktik, die ich empfehle, mehr dazu später).

Heutzutage treten Eltern eher als Anwälte ihrer lieben Kleinen auf, sollte eine Autoritätsfigur auf die Idee kommen, Kritik zu üben. In meiner Tätigkeit als gerichtsmedizinischer Prüfer schlug ich einem Polizisten einmal eine Konfliktlösung außerhalb des Gerichtssaals vor. Es ging darum, einen hochgekochten Konflikt zwischen zwei Kindern zu lösen: »Vielleicht können Sie ja einfach ganz zwanglos mit den Eltern des Rabauken sprechen und ihnen erklären, wie schmerzhaft das Verhalten ihres Kindes für das andere Kind war? Vielleicht kommen Sie so weiter?« Er lachte traurig, »Woher kommen Sie denn?«, fragte er. »Glauben Sie etwa, irgendjemand interessiert sich heute noch dafür, was ein Polizist denkt?«

## Die richtige Dosis Langeweile kann gut sein

Was sich mit den Jahren auch verändert hat, ist unser Verhältnis zur Zeit. Besser gesagt, zur Art und Weise, wie Teenager ihre Zeit verbringen. Die meisten Eltern, egal ob arm oder reich, glauben, dass es ihren Kindern besser geht, wenn ihr Tag zeitlich durchstrukturiert ist. Vor allem wohlhabendere Eltern tendieren dazu, ihre Kinder von Termin zu Termin zu hetzen. So bleibt den Jugendlichen nur noch wenig wertvolle Zeit für sich. Auch wenn es stimmt, dass Teenagern meist dann etwas zustößt, wenn sie nicht unter Aufsicht von Erwachsenen stehen, lernen sie mehr, wenn sie ihre Zeit selbst strukturieren müssen. Es hat sich gezeigt, dass wohldosierte Langeweile eine therapeutische Wirkung hat und häufig die Quelle von Kreativität ist: »Mir ist sooooo langweilig! Ich halts nicht aus! Es gibt überhaupt nichts, was ich tun könnte! Obwohl, vielleicht könnte ich endlich das Drehbuch schreiben, das mir schon so lange im Kopf rumschwirrt ...« Es ist knifflig, die richtige Mischung aus strukturierter und produktiver freier Zeit zu finden. Aber fürs Erste genügt es zu wissen, dass die meisten Experten überzeugt davon sind, dass ein Zuviel an Terminen ebenfalls ein Faktor für die schleichende Zersetzung von Resilienz und somit ein weiterer Grund für das Leiden unserer Kinder darstellt. Es ist nicht eben unwahrscheinlich, dass wir das Leben unserer Kinder beim Versuch, sie bestmöglich zu fördern, so sehr überstrukturieren, dass wir sie eher unfähiger machen, wie mir ein Vater erzählte:

## »Was sollen wir denn jetzt machen?«

»Doktor Bradley, in Ihrer Vorlesung, als Sie darüber gesprochen haben, dass wir unseren Kindern mit unseren übermäßigen Fördermaßnahmen einen Bärendienst erweisen, haben Sie einen Nerv getroffen. Letztes Wochenende rief mich mein 20-jähriger Sohn mitten in der Nacht an. Dieses Genie war mit ein paar Freunden in meinem geliebten Range Rover in den Bergen unterwegs. Er ist ein schlaues Bürschchen, studiert Maschinenbau und schlägt sich sehr gut. ›Papa, wir haben einen Platten. Im Reifen ist ein Nagel. Was sollen wir denn jetzt machen? Es gibt hier keine Tankstellen und es ist stockdunkel!‹

Er klang panisch. Ich konnte es kaum fassen. ›Herrgott nochmal, wechselt den Reifen!‹, antwortete ich. Er darauf: ›Wie sollen wir das machen?‹

Am nächsten Morgen, nachdem er wieder zu Hause war, ging ich zu meinem Auto, um den Reifen zu reparieren, aber weder Reifen noch Felgen waren im Auto. Als ich meinen Sohn aufweckte, um zu fragen, wo mein 700 Dollar teurer Reifen und die Felge geblieben seien, reagierte er auf meine dumme Frage genervt. ›Keine Ahnung, Papa. Wir waren mitten in der Wildnis, könnte dir wirklich nicht sagen, wo genau das war. Warum fragst du? Der Reifen war kaputt, also haben wir ihn einfach liegenlassen.‹ In dem Moment wurde mir schlagartig klar, wie viel lebenspraktischer wir mit 20 gewesen waren. Wie zum Teufel konnte das passieren?«

## Alles dreht sich um mich

Zu guter Letzt eine weitere Facette des Teenagerlebens, die sich in den letzten Jahrzehnten drastisch verändert hat. Etwas, das die nagende Frage beantwortet, die Ihnen in den Kopf kommt, wenn Sie Ihr Kind beobachten, das gerade 200 Selfies von sich macht: »War ich in seinem Alter wirklich genauso egozentrisch?« Die Antwort, gemäß den Untersuchungen des Psychologen Michele Borba, lautet: Nein, waren Sie nicht.[4] Unsere Kinder sind nachweisbar deutlich weniger empathisch, zugleich aber sehr viel egozentrischer als Jugendliche vor 30 Jahren (damals begannen wir damit, diese Eigenschaften zu messen). Das kommt nicht daher, dass Jugendliche heute moralisch minderwertiger wären, sondern daher, dass sie in einer Kultur aufwachsen, die sie rund um die Uhr mit »Alles-dreht-sich-um-mich«-Botschaften füttert. Das sind wirklich schlechte Neuigkeiten für die Resilienz von Teenagern.

Früher noch als »Hippiecharakter« belächelt, wird die Fähigkeit zur Empathie heute vielleicht als beste Voraussetzung für ein erfolgreiches Leben gefeiert (»Erfolg« meint hier weit mehr als Abschlussnoten und gut bezahlte Jobs). Der Junge mit dem sanften Händedruck, der sich sozial engagiert (»Ich mache mir Sorgen um die Menschen in der Asylunterkunft. Wie können wir ihnen helfen?«), hat weit bessere Chancen, sein Leben erfolgreich zu meistern, als der aggressive, egozentrische Fußballstar (»Genug von mir, Süße, lass uns über mich sprechen«). Es hat sich herausgestellt, dass Mitgefühl zur Entwicklung wichtiger Fähigkeiten wie der zur Zusammenarbeit mit anderen, zu problemlösungsorientiertem Handeln und zu Kreativität beiträgt. Sie können jeden Personalmanager fragen, der neue Mitarbeiter einstellt, wonach er sucht.

Fußball ist ein Spiel. Mitgefühl bedeutet Erlösung, sowohl für unsere Spezies als auch für unsere Kinder. Empathische Kinder sind weniger gestresst, glücklicher, widerstandsfähiger und erfolgreicher.

Wenn es Ihnen so vorkommt, als sei Ihr Teenager viel gestresster, deprimierter, ängstlicher, egozentrischer und weniger belastbar, als

Sie es in seinem Alter waren, so vertrauen Sie auf Ihren Eindruck. Und glauben Sie nicht Ihrem Kind, das Ihnen sagt, wie blöd Sie sind. Aussagen wie »20 ist das alte 16« werden von Pubertätsexperten häufig herangezogen, wenn es darum geht, den Reifegrad verschiedener Generationen in Worte zu fassen.

Sie sollten sich vor Augen führen, dass der Stress und die Angst Ihres Kindes von einer Welt bedingt werden, die viele junge Menschen »verrückt« macht – die Welt pubertätsgeplagter Teenager. Blättern Sie also um und lassen Sie uns diese Welt erkunden. Da es sich um unbekanntes Territorium handelt, werden wir neue Landkarten anfertigen müssen.

# Mit der Welt der Kinder stimmt etwas nicht

## »Ich komm nicht mehr hinterher«

Die Ringe, die sich unter Rihanas 14-jährigen Augen abzeichneten, waren für jemanden ihres Alters alarmierend dunkel. Sie sah aus, als sei sie sogar zu müde, um zu reden. Nach einer unangenehm langen Pause, die auf mein »Was führt dich zu mir?« folgte, brach es aus ihr heraus: »Alles! Ich weiß gar nicht, wo ich anfangen soll.« Ihr Telefon vibrierte pausenlos, Rihana rollte genervt mit den Augen. »Entschuldigung, mein Handy meldet sich ununterbrochen. Ich komm gar nicht mehr hinterher. Ich weiß nicht mehr, wer mich hasst und wer mich mag. Heute hassen mich wohl alle. Ich bin so schlecht in der Schule, dass ich's nie aufs College schaffe. Ich kann mich auf nichts konzentrieren, weil sich meine Gedanken ständig überschlagen. Außerdem kann sich meine Familie das auch gar nicht leisten. Naja, wer kann das schon? Meine Eltern sind so was von fertig, sie streiten den halben Tag, meistens um Geld, also, eher weil wir kein Geld haben. Mein Freund – falls er noch mein Freund ist, darum geht es in den ganzen Nachrichten – kifft den ganzen Tag. Er ist zu so einer Art Zombie mutiert. Vielleicht schmeißt er sich sogar Pillen ein. Ich kann nicht schlafen. Ich komm nicht mehr aus dem Bett. Ich habe ständig Bauchschmerzen.«

Sie holte Luft, betrachtete den Bildschirm ihres vibrierenden Smartphones und warf es dann angeekelt auf das Kissen neben sich. »Wissen Sie, ich hasse dieses Ding, aber ich kann einfach nicht aufhören, draufzuschauen. Die ganzen Nachrichten schlagen mir auf den Magen. Es macht mich krank, es bringt mich um.« Dann lachte sie zynisch. »Das ist ja irre. Genau dasselbe sagt meine Mutter über ihre Zigaretten!«

Als ich meine Notizen nach unserer Therapiestunde ordnete, versuchte ich mich an den Druck zu erinnern, den ich mit 14 Jahren empfunden hatte. Für Rihana wäre meine – wahrscheinlich auch Ihre – 14-Jährigen-Welt der reinste Urlaub. Glauben Sie nicht? Begeben wir uns auf eine kleine Reise durch die heutige Welt der Teenager. Lassen Sie uns diese resilienzvernichtende und zugleich stressfördernde Welt genauer betrachten.

## Aufrüstung durch neue Technologien

Die neuen Technologien haben das gesamte Leben unserer Teenager völlig verändert. Manche Veränderungen sind großartig, wie etwa der grenzenlose Zugriff auf Informationen. Gleichzeitig ist eben diese Grenzenlosigkeit ein großes Problem. Ständig auf alle möglichen Informationen zugreifen zu können, trägt zu ganz neuen Ausmaßen an Teenager-Schlafmangel bei (darüber gleich mehr). Erinnern Sie sich an das, was Sie damals in ihrer Pubertät gestresst hat? Durch die modernen technischen Entwicklungen wurden genau diese Stressoren in einem extremen Ausmaß gesteigert. Beispiele gefällig?

**Beziehungsmanagement:** Als Sie jung waren, wie wichtig war Ihnen die Meinung von anderen Kindern? Auf wie viele Meinungsäußerungen mussten Sie eingehen und wie genau? Das war doch alles überschaubar.

Ihr Teenager heute führt das Leben eines Pressesprechers in der Führungsetage eines großen Unternehmens. Er muss auf mindestens zehnmal so vielen Nachrichten wie Sie damals reagieren – und das öffentlich und bis ins kleinste Detail. Er muss einen endlosen Strom an öffentlichen Beiträgen von Gleichaltrigen über jeden Aspekt seines Lebens verfolgen und darauf reagieren.

Sie hatten noch die Sicherheit, die zeitlicher Abstand mit sich bringt. Sie konnten einfach bis zum nächsten Tag warten, eine Nacht drüber schlafen und sich dann mit den noch recht wenigen Urteilen auseinandersetzen, die über Sie gefällt worden waren. Ihr Teenager muss versuchen, das Unmögliche möglich zu machen: auf alle elektronisch geteilten Meinungen, Ansichten und Urteile einzugehen – möglicherweise sogar die ganze Nacht über. Übrigens, das Unmögliche möglich machen zu wollen, ist ebenfalls eine klassische Ursache für Angststörungen, Stress und Depressionen – sogar für Selbstmord.

 **»Man kann es ja nicht mehr zurücknehmen«**

Dylan sah vollkommen erschöpft aus. So wie jeder andere 14-Jährige aussehen würde, der gerade eine 36-stündige Krise bewältigt hätte. »Ja«, seufzte er. »Ich habe Brendan wohl gesagt, ich würde mich umbringen, aber ich bin mir nicht sicher, ob ich es wirklich tun wollte. Ich glaube, eigentlich nicht, aber ich habe mich so dafür geschämt, was ich über ihn geschrieben habe. Richtig schlimm wurde es um drei Uhr morgens. In meinen Posts schrieb ich, dass ich nicht schwul sei.« Beschämt redete er weiter: »Naja, ich schrieb, dass ich nicht so eine verfluchte Schwuchtel wie Brendan sei. Als ich meinen Post las, wurde mir übel. Brendan ist mein Freund, sogar mein bester.« Voller Ekel vor sich selbst schüttelte er den Kopf. »Er war der Einzige, der während dieser ganzen Sache zu mir gehalten hat. Und er ist wirklich schwul. Als ich sah, was ich geschrieben hatte, und mir klar wurde, dass er das lesen würde, wollte ich einfach sterben. Man kann es ja nicht mehr zurücknehmen, wenn man erst mal auf ›Senden‹ geklickt hat. Dabei stört es mich doch gar nicht, wenn jemand schwul ist.«

Dylan hatte die ganze Nacht am Bildschirm gesessen. Voller Panik hatte er verfolgt, wie auf einer Social-Media-Homepage Dutzende erniedrigender und hasserfüllter Posts über ihn veröffentlicht wurden. Er wurde sogar beschuldigt, sich an kleinen Kindern vergangen zu haben. Warum er vor lauter Erschöpfung einen homophoben Kommentar abgegeben hatte, hätte ich Dylan erklären können. Wie man im Internet beweisen kann, dass man nicht schwul ist, allerdings nicht. Und auch nicht, warum man seine sexuelle Orientierung – ganz egal welche – überhaupt beinahe allen Menschen öffentlich mitteilen sollte.

*Aus dem persönlichen Tagebuch des Autors*

**Cybermobbing:** Cybermobbing tritt als Begleiterscheinung all der internetfähigen Geräte auf, von denen wir umgeben sind. Heute kann jemand einfach auf eine Taste drücken und Ihr Kind vor den Augen aller fertigmachen, die es kennen. Und er muss nicht einmal den Schmerz im Gesicht Ihres Kindes sehen.

**Sucht:** Ich spreche an dieser Stelle von Internetabhängigkeit. Das, was Rihana sagte (an früherer Stelle zitiert), als sie ihr Handy von sich warf, weist auf einen Aspekt von Sucht hin: das Bewusstsein darüber, dass man etwas tut, das schlecht für einen ist. Wissenschaftler haben herausgefunden, dass manche Teenager Entzugserscheinungen aufweisen, wenn sie keinen Zugang zu ihren elektronischen Geräten haben. Sogar dann, wenn diese Jugendlichen ausdrücklich von ihren Bildschirmen loskommen wollen. Gibt es dafür schon etwas Vergleichbares wie ein Nikotinpflaster?

**Konzentrationsprobleme:** »Alle Neuntklässler, bitte herhören: Jeder, der denkt, er habe kein ADHS, hebt jetzt die Hand. Aha, ihr drei meldet euch bitte für einen Drogentest bei der Schulschwester – das ist einfach nicht möglich.« Dieser Scherz reflektiert den eher weniger lustigen Fakt, dass laut wissenschaftlichen Untersuchungen die Allgegenwärtigkeit von Bildschirmen stark zu der »Jeder-hat-heute-ADHS«-Epidemie beiträgt.

**Empathiemangel:** Mittlerweile sind sich Wissenschaftler weitgehend darüber einig, dass der Konsum von Gewaltbildern (Computerspiele und gewalttätige Pornografie mitinbegriffen) gewaltbereite Teenager hervorbringt. Die meisten Experten, wenngleich nicht alle, sind zum Schluss gekommen, dass es einen Zusammenhang zwischen dem gibt, was Kinder am Bildschirm spielen und der Art, wie sie sich in der Welt verhalten. Und nahezu alle stimmen darüber ein, dass Teenager, die Gewaltbildern ausgesetzt waren, nicht dazu fähig sind, angemessen auf Gewalt zu reagieren, wenn diese im realen Leben stattfindet.

Gerade jetzt, während ich die Literatur zu diesem Thema durchgehe, wird in den Medien über eine 18-Jährige berichtet, die die Vergewaltigung ihrer 17-jährigen Freundin per Livestream verbreitet hat. Während sich vor ihren und vor den Augen des Livestreampublikums die schreckliche Szene abspielte, kicherte das Mädchen. Das Publikum verteilte mehr und mehr Likes, je länger die Vergewaltigung dauerte. Der Staatsanwalt – offensichtlich fassungslos – zitierte die Erklärung der Filmerin, warum sie nicht die Polizei gerufen habe, als ihre Freundin schluchzend um Hilfe bat: »Sie sagte, sie sei völlig von den vielen Likes eingenommen gewesen.«

**Sexuelle Dysfunktion:** Immer mehr junge Männer berichten über Erektionsprobleme, die auftreten, wenn sie nicht durch aggressive oder gewalttätige Pornos oder ähnliche Bilder stimuliert werden. Vor Kurzem wurde sogar bekannt, dass auch immer mehr junge Frauen nur dann Spaß am Sex haben können, wenn Aggression Teil des Aktes ist. Das ist Neuland für all die Sexualwissenschaftler, die bislang davon ausgingen, dass die meisten Frauen von Geburt an eine Abneigung gegen harte Pornografie und brutalen Sex haben. Auch wenn die Forschungsgrundlage noch nicht ausreicht, um einen kausalen Zusammenhang feststellen zu können, liegt es doch nahe anzunehmen, dass es eine Verbindung zwischen den genannten Vorlieben und der beispiellosen Anzahl gewalttätiger pornografischer Bilder gibt, die unsere Kinder heute ansehen.

**Schlafstörungen:** Diese kühl-leuchtenden Smartphones, Tablets und Laptops, die wir unseren Teenagern geben, wirken wie Energydrinks. Sie beleben die müden Teenager-Gehirne und halten sie wach. Es dauert mindestens eine Stunde bis nach dem Ausschalten des Geräts – wenn wir davon ausgehen, dass die Geräte überhaupt ausgemacht werden –, bis auch der Teenager herunterfährt. Aber wirken sich ein paar Stunden weniger Schlaf wirklich so dramatisch aus? Lesen Sie weiter und erfahren Sie mehr über das Wohlergehen von Teenagern und über die Auswirkungen von Schlafmangel.

## Teenager neigen zur Selbstzerstörung

**Schlafmangel:** Teenager brauchen etwa neun Stunden Schlaf pro Nacht. Wenn Ihre Tochter Glück hat, kommt sie vielleicht auf sechs Stunden, was in etwa dem 4-stündigen Schlaf eines Erwachsenen entspricht. Viele Jugendliche meinen, sie kämen mit noch weniger Schlaf aus. Ich nenne das das 27/7-Syndrom. An sieben Tagen in der Woche weiten diese Jugendlichen ihre 24-Stunden-Tage auf 27-Stunden-Tage aus. Aber wo wird die Zeit eingespart? Und wenn Sie glauben, ein bisschen weniger Schlaf schade schon nicht, dann stellen Sie sich doch einmal vor, Ihre nächtliche Schlafdosis würde um ein Drittel gekürzt (so wie das bei Ihrem Kind vermutlich der Fall ist). Wie würden Sie sich wohl nach drei Monaten fühlen? Vielleicht wären Sie ein bisschen zappelig – wie die ADHS-Kids –, depressiv oder ängstlich? Eventuell würden Sie schnell überreagieren, wären schnippisch, vor allem morgens? Wie würde es wohl bei der Arbeit aussehen? Möglicherweise wären Sie so erschöpft, dass nicht weiterzuleben wie eine gute Alternative aussähe? Wie belastbar wären Sie wohl? Und denken Sie daran: Sie verfügen als Erwachsener über einen gewissen Grad an Selbstkontrolle und Disziplin.

Die Antworten auf all diese Fragen machen Ihnen klar, dass es sich bei vielem von dem, was heute als psychische Störung bei Heranwachsenden diagnostiziert und mit Medikamenten therapiert wird, eigentlich um Schlafmangel handelt. Teenager versuchen immer schon, ihre Schlafenszeit bis spät in die Nacht hinauszuzögern, aber die Bedingungen haben sich heute verschärft. Bei den heutigen Schlafdieben handelt es sich um die neuen technischen Geräte, um den überfüllten Terminkalender und um den eigentlich irrsinnigen Umstand, dass die Schule viel zu früh beginnt. (Sollte ich je Herrscher der Welt werden, wird mein erster Erlass lauten: Jeder Jugendliche schläft neun Stunden, und zwar jede Nacht. Zum Glück wäre ich dann König, denn wahrscheinlich wäre ich in dieser Welt arbeitslos.)

**Übergewicht:** Eine weitere generationenvergleichende Statistik zeigt, dass sich die Anzahl schwer übergewichtiger (definiert als BMI über 29) Jugendlicher während der letzten fünf Jahrzehnte verfünffacht hat. Heute sind etwa 14 Prozent unserer Teenager adipös und somit einer lebensgefährlichen Erkrankung ausgesetzt. Allerdings beziehen sich diese Zahlen nur auf die wirklich stark Übergewichtigen. Übergewichtig (definiert als BMI zwischen 25 und 29) sind circa ein Drittel unserer Kinder.

*In Deutschland gelten rund 15 Prozent der Kinder und Jugendlichen als übergewichtig (BMI zwischen 25 und 29 Prozent), sechs Prozent sind bereits adipös (BMI über 29). Verglichen mit den Werten von 1985 bis 1999 bedeutet das einen Anstieg um 50 Prozent. (KIGGS Kinder und Jugend Gesundheitssurvey)*

Wenn Sie die Auswirkungen von Übergewicht auf die Gesundheit googeln, können Sie nachvollziehen, warum diese Generation möglicherweise die erste sein wird, die ihre Eltern nicht überlebt. Übergewicht und die psychischen Erkrankungen wie Depressionen und Angststörungen, die die Resilienz zersetzen, gehen häufig Hand in Hand. Experten sind sich darüber einig, dass die Ursachen in der heutigen Teenagerkultur liegen, also in den technischen Errungenschaften (TV, Computerspiele, Internet etc.) und der wahnwitzige Flut an Werbespots, die Kinder zu ungesunden, überzuckerten Lebensmitteln verführen. Und neben den sichtbaren Folgen bringt Übergewicht auch noch weniger sichtbare ganz besondere Schmerzen mit sich:

## »Innerlich habe ich geweint«

Jamal war fertig damit, mir etwas vorzuspielen, zumindest für heute. In unseren Therapiestunden machte er häufig Witze über seinen Bauchumfang. Er lachte sein »Fat-Albert«-Lachen und sagte, er akzeptiere sich, wie er sei, und dass er es gerne habe, wenn die anderen über seine Dickenwitze lachten. Als ich nachhakte, füllten sich seine Augen jedoch mit Tränen. Die Scherze über sein Übergewicht, sagte er, »sind absoluter Mist, ich reiße sie bloß, damit keiner vor mir auf die Idee kommt. Es ist immer noch besser, über sich selbst Witze zu machen, als wenn das andere tun. Dachte ich zumindest. Aber heute auf dem Nachhauseweg, wir kommen an Dealern, Kriminellen und Prostituierten vorbei, und auf wem hacken die anderen rum? Auf mir! Als ob ich ein schlechter Mensch wäre, nur weil ich zu viel esse. Und wissen Sie, was ich getan habe? Ich habe mitgemacht, mitgelacht und mitgespielt. Innerlich aber habe ich geweint und geschrien, am liebsten hätte ich ihnen ins Gesicht geschlagen. Verstehen Sie das jetzt nicht falsch, aber ich fühlte mich, als würde ich gemeinsam mit Nazitypen über Negerwitze lachen. Als wäre ich es nicht wert, für mich selbst einzustehen.« Er machte eine Pause und sprach wieder in seiner »Fat-Albert«-Stimme weiter: »Hey, hey, hey! Ich bin's! Der glückliche fette schwarze Junge! Der, der sich am liebsten umbringen möchte!«

**Untergewicht:** Ironischerweise sind auch die Zahlen derer, die zu wenig essen, in jedem Jahrzehnt seit den 1950er-Jahren angewachsen. Jugendliche essen sich zwar viel eher zu Tode, als dass sie sich zu Tode hungern, aber es wird deutlich, dass extreme Essstörungen an beiden Enden der Skala zunehmen. Wissenschaftler weisen darauf hin, dass Bilder von unrealistischen Schönheitsidealen ein Hauptgrund (unter anderen) für krankhaftes Essverhalten sind. Man kann einfach nie dünn genug sein. Wie war Ihr Gewicht damals? Wahrscheinlich erinnern Sie sich nicht an viele extrem über- oder untergewichtige Gleichaltrige. Wenn Sie die Altersgenossen Ihres Kindes betrachten, sehen Sie einen deutlichen Unterschied zu damals. Aber jetzt mal im Ernst: Können Bilder die Realität Ihres Kindes wirklich so stark beeinflussen?

## Süße Verführung: Werbung zahlt sich aus

… vor allem, wenn daraufhin wie verrückt eingekauft wird. Fragen Sie doch einfach die Fastfood-Dealer – Entschuldigung, ich meinte die Fastfoodproduzenten. Sie täuschen sich, wenn Sie glauben, diese Produzenten gäben das meiste Geld für die Entwicklung köstlichen Essens aus. Die Werbeabteilungen geben Aufschluss darüber, wie dieses gefährliche Zeug verkauft wird: durch (bewegte) Bilder und Popsongs. Das Gehirn von Teenagern ist für visuelle und auditive Reize besonders empfänglich. Das Feuerwerk an Kaufanreizen, all die Bilder und Geräusche, die Ihr Kind in Form von Pixeln und mittels Kopfhörer zu sich nimmt, enthalten eindringliche und mächtige Botschaften, die dazu verleiten, Dinge zu denken oder zu tun. So etwas kann sich auf Kinder und Jugendliche äußerst negativ auswirken. Das funktioniert nicht nur bestens, um Fastfood oder Pornografie zu verkaufen, sondern auch für Drogen und Sex.

## Drogen, gegen die Sie angehen müssen

**Marihuana-Wahn:** Vergessen Sie alles, was Sie je über Marihuana gelernt haben. Beginnen wir noch einmal von vorn. Als Sie zum ersten Mal etwas von Marihuana hörten, war das wahrscheinlich von irgendwelchen Marihuanagegnern, die Ihnen erzählten, dass das Zeug Sie umbringen werde. Mit 13 Jahren überschrieben Sie diese Erinnerung mit neuer Information: Von Marihuanabefürwortern hörten Sie, dass Gras absolut harmlos sei. Die dritte Version, die Sie abgespeichert haben, verdanken Sie möglicherweise den heutigen Marihuanaverfechtern, die die alten Zigarettenproduzenten sehr genau studiert haben. Besser gesagt, sie haben deren Marketingmethoden genau betrachtet und die Mehrheit der Jugendlichen davon überzeugt, dass Kiffen nicht nur harmlos ist (das ist falsch), sondern weniger gefährlich und todbringend als Alkohol (das ist richtig). Diese Marihuanaverfechter haben möglicherweise auch Sie davon überzeugt, dass Marihuana legalisiert werden sollte. Und was wäre daran so schlecht? Für Ihr Kind so einiges. Denn die Entkriminalisierung/Legalisierung – genau wie beim Alkohol – suggeriert Ihrem Kind, dass das Zeug harmlos ist (und das ist definitiv nicht wahr).

Erstens: Sie sollten wissen, dass das heutige Gras einen neuen Namen verdient, denn die Blüte, die Sie gerade im Rucksack Ihrer Tochter gefunden haben (genau die, die sie »für ihre Freundin aufbewahrt«), ist wahrscheinlich 300 bis 900 Prozent stärker, als das, was Sie vielleicht früher geraucht haben.

Zweitens: Die im- und expliziten Aufforderungen, die Behauptungen, Gras sei harmlos, die Befürwortung vieler Prominenter, Liedtexte, Posts auf Social-Media-Seiten und Eltern, die nicht nur selbst kiffen, sondern auch ihre Kinder mitrauchen lassen, basieren meistens auf Erfahrungen mit der schwachen älteren Version, nicht mit der viel stärkeren heutigen.

Drittens: Aktuelle wissenschaftliche Ergebnisse zeigen, dass in Gehirnen von Teenagern spezifische Verknüpfungsprozesse ablaufen und dass Marihuana dabei dauerhafte Schäden hervorrufen kann (beispielsweise einen irreversiblen Abfall des IQs um acht Punkte). Wie

Sie in Kürze lernen werden, unterscheiden sich die Gehirne von Jugendlichen durch eine eigene Reaktionsweise, aber auch aufgrund von spezifischen Schwachstellen stark von denen Erwachsener. MRT-Scans zeigen, dass Marihuana genau die Areale im Teenagergehirn schädigt, die für das Lernen ausschlaggebend sind, insbesondere die Regionen, die für das Lösen von Problemen sowie für die Erinnerung zuständig sind.

Während sich Experten immer noch darüber streiten, ob Marihuana für Erwachsene schädlich ist, gibt es meines Wissens keinen vertrauenswürdigen Wissenschaftler, der sagt, es sei okay, wenn Teenager Gras konsumieren. Keinen einzigen. Zeigen Sie kein Verständnis für diese Droge, seien Sie in diesem Fall keine »coolen« Eltern.

**Schnapsblindheit:** Viele Eltern sehen es lieber, wenn ihre Kinder Alkohol trinken, als wenn sie Gras rauchen, da Alkohol (in den meisten Fällen) die Alltagsdroge unserer eigenen erwachsenen Wahl ist. Dabei wirkt sich Alkohol auf Teenager verheerend aus, unter Umständen sogar schlimmer als Marihuana. Wenn Polizisten zu von Jugendlichen verursachten Verkehrsunfällen, Schlägereien oder sexuellen Übergriffen fahren, nehmen sie in der Regel Alkoholtester mit, da sie davon ausgehen, dass sie am Ort des Geschehens leere Bier- oder Schnapsflaschen vorfinden. Im Jahr 2016 mussten in Deutschland bundesweit über 22 000 10- bis 20-Jährige mit Alkoholvergiftung im Krankenhaus behandelt werden, davon etwa 13 000 Jungen und 9 000 Mädchen.

Gras und Alkohol können zu drei weiteren Teenagertragödien führen. Bei der ersten handelt es sich um Sucht, entweder die Abhängigkeit von diesen beiden oder von härteren Drogen. Beide können Türöffner für stärkere Substanzen sein, da sich der Körper an die anfänglich noch starke Rauschwirkung gewöhnt und härtere Drogen irgendwann attraktiv (oder absolut notwendig) erscheinen.

Bei meiner Arbeit mit Süchtigen habe ich keinen einzigen Heroinabhängigen getroffen, der gleich mit Heroin eingestiegen ist (obwohl das möglich ist). Viele Erwachsene geraten durch rezeptpflichtige Schmerzmittel in eine Abwärtsspirale und zum Heroin. Die meisten berichten aber, dass sie schon früh mit Alkohol und Marihuana begonnen und erst später zu härteren Mitteln gegriffen hätten. Es ist doch eher unwahrscheinlich, dass sich ein Jugendlicher über Nacht von absolut abstinent zu schwer abhängig wandelt. In etwa so unwahrscheinlich, wie einem Yeti in der Oper zu begegnen. Bei Jugendlichen, die Alkohol oder Marihuana zu sich nehmen, steigt das Risiko, im Erwachsenenalter süchtig zu werden, deutlich. Es ist wissenschaftlich belegt, dass etwa 10 Prozent der Jugendlichen, die regelmäßig Marihuana oder Alkohol einnehmen, später auch zu gefährlicheren Drogen greifen.

Hört sich das für Sie nicht sehr beunruhigend an? Dann erlaube ich mir folgende Frage: Wenn Sie eine Achterbahn sähen, an der ein Schild mit der Warnung »Jeder zehnte Jugendliche, der mit dieser Achterbahn fährt, stirbt« angebracht wäre, würden Sie Ihrem Kind erlauben einzusteigen? Suchterkrankungen sind ein Alptraum. Sie rauben ihren Opfern buchstäblich Körper und Seele, und das häufig für Jahrzehnte. Das Leben mit einer schweren Sucht ist für viele Menschen schlimmer als der Tod. »Coole« Eltern, die nichts dagegen haben, wenn ihre Teenies kiffen oder trinken, sollten sich klarmachen, dass sie mit dem Feuer spielen und damit das Leben ihrer Kinder in Gefahr bringen.

Die zweite Tragödie, die diese »sanften« Drogen mit sich bringen, liegt in ihrer einzigartigen Fähigkeit, Stress, Angstzustände und Depressionen zu »heilen«, die, wie wir im ersten Kapitel gesehen haben, über die heutige Teenagergeneration hinwegfegen. Schmerzen werden wie von Zauberhand weggeblasen – zumindest für eine Stunde. Aber diese eine Stunde kann sich für einen überlasteten Teenager himmlisch anfühlen. Die Kehrseite ist jedoch, dass Depressionen, Angstzustände, Stress und Suizidgedanken stärker empfunden werden, wenn die Wirkung der Drogen nachlässt. Die ohnehin bereits überforderten Teenager fühlen sich im Nachhinein weit länger als eine Stunde absolut miserabel. Und so beginnt ein Teufelskreis, denn wenn ich wieder tief unten – sogar noch tiefer als zuvor – angelangt bin, gewinnen die schmerzlindernden Substanzen gleich wieder an Attraktivität. Die Abwärtsspirale der Sucht rotiert immer schneller und wird, wie ein anfänglich harmloser Luftwirbel, der sich immer schneller dreht, zum lebensbedrohlichen Tornado.

Die dritte Art von Tragödie bringt uns zum zentralen Thema des Buches zurück. Man könnte kein wirksameres Gift gegen Resilienz zusammenbrauen als den Missbrauch von Drogen, und das aus zwei Gründen. Zum einen bleibt die soziale und emotionale Entwicklung stehen, und das in der Phase, in der eigentlich die bedeutendsten Entwicklungsschritte stattfinden (vielleicht kennen Sie auch so einen berufsjugendlichen Kiffer, der sich mit 45 wie ein 15-Jähriger benimmt?). Zum anderen betäuben die Drogen Ängste, was dazu führt, dass die Jugendlichen nicht lernen, mit diesen Gefühlen umzugehen, und so auch keine psychische Widerstandskraft entwickeln können. Völlig verzweifelt über der Projektarbeit für den Geschichtsunterricht? Vor Angst wie gelähmt, weil dich das hübsche Mädchen abblitzen lassen könnte? Ratlos, was du gegen den fiesen Typen aus der Parallelklasse unternehmen kannst? Entspann dich, zieh einfach einen durch oder trink ein bisschen Schnaps und schon verschwinden all die unangenehmen Gefühle. Natürlich wirkt die unverzichtbare, resilienzfördernde, stressreduzierende Therapie namens »sich den Stressoren stellen« ganz genauso. Genau hier liegt die motivationshemmende Nebenwirkung aller Drogen: Die Projektarbeit wird nie abgeschlossen, das hübsche Mädchen wird nie angerufen und der fiese Typ wird nie zur Rede gestellt. Fragen Sie doch einmal Max:

## »Ich hab' riesige Angst vor meiner Zukunft«

»Meine Eltern meinen, mir sei alles absolut egal. Ständig liegen sie mir in den Ohren: ›Nächstes Jahr bist du mit der Schule fertig, aber du kriegst nichts auf die Reihe. Das Einzige, worum du dich kümmerst, ist, mit deinen Freunden rumzuhängen und Computerspiele zu zocken.‹ Max schüttelte seinen benebelten Kopf, um etwas klarer zu werden, die Augen noch glasig, da er vor unserer Sitzung gekifft hatte. »Natürlich ist mir nicht alles egal. Im Gegenteil, ich hab' riesige Angst vor meiner Zukunft. Ich komm nicht mal drauf klar, darüber nachzudenken. Verstehen die denn nicht, dass das der Grund ist, warum ich mich die ganze Zeit abschieße?«

## Zu frühe Versuchungen

In der heutigen Teeniewelt ist es wirklich schwierig, irgendetwas zu finden, das nichts mit Sex zu tun hat. Nehmen Sie sich eine Stunde und bewegen Sie sich mit offenen Augen und Ohren durch die Welt eines Teenagers. Sie werden überrascht sein! Bei ihrer ersten Berührung mit den modernen Endgeräten stoßen Kinder auf sexualisierte Botschaften. Und das, lange bevor sie reif genug sind, um mit der Komplexität und dem Druck, der mit Sex einhergeht, umzugehen. Auch wieder etwas, dass die Entwicklung von Resilienz stark beeinträchtigen kann. Sich mit Sexualität auseinandersetzen – ein sexuelles Wesen werden – ist nicht gleichbedeutend damit, Sex zu haben. Eher geht es darum, und das bereits in unglaublich frühem Alter, die Regeln sexuellen Verhaltens zu lernen. Regeln, die auch für uns Erwachsene oft genug schwierig und überfordernd sind.

## »Bin ich ihr etwas schuldig?«

Tony guckte sehr ernst und hatte die Stirn in Falten gelegt. Die moralische Schwere seiner Gedanken war ihm förmlich anzusehen. Er dachte über all das nach, was jetzt auf ihn zukommen würde, da er mit seiner Freundin geschlafen hatte: »Nachdem wir es jetzt getan haben, hat sich alles verändert. Andere Jungs sagen: ›Zieh' einfach zur Nächsten weiter, als wäre es ein Wettrennen darum, wer die meisten Mädchen abschleppen kann.‹« Er schüttelte den Kopf. »Die denken, ich sei schwul, weil ich bei ihr bleiben möchte, obwohl sie sagt, es sei alles okay, und dass ich nicht treu sein müsse. Aber ich glaube, sie lügt. Ich glaube, sie ist in mich verliebt. Sie wäre sicher sehr verletzt, wenn ich mit einer anderen zusammenkommen würde. Nachdem wir jetzt miteinander geschlafen haben, fühle ich mich, als sei ich ihr etwas schuldig.«

Er zupfte wie wild an seinen Händen herum. »Das wirklich, wirklich Schlimme ist, dass ich nicht mehr so auf sie stehe, seit wir es getan haben. Aber sie steht jetzt viel mehr auf mich.« Er sah mich gequält an, als ein ganzer Schwall an Fragen aus ihm herausbrach. »Es ist doch wirklich schlimm, dass ich nicht mehr so wild darauf bin, mit ihr zusammen zu sein, jetzt, wo sie unbedingt mit mir zusammen sein möchte, oder? Und kommt das jetzt daher, dass wir Sex hatten? Was soll ich denn tun? Für immer mit ihr zusammenbleiben? Bin ich ihr das schuldig? Schaffe ich das überhaupt? Und wenn ich mit ihr zusammenbleibe und ihr etwas vorspiele, ist das dann fair? Er seufzte schwer, zog sich die Kapuze über den Kopf und ließ sich tief in die Couch sinken. Tony war 13 Jahre alt.

Viele Erwachsene reagieren überrascht darauf, dass junge Männer so etwas wie ein sexuelles Gewissen haben. Die Einzigen, die das noch mehr überrascht, sind die Jungs selbst, die gelernt haben, dass Sex nur ein lustiger Zeitvertreib ist und dass Mädchen einzig dazu da sind, benutzt zu werden. Wissenschaftler haben herausgefunden, dass junge Männer heutzutage häufig davon überzeugt sind, dass Mädchen genauso sind wie Frauen in Pornos. Frauen werden dann einzig darüber definiert, verfügbar zu sein für Männer, denen die Frauen offensichtlich völlig egal sind. Diese kulturelle Prägung führt zu sexuell unreifen (und brutalen) jungen Männern. Jungs mit »besserem« Charakter lernen oft auf schmerzvolle Weise, dass diese Annahmen auf die meisten Mädchen nicht zutreffen. Allerdings erst nachdem sie »die Tat begangen haben«, in einem Alter, in dem das Gehirn noch gar nicht fähig ist, mit so starkem Druck und solchen Konflikten umzugehen. Ein weiterer Garant für Stress, Angstzustände und Depressionen. Natürlich leiden die Mädchen aber am allermeisten. Viel zu früh werden sie in sexualisierte Rollenbilder gedrängt und lernen, dass dieses Spiel seit jeher ein abgekartetes ist.

## »Trauriger hätte sie nicht schauen können«

Bereits seit fünf Therapiestunden versprach Chloe, dass sie endlich damit herausrücken werde, »was eigentlich wirklich los war«, bekam dann aber doch kein Wort heraus. »Ich brauch das Gefühl, dass ich Ihnen vertrauen kann. Und ich kann's einfach noch nicht. Vertrauen zu fassen, ist für mich wirklich schwer.« In unserer sechsten Sitzung entschied sie sich mitzuspielen. »Ich wurde ständig damit aufgezogen, noch Jungfrau zu sein. In meiner Schule kursierte eine Liste der

»keuschen Verliererinnen« und mein Name stand darauf. Ich wurde ständig damit aufgezogen. Vor zwei Monaten hatte ich bei einer Party Sex mit einem Jungen. Meine Freundinnen haben mich dazu gedrängt, es endlich zu tun, damit aufzuhören, so zimperlich zu sein. Jetzt habe ich herausgefunden, dass ich auf der ›Schlampenliste‹ stehe.« Sie wusste schon, was ich fragen würde. »Für die Jungs? Ich glaube nicht, dass es für die auch solche Listen gibt. Außer einer, auf der die gefeiert werden, die mit besonders vielen Mädchen schlafen.« Viel trauriger hätte sie wirklich nicht schauen können.

Atmen Sie tief durch, Sie können nun den verkrampften Griff um dieses Buch lösen. Wir sind mit unserem Schnelldurchlauf durch die Welt unserer Kinder fertig. Im dritten Teil gebe ich Ihnen die Werkzeuge an die Hand, die Sie nicht nur benötigen, um Ihren Teenager durch all die genannten Herausforderungen zu manövrieren, sondern auch dazu, die Zauberkraft namens Resilienz zu fördern, den psychologischen Schutzpanzer, der Ihren Teenager in allen kommenden Kämpfen schützen wird.

Übrigens, falls Sie denken, all die Bedrohungen hingen mit Ihrem gesellschaftlichen Status zusammen, liegen sie richtig. Wenn Sie allerdings denken, Wohlstand garantiere vollkommenen Schutz und Armut verdamme jeden Teenager, dann liegen Sie falsch. Es ist sogar so, dass viele der Bedrohungsszenarien in Familien mit höherem Einkommen zunehmen. Interessanterweise wirkt Armut häufig resilienzfördernd, zumindest dann, wenn Eltern die Strategien und Taktiken anwenden, die Sie in Kürze kennenlernen werden.

Egal ob reich, arm oder irgendwo dazwischen, all die heiklen Situationen, denen Ihr Kind ausgesetzt ist, werden allein durch das Timing verschlimmert. Sie treten genau dann auf, wenn Ihr Kind – aus neurologischer Sicht – in einer Umbauphase ist. Nun ist es Zeit, umzublättern und einen Blick zu riskieren auf die stressfördernde, resilienzhemmende Steuerungszentrale namens »Gehirn im pubertären Zustand«. Am besten Sie machen sich erst einmal einen Kaffee. Und zwar einen starken.

# Und plötzlich ist alles anders:
# Das Gehirn im Umbau

## »Ein Alptraum, aus dem wir nicht aufwachen«

Unter Kates Augen zeichneten sich dunkle Ringe ab, ihr Blick war
verstört. Ich dachte bei mir, das sei wohl ihr erster Kriseneinsatz als
Mutter einer 13-Jährigen. »Nicole war bisher immer die ideale Tochter«, begann sie. »Wir hatten keinerlei Probleme mit ihr. Alles war so
einfach und schön und hat Spaß gemacht. Die Schule, ihre Freundinnen, unsere Beziehung, alles lief wie von selbst. Wir mussten uns
keine Gedanken machen. Wenn Ron und ich von Teenagern hörten,
die sich danebenbenahmen, wurden wir ganz selbstgefällig und
dachten, was für schlechte Eltern das wohl sein müssten, die ihren
Kindern so schlechtes Benehmen durchgehen ließen. Einmal waren
wir in einem Restaurant, als ein Mädchen anfing, seine Mutter anzuschreien, sie solle sie das Essen bestellen lassen, das sie wolle. Ich erinnere mich noch daran, dass ich die Mutter innerlich dafür verurteil-
te, ihrer Tochter nichts entgegenzusetzen. Wir hatten keine Ahnung,
wie gut es uns ging.« Sie seufzte schwer.

»Während der letzten Monate hatten wir drei ähnlich explosive
Szenen mit Nicole und eine, die noch viel schlimmer war. Letzten
Dienstag erinnerte ich sie höflich daran, die Spülmaschine auszu-
räumen, und sie flippte plötzlich völlig aus. Beinahe mit Schaum vor
dem Mund nannte sie mich eine doofe Schlampe. Sie stand so nah
vor mir, dass ich ihren Kirschlipgloss riechen konnte, der mir übrigens völlig zuwider ist. Ich, ich .... ich gab ihr eine Ohrfeige.« Kate
guckte furchtbar beschämt drein. »Ich weiß, das ist völlig falsch. Wir
haben sie nie geschlagen, nicht einmal einen Klaps auf den Hintern,
als sie klein war. Wir mussten nie! Wir waren so überzeugt davon,
großartige Eltern zu sein. Jedenfalls, Nicole starrte mich für einen
Augenblick an und fiel dann mit Fäusten und Krallen über mich her
wie ein wildes Tier. Ich versuchte sie, so gut es ging, festzuhalten;

Ron kam zu uns gerannt, griff sie sich und schleppte sie in ihr Zimmer.

Ich saß immer noch heulend unten, als plötzlich Blaulicht durch das Wohnzimmer flackerte und jemand an unsere Haustür hämmerte. Nicole hatte die Polizei angerufen und gesagt, sie habe sich in ihrem Zimmer verbarrikadiert, da ihr Vater versuche, sie umzubringen. Und es wurde noch schlimmer. Ein Polizist wies Ron an, die Hände hinter dem Rücken zu verschränken. Aber Ron hörte nicht zu, er versuchte zu erklären, was sich abgespielt hatte. Er ging einen Schritt nach vorne, gestikulierte wild und wurde daraufhin von dem Polizisten zu Boden geworfen und in Handschellen gelegt.« In der Hoffnung auf Verständnis sah Kate mir direkt in die Augen. »Himmelherrgott, er ist Buchhalter! Wir sind keine Leute, die ihrem Kind etwas antun würden.« Kate atmete tief ein. »Zumindest dachte ich das bisher. Es fühlt sich an, als seien wir in einem schrecklichen Alptraum gefangen, aus dem wir nicht aufwachen können. Denken Sie, Nicole benimmt sich wie ein normaler Teenager, oder ist sie verrückt geworden?«

»Beides«, antwortete ich.

Diese Antwort saß! Angenommen Dr. Frankenstein hätte vorgehabt, eine Kreatur mit geringer psychischer Widerstandskraft zu erschaffen, eine die besonders anfällig für Depressionen und Angstzustände ist, so hätte er Igor aufgetragen, das Gehirn eines 13-Jährigen zu stehlen. Obgleich es sich bei der Hirnentwicklung im Teenageralter um die komplexeste Phase in der menschlichen Entwicklung handelt, verläuft sie ironischerweise quasi rückwärts. Wieder einmal beweist Mutter Natur ihren ganz eigenen Sinn für Humor. Zunächst bildet sie Verknüpfungen, die für hohe Impulsivität, Risikofreude und starke Emotionen sorgen. Erst einige Jahre später, als hätte sie es sich nochmals anders überlegt, fügt sie Urteilsvermögen und Reife hinzu. Meistens gerade noch rechtzeitig, bevor sich die Eltern nach Mexiko absetzen und die Teenager auf die schräge Bahn geraten.

BIS ER
25 IST,
MÜSSEN
WIR
DURCHHALTEN!

Das bedeutet, dass Eltern überforderter Teenager hauptsächlich auf Zeit spielen. Oder, in den Worten eines abgekämpften Vaters: »Bis er 25 ist, müssen wir durchhalten!« Wenn Eltern nicht unterstützend eingreifen, kann dies dazu führen, dass die Anti-Resilienz-Programmierung überhandnimmt und nicht aufhaltbar ist. Ein Beispiel: Die ganz normale Neigung zu selbstzentrierter kurzfristiger Befriedigung (denken Sie beispielsweise an Sex und Drogen) kann sich zu festgefahrenen resilienzvernichtenden Charaktereigenschaften auswachsen – wenn von Elternseite nicht geschickt gegengelenkt wird. Die komplizierten und langen Erklärungen zu diesem neurologischen Thema können Sie in der exzellenten Forschungsliteratur am Ende des Buches nachlesen. Allerdings können Sie sich mit dem folgenden Schnellkurs eine Menge Zeit sparen. Hier finden Sie die Grundlagen dafür, die Strategien und Taktiken zu verstehen, die in Kapitel 2 und 3 auf Sie zukommen.

## Was passiert gerade mit meinem Kind?

Was Sie gerade erleben, ist ein wahres Entwicklungswunder, ein Prozess, der sehr viel beeindruckender ist, als der als Ihre Kinder sprechen oder laufen lernten. Schließlich können auch Hunde und Delphine Geräusche von sich geben und sich bewegen. Genau dann, wenn Sie anfangen zu denken, Sie seien ein wahres Elterngenie, beschließt die Natur: »Genug von der süßen Kinderroutine«, und wirft Ihr Kind in das fantastische neurologische Abenteuer, an dessen Ende die Mündigkeit steht. Im Erwachsenenalter wird ihr Kind fähig sein, intensiv über Dinge nachzudenken, stabile Neigungen und Werte zu entwickeln und der eigenen Existenz Sinn und Bedeutung zuzumessen. Wahrscheinlich wird ihr Kind eines Tages selbst Mutter oder Vater und wird als solche/-r für ihren/seinen Nachwuchs sorgen. Nein, ich denke mir das nicht nur aus! Aber seien Sie sich im Klaren darüber, dass ich nicht gesagt habe, es werde eine Reise werden, sondern ein Abenteuer. Reisen sind für gewöhnlich ruhiger und vorhersehbarer. Man weiß, wann sie enden und wie man sicher ans Ziel kommt. Abenteuer sind ganz anders.

## »So ist das nun mal mit Abenteuern«

Aaron war ein wirklich guter Vater. Er plante alles ganz genau, jedes Detail war immer bedacht. Er war sich sicher, dass er bei so harter Arbeit, solch genauen Plänen, nie dieselben Probleme haben würde wie andere Eltern mit ihren Kindern. Seine Tochter war einfach perfekt. »Dann brach die 13 über uns herein wie ein Tsunami«, sagte er. »Ziemlich genau mit ihrer Bar Mitzwa [im Judentum die Feier zur Religionsmündigkeit] drehte sie völlig durch! Sie sagte, ich könne ihr nicht mehr sagen, was sie tun und wohin sie zu gehen habe. Als ich gestern Nacht sagte, sie dürfe jetzt nicht mehr rausgehen – es war schon halb zwölf – erwiderte sie, ›Ach ja?! Dann schau mal her!‹ Und sie ging einfach. Heute habe ich meinen Rabbi getroffen, ich war so aufgebracht. Er hörte mir zu, lächelte traurig und gab mir ein paar Sätze mit auf den Weg. Ich erinnere mich ganz genau daran, was er gesagt hat, weil es mich wirklich mitgenommen hat. Er sagte: ›Aaron, die Zeit, die dir jetzt mit deinem Kind bevorsteht, kannst du nicht mit einem deiner Pläne organisieren. Dieses Kapitel ist ein echtes Abenteuer. Manches wird wunderbar, anderes schrecklich sein. Und man kann absolut nicht vorhersagen, wie es ausgehen wird. So ist das nun mal mit Abenteuern. Das macht das Leben doch erst interessant, oder etwa nicht? Also, hör auf dich damit verrückt zu machen, all das kontrollieren zu wollen. Aaron, denk daran: ›Mann traoch, Gott Lauch‹. Das ist Jiddisch und bedeutet: ›Der Mensch plant, Gott lacht.‹‹«

Als Teenagervater habe ich diesen Satz selbst etwa eine Millionen Mal zitiert. Es liegt so viel Wahres in diesen vier Worten. Sie machen uns nicht nur klar, dass es völlig sinnlos ist, diese Entwicklung kontrollieren zu wollen, sondern auch, dass wir uns und alle anderen dadurch noch viel verrückter machen. Ihr Kind wird sich zu dem oder der entwickeln, der er oder sie werden soll. Vieles davon können und sollten wir gar nicht kontrollieren. Lesen Sie weiter, um zu erfahren, warum das so ist.

## Auswirkungen der Gehirnverdrahtung

Wahrscheinlich haben Sie in Gedanken bereits Ihre eigene kleine Liste an Auswirkungen der frühen Pubertät aufgestellt. Ich möchte darauf hinweisen, dass es viele verschiedene Folgen gibt, die folgenden aber für die meisten Eltern die am deutlichsten spürbaren sind. Die hier aufgeführten Beispiele stammen aus meinen Patientenakten.

**Impulsivität:** Elternteil: »Wie hast du mich gerade bitteschön genannt?«

**Mangelndes Urteilsvermögen:** Elternteil: »Du hast allen Ernstes wirklich geglaubt, du könntest mit Mamas Auto den Fluss durchqueren?«

**Stimmungsschwankungen:** Elternteil: »Wie, du stirbst vor Einsamkeit? Vor zehn Minuten warst du noch der Nabel der Welt!«

**Gereiztheit:** Elternteil: »Okay, dann war es halt dein zwei Jahre alter Bruder, der das Loch in deine Schlafzimmertür getreten hat.«

**Risikobereitschaft:** Teenie: »Mama, ich weiß, dass es riskant ist, wenn man schon mit 14 Gras raucht. Aber manchmal muss man eben tun, was man tun muss.«

**Extreme Gefühlsregungen:** Teenie: »Ihr habt keine Ahnung davon, wie es sich anfühlt, verliebt zu sein! Ich kann einfach nichts essen, nicht, schlafen, nicht zur Schule gehen oder Hausaufgaben machen. Ich kann gar nichts tun, außer an sie zu denken!«

**Selektive Erinnerung:** Elternteil: »Also, du kannst jedes einzelne Wort von zehntausend Rap-Songs auswendig, aber du kannst dir nicht merken, den Wäschekorb mit nach oben zu nehmen? Du weißt schon, die schmutzige Wäsche. Der Kram in dem Korb, über den du zehnmal am Tag stolperst?«

Vielleicht haben Sie beim letzten Punkt »selektive Erinnerung« gegen »absichtliches Vergessen« ausgetauscht. Und tatsächlich kann es sich bei vielen der »Symptome« auch um Entscheidungen handeln (die dazu auch noch oft ziemlich schnippisch kommuniziert werden) und nicht um Effekte mangelhaft verdrahteter Gehirnwindungen. Es ist aber auch ein neurologischer Fakt, dass all diese Verhaltensweisen in direktem Zusammenhang mit der unausgereiften Verdrahtung im adoleszenten Gehirn stehen, also, von ungenügend miteinander verbundenen Hirnregionen herrühren.

Hierzu ein Beispiel: Als Sie gestern mit dem Auto nach Hause fuhren und Sie von einem dieser idiotischen Raser abgedrängt wurden, feuerte der hintere Teil Ihres Gehirns (das Emotionszentrum) voller neurologischen Zorns und mit körperlicher Energie einige Handlungsanweisungen wie: wildes Hupen, bedrohlich nahes Auffahren, eindeutige Fingergesten oder (wenn Sie ein Mann sind), den Raser mit Vollgas überholen und dann auf die Bremse treten. Diese Impulse wurden über Hochgeschwindigkeitskabel in Ihre frontalen Hirnareale gejagt, wo die Lage allerdings etwas anders bewertet wurde. Das Frontalhirn (für logisches Denken und exekutive Funktionen zuständig) begutachtete die eingehenden Impulse und kommentierte sie folgendermaßen: »Nun gut, er ist ein Idiot, aber vielleicht ist er betrunken, möglicherweise aggressiv und er ist garantiert wahnsinnig. Sind wir wirklich bereit, wegen so jemandem ein lebensgefährliches Risiko einzugehen?« Hoffentlich war Ihr Frontalhirn stärker als der hintere Teil. Dann haben Sie den Raser ziehen lassen und sind leicht genervt (oder sehr genervt, wenn Sie ein Mann sind), aber im guten Wissen, das Richtige getan zu haben, weitergefahren. All das hat sich im Bruchteil einer Sekunde abgespielt und wahrscheinlich erinnern sie sich an nichts von alldem.

In jeder ähnlichen Situation (denken Sie an Streit, Sex oder Drogen) wird Ihr Teenager mit einer noch viel höheren Dosis an impulsiven Vorschlägen vom hinteren Hirnteil befeuert. Allerdings sind die Leitungen zum Frontalhirn noch nicht vollständig ausgebildet und somit entfällt die rationale Beurteilung der Situation. Und selbst wenn die Verdrahtung bereits vollständig wäre, wäre das Frontalhirn in der Adoleszenz noch nicht voll entwickelt. Stellen Sie sich einfach ein Auto mit sechshundert PS und schlechten Bremsen vor ...

**»Dann ging ich noch einen Schritt weiter«**

Im Gegensatz zu den anderen 16-Jährigen in unserer Clique benahm sich Denny Doyle wie ein 40-Jähriger. Er war schlau, furchtbar ernst, bekam sehr gute Noten, war in allem, was er tat, fleißig und gewissenhaft und er bewahrte uns vor vielen Übeln, indem er uns mit strenger Stimme unsere dämlichen Vorhaben ausredete. Einige Male hat er mich auch vor mir selbst bewahrt und mir gepredigt, ich solle mich in der Schule mehr anstrengen, so wie er. Natürlich hasste ich ihn. Und ich hasste sein Auto. Es war äußerst zweckmäßig, sah aber völlig lächerlich aus, wie ein Aquarium auf Rädern. Keiner von uns wollte darin gesehen werden.

Eines Nachmittags fuhren die Jungs und ich in meinem Auto hinter ihm zum Basketballtraining. Er fuhr immer extrem langsam, was mich beinahe in den Wahnsinn trieb. Er hatte diese Regel, die Spur nur dann zu wechseln, wenn aus beiden Richtungen kein anderes Auto zu sehen war. Als wir hinter ihm saßen und gefühlte Stunden darauf warteten, dass er auf einer vielbefahrenen Straße endlich die Spur wechseln würde, verlor ich die Geduld. Ich begann zu hupen. Zuerst nur kurz, dann immer länger und aggressiver. Denny wurde wütend, er drehte sich um und schrie mich aus seinem »Aquarium« heraus an. Aufgrund des Straßenlärms konnten wir nichts hören, und Denny sah ziemlich witzig aus, wie ein Zeichentrickmännchen. Die Jungs lachten und stachelten mich an weiterzumachen. Da ich selten einen Scherz ausließ, begann ich ganz leicht auf Dennys Auto aufzufahren. Dennys auf- und abspringender Kopf sah irre komisch aus. Natürlich hörte ich nicht auf und das Gelächter wurde immer lauter. Dann ging ich noch einen Schritt weiter. Ganz langsam schob ich sein Auto einige Zentimeter näher an den Mittelstreifen. Er klammerte sich verzweifelt an sein Lenkrad, trat, so fest er konnte, auf die Bremse und schrie mich an. Nie hatte ihn jemand so außer Kontrolle gesehen. Das Einzige, was ich hören konnte, war das hysterische Gelächter meiner Freunde, die kaum noch Luft bekamen.

*Aus dem persönlichen Tagebuch des Autors*

Es ist erstaunlich, dass an diesem Tag niemand zu Schaden kam. Ein klarer Beweis für die Existenz eines gütigen Gottes. Natürlich hielt sich Denny danach von mir fern. Er warf mir lediglich fassungslose Blicke zu. So wie die, die Sie Ihrem Kind zuwerfen, wenn es etwas Verletzendes, Verrücktes oder Gefährliches getan hat. Weder konnte ich als 16-Jähriger, noch können Ihre Kinder für solches Verhalten eine vernünftige Erklärung abgeben. Vielleicht können Sie diese neurologische Misere nun aber nachvollziehen, sich möglicherweise sogar in Ihr Kind hineinversetzen. Als Denny mich anschrie: »Was zur Hölle hast du dir dabei eigentlich gedacht?«, antwortete ich wahrheitsgemäß: »Keine Ahnung. Es war verrückt. Entschuldige. Ich befürchte, ich hab' einfach nicht nachgedacht. Es war einfach so lustig, verstehst du? Naja, wohl eher nicht.«

## Wann beginnt diese »wundervolle« Phase eigentlich?

Typischerweise beginnt das Abenteuer, wenn Ihr Kind die ersten Geburtstage im zweistelligen Bereich feiert, zwischen 12 und 14 Jahren. Mädchen liegen dabei etwa 18 Monate vor den Jungs. Ganz nebenbei, liebe Leserinnen, erinnern Sie sich vielleicht noch daran, wie eine Lehrerin in einem Klassenzimmer voller Sechstklässler verzweifelt versuchte, Unterricht zu halten? Womit beschäftigten sich die meisten Mädchen? Damit, zuzuhören, mitzuschreiben und Fragen zu beantworten. Und was machten die Jungs? Papierkügelchen durch den Raum schießen, fluchen, ekelige Geräusche von sich geben und ihren komatösen Kopf auf den Tisch legen. Kam Ihnen damals der Gedanke, dass Sie sich eines Tages einen Geschlechtspartner aus diesem Genpool (wobei dieser Pool eher einer Jauchegrube gleichkam) aussuchen müssten?

Versuchen Sie jetzt, sich an die Lösung dieses deprimierenden Problems zu erinnern. Begannen Sie in etwa zu dieser Zeit vor dem Raum der Achtklässler abzuhängen (was ganz gut funktionierte, da die Achtklässlerinnen ebenfalls keine Lust auf die gleichaltrigen Jungs hatten)? Wenn Sie eines Tages Ihre Tochter anschreien: »Um Himmels Willen, warum kannst du dir denn nicht einmal einen Jungen in deinem Alter suchen!«, dann erinnern Sie sich einfach an ihre eigene Teenagerzeit ...

## Und wann ist der Umbau fertig?

Jedes Mal, wenn ich mich dazu entschließe, einen Elternratgeber zu schreiben, verschiebt jemand diese magische und von Eltern so herbeigesehnte Altersgrenze. Vor 25 Jahren gingen wir noch von 18 Jahren aus; vor 10 Jahren waren es dann 25 Jahre. Inzwischen sehen wir letzte Feinabstimmungen mit Anfang 30. Oh mein Gott – aber wirklich! Die schwerwiegendsten Defizite sind in etwa im Alter von 18 Jahren behoben. Allerdings sprechen wir hier nur von der Verdrahtung. Wie wir diese Verdrahtung wiederum programmieren, ist eine ganz andere Geschichte, der wir uns in Teil 2 und 3 zuwenden.

## Bitten sagen Sie doch mal etwas Positives

Aber sicher. Wenn der Prozess nicht gerade furchteinflößend oder entnervend ist, kann er absolut atemberaubend sein. Während sich die Gehirnregionen vernetzen, können Sie Ihrem Kind dabei zusehen, wie es verblüffende Fortschritte auf ganz verschiedenen Gebieten macht. Beispielsweise beim Lernen, Beurteilen oder Denken, in der Koordination (sowohl in der Musik als auch beim Sport), aber auch in Bereichen wie Mitgefühl, Motivation und emotionaler Kontrolle. Auch bei dieser Sache namens Resilienz, mehr dazu in Teil 2.

## Warum tut Mutter Natur uns das an?

Hinter all dem Pubertätswahnsinn steckt ein tieferer Sinn. Diese chaotische Entwicklungsphase hat ein Ziel und in ihren Bestrebungen, es zu erreichen, wirkt sie unglaublich effizient. Sie hilft Ihrem Kind bei seiner wichtigsten Aufgabe: herauszufinden, wer es eigentlich ist. So gerne Aaron (den ich an früherer Stelle zitiert habe) auch daran festhalten möchte, seine Kinder »sanft« ins Erwachsenenalter »hineinzuorganisieren« – so funktioniert das einfach nicht. Denken Sie einmal an Ihr eigenes Leben. Wie haben Sie sich die für Ihr Leben wichtigsten Werte und Überzeugungen angeeignet? Weil Sie all die Lektionen Ihrer Eltern ruhig angehört und akzeptiert haben? Oder weil Sie die

Lektionen hinterfragt und gegen beste Ratschläge gehandelt haben, nur um dann zu verstehen, dass es vielleicht gar nicht so falsch war und Sie daraufhin einlenkten: »Das war echt schlimm. So etwas mach' ich nie wieder. Das bin nicht ich und so will ich auch gar nicht sein.«

## Pflegeleichter Sohn, aggressive Tochter?

Wenn mich jemand mit dieser Frage konfrontiert, antworte ich gewöhnlich, dass die apokalyptische Tochter der Ausgleich für den pflegeleichten Sohn sei. Auch wenn diese Theorie eines Tages möglicherweise widerlegt wird, ist es wahr, dass es – so wie bei allem Menschlichen – unendlich viele Möglichkeiten und Variationen gibt. Zunächst sind da mindestens hundert individuelle Faktoren, wie Charaktereigenschaften (beispielsweise der Grad der Anpassungsfähigkeit), spezifische Fähigkeiten (beispielsweise intellektuelle, soziale oder emotionale) und frühkindliche Erfahrungen (beispielsweise Traumata oder familiäre Stresssituationen) – all dies spielt eine Rolle, wenn es darum geht, wie die Pubertät erfahren und ausgelebt wird.

Der Verdrahtungs- und Reifungsprozess ist für jeden Teenager der gleiche – egal wie sehr die Pubertät ausgelebt wird oder nicht. Die schöne Fassade dieser perfekten Teenager ist etwa drei Millimeter stark und kann unter übermäßigem Stress ohne Vorwarnung zerbrechen.

In Teil 2 und 3 zeigen wir Ihnen einen Erziehungsstil, mit dem Sie diese Fassade, also die Resilienz Ihres Kindes, aufbauen und stärken können. Zunächst aber möchte ich Ihnen erklären, was nicht nur in den Köpfen von Teenagern vor sich geht, sondern auch in Ihrem. Dieses Wissen ist notwendig, damit Sie Ihrem Kind helfen können, seine Emotionen in den Griff zu bekommen; es hilft aber auch Ihnen, ruhig zu bleiben, wenn Ihr Nachwuchs wieder einmal überhaupt kein Interesse an vernünftigem Handeln zeigt. Und nicht nur das: Ich zeige Ihnen auch »mentale Kniffe«, mit denen Sie auf Ihr Kind zugehen können, ohne dass der Dritte Weltkrieg ausbricht; vielleicht bekommen Sie so sogar die Chance, bis zu seinen rationalen Hirnrealen durchzudringen.

## Zusammenarbeit mit einem Teenager

Das können Sie schaffen, wenn Sie sich klarmachen, dass Ihr Kind nicht nur ein bisschen verrückt ist (wie bereits besprochen), sondern auch unter etwas leidet, das früher als »multiple Persönlichkeitsstörung« bezeichnet wurde. Aber das ist völlig in Ordnung, da jeder Mensch latent verrückt ist und mit multiplen Persönlichkeiten durchs Leben geht – auch wir Eltern. Das zu verstehen, kann äußerst beruhigend wirken, da wir so das Verhalten unserer Kinder besser verstehen und unsere eigenen hin und wieder überschäumenden Emotionen bändigen können. Denn wenn wir Einfluss auf unsere Kinder nehmen wollen, ist der erste Schritt der, unser eigenes Verhalten in den Griff zu bekommen. Übrigens, wie so eine multiple Persönlichkeitsstörung im Alltag aussieht, kann man bestens in Donutläden beobachten.

## Ein bisschen Modellbetrachtung: Wer bin ich?

 **Der Kampf mit dem inneren Schweinehund**

Hallo, zusammen,

mein Name ist Mike und ich bin süchtig. Die Droge meiner Wahl sind Donuts. Sie machen mich willenlos. Meine Frau kann einen essen und alles ist gut. Ich hingegen, wenn ich einen gegessen habe, kann einfach nicht aufhören und muss alle, die da sind, vertilgen. Heute Morgen, als ich nach einer kurzen Nacht völlig übermüdet mit meiner Teenagertochter zur Arbeit fuhr (sie hasst mich, weil ich ihr Leben ruiniere, was diesmal der Grund ist, weiß ich allerdings nicht), hatte ich plötzlich den Drang nach einem Energieschub. Ich fuhr zum Donutladen, um mir einen kleinen Muntermacher zu gönnen.

»Schwarz, drei Stück Zucker.« Als die rationale Hirnregion (wir nennen sie der Einfachheit halber Teil 1) nüchtern einen Kaffee bestellte, geriet die emotionale Hirnregion (Teil 2) bei der Ansicht und dem guten Geruch der – ja, wirklich, frisch gebackenen Donuts – völlig aus dem Häuschen. In meinem Kopf brach ein übler Streit aus:

»Donuts!!« brüllte Teil 2.

»Schlecht für uns«, erwiderte Teil 1.

»Ach, komm!«, bettelte Teil 2. »Wir arbeiten hart, wir machen Sport und wir essen immer gesundes Essen, wie öde. Wir haben uns ein paar Donuts verdient! Außerdem hat sich unsere Tochter letzte Nacht wirklich schrecklich aufgeführt und du hast mir nicht erlaubt, ihr eine runterzuhauen, obwohl ich ihr so, so gerne eine Ohrfeige gegeben hätte. Komm schon, wir haben uns ein bisschen Nerven-nahrung verdient. Kauf sechs, iss einen und nimm den Rest für die Familie mit.«

»Nein«, antwortete Teil 1. »Das hat doch noch nie geklappt. Wir essen immer alle sechs auf, noch bevor wir im Büro ankommen.«

»Ich schwöre«, bettelte Teil 2. »Dieses Mal schaffen wir's. Wir werden nur einen essen. Der Donutverkäufer bietet uns sogar einen zusätz-lichen gratis an. Bitte, bitte, bitte?!«

»Nein«, antwortete Teil 1. »Ich weiß, dass es uns später leidtun wird, wenn wir jetzt den Gratisdonut mitnehmen. Ende der Diskussion.« Teil 1 konnte gerade noch verhindern, dass Teil 2 seine Stimmbänder kappte, und sagte laut, »Nur den Kaffee, bitte.«

Teil 2 bekam einen Wutanfall: »Ich hasse dich! Ich hasse das hier! Ich hasse die ganze Welt! Das ist echt ätzend! Wir arbeiten so hart, unsere Tochter respektiert uns nicht und wir können nicht einmal einen Donut bekommen?«

»Ja, ich weiß«, sagte Teil 1 beruhigend. »Du hast jedes Recht, wütend zu sein. Aber ich weiß auch, dass wir uns nachher besser fühlen. Ich kann die Zukunft nämlich gut voraussagen.«

»Was kümmert mich die Zukunft?«, ätzte Teil 2. »Ich will Donuts, und zwar jetzt!«

Plötzlich schaltete sich eine weitere Stimme aus einem anderen Teil des Gehirns ein (Teil 3): »Es ist wirklich ein Armutszeugnis, dass du immer noch so schwach bist und dich mit Donuts vollfressen möchtest, du Versager.« Ich ging aus dem Donutladen, ich hatte die richtige Entscheidung getroffen und dennoch fühlte ich mich zu kurz gekommen und obendrein wie ein Versager. Hab' ich den Verstand verloren?«

*Eine Skizze nach (zumeist) wahren Begebenheiten aus dem Leben des Autors, der bei den Selbsthilfegruppen der Narcotics Anonymous um Entschuldigung bittet.*

Diskutieren Sie manchmal im Leisen mit sich selbst, so wie Sie das laut mit Ihrem Kind tun? Wälzen auch Sie manchmal eine Entscheidung hin und her, vor allem, wenn es um etwas geht, das Sie tun sollten, worauf Sie aber keine Lust haben? Vielleicht die Steuern, die Wäsche, Sport oder einen Zahnarzttermin zu vereinbaren? Und hatten Sie schon einmal einen Wettstreit mit Ihrem inneren Schweinehund, über etwas, das Sie unbedingt tun wollten, das versprach, sich für den Moment gut anzufühlen, obwohl Sie wussten, dass es eigentlich schlecht für Sie ist? Vielleicht ging es Ihnen so schon mal mit Drogen (erinnern Sie sich daran, dass auch Alkohol eine Droge ist), oder damit zu schnell zu fahren, weil Sie dann früher zu Hause wären, oder schlimmer noch: weil Sie sich einen Donut kaufen wollten? Es fühlt sich seltsam an, über sich selbst als mehr als eine Person nachzudenken, nicht wahr?

Psychologen und Philosophen haben sich der Frage nach unserer Identität beziehungsweise nach unseren Identitäten immer wieder gestellt und verschiedene Antworten gefunden. Gemeinsam ist diesen eine Voraussetzung: Im Kopf jedes Menschen existieren mehrere Gehirnregionen, die sich wie verschiedene Lebewesen äußern. Häufig ringen sie um Kontrolle über den Körper und oft endet ein solch innerer Disput mit einer Entscheidung und gemischten Gefühlen.

## Sigmund Freud: Überich, Ich und Es

Sigmund Freud (1856–1939), dem Begründer der Psychoanalyse, kann das dreiteilige Strukturmodell unserer Psyche zu größten Teilen zugeschrieben werden. Er dachte, das menschliche Gehirn bestehe aus drei Komponenten, die er Über-Ich, Ich und Es nannte. Freud war der Überzeugung, dass diese Komponenten im Laufe unsers Lebens regelmäßig Konflikte austrügen. Des Weiteren war er davon überzeugt, dass diese Konflikte mithilfe der Psychoanalyse gelöst werden könnten, einer Therapieform, bei der der zu Therapierende für mehrere Jahre mehrmals pro Woche eine Therapiesitzung wahrnimmt. In den 1960er-Jahren legte ein rebellischer (manche sagen auch wütender, weil von Freud abgelehnter) freudianischer Analytiker eine Theorie dar, die er selbst als »post-freudianisch« bezeichnete. In dieser wurden Freuds komplexe Ansichten stark vereinfacht, was dazu führte, dass sie nicht ernst genommen und als verkürzte Pop-Psychologie-Version bezeichnet wurde.

## Eric Berne: P–A–C

Der Analytiker hieß Eric Berne (1910–1970). Er ersetzte Freuds Über-Ich/-Ich-Es-System durch die funktionalen leicht verständlichen Ich-Zustände. Dabei unterschied er

- Erwachsenen-Eltern-Ich [P – für Parent]
- Erwachsenen-Ich [A – für Adult]
- Ich-Zustände der Kindheit [C – für Child].

Er lehnte Freuds Definition der Ich-Zustände ab und lieferte mit seinen Begrifflichkeiten eine einfache Erklärung des menschlichen Verhaltens. Vielen Experten war die Beliebtheit von Bernes vereinfachendem System seitdem ein rotes Tuch. Das Problem dieser Puristen war/ ist, dass die einfache Einteilung in P–A–C, die auch als Strukturanalyse bezeichnet wird, in der Praxis hervorragend funktioniert, vor allem mit Patienten in der Pubertät und obendrein auch noch ohne hartes wissenschaftliches Fundament.

In den Jahrzehnten nach Bernes Entwicklung der Strukturanalyse wurde diese von Analytikern häufig heimlich angewandt. Auf Psychologenkongressen gaben diese mit leiser Stimme zu – natürlich erst nach ein paar Bier und nachdem sie sich versichert hatten, dass kein kritisch eingestellter Kollege an der Bar saß –, dass sie die Methode einsetzten. (Ja, Psychologie und Politik haben erstaunlich vieles gemeinsam, allerdings ist das ein Thema für ein anderes Buch.) Dann passierte etwas Unvorhergesehenes: Die Speerspitze der Wissenschaft veröffentlichte diverse Studien, die Bernes Annahmen bestätigten. Die Puristen, die Berne früher abgelehnt hatten, bejubelten nun die neuen Erkenntnisse. Mittels bildgebender Verfahren, wie der Magnetresonanztomografie, konnten Gehirnaktivitäten nachgewiesen werden, die mit Bernes Annahmen über Denkprozesse beim Erwachsenen- und Kinder-Ich übereinstimmten.

Diese neuen Therapiemethoden, wie die Kognitive Verhaltenstherapie (KVT) und die Dialektisch-Behaviorale Therapie (DBT, auch dialektische Verhaltenstherapie), waren äußerst effektiv. Sie halfen Patienten zunächst dabei, sich klarzumachen, dass man zwischen »rational/logisch/denkenden« Hirnarealen im Vorderkopf und »emotional/fühlenden« Arealen im Hinterkopf unterscheiden muss. Falls bei Ihnen jetzt eine Alarmglocke schrillt und Ihnen wieder in den Sinn kommt, worüber wir vorhin bezüglich der Entwicklung des Teenagergehirns gesprochen haben, funktioniert Ihre Alarmglocke gut. Noch wichtiger aber ist, dass KVT und DBT den Klienten im zweiten Schritt beibringen, wie man Gedanken und Gefühle lenken und so Probleme in den Griff bekommen kann. Das funktioniert wirklich!

Über das Geheimnis, das ich gleich mit Ihnen teilen werde, beschweren sich meine Kollegen sicherlich lauthals. Die Neurowissenschaftler werden sagen, dass es sich um eine grob vereinfachte Darstellung komplexer neurologischer Prozesse handele, und die KVT- und DBT-Befürworter werden es ein Theoriemischmasch nennen – ich stimme all dem zu.

Unabhängig davon, ob zukünftige Wissenschaftler spezifische P–A–C-Zentren im Gehirn finden werden oder nicht, bleibt der Fakt bestehen, dass für viele (oder sogar für die meisten) von uns Jugendtherapeuten dieses einfache Konstrukt bestens funktioniert. Für uns ist es ein gutes Mittel, den Teenagern dabei zu helfen, ihre widersprüchlichen »verrückten« Gedanken und Gefühle zu visualisieren, zu verstehen und mit ihnen zurechtzukommen. Wenn ich dieses Konzept Jugendlichen während einer 45-minütigen Sitzung näherbringe, sehe ich erstaunlich erleichterte Gesichter. Die Methode passt zu ihrer inneren Entwicklung und gibt ihnen ein einfaches Mittel an die Hand, um einen Ausweg zu finden aus vorher schier unlösbaren Konflikten.

### Aspekte der P-C-A-Strukturanalyse

**Ich-Zustand der Kindheit (C)** Der Ich-Zustand der Kindheit (C) kann mit dem Zustand eines 4-jährigen Kindes verglichen werden. Das Hier und Jetzt wird von nichts als Emotionen bestimmt. (C) kann sich während der Entscheidungsfindung nicht wirklich an Vergangenes erinnern und somit keine Vorhersagen darüber treffen, was geschehen wird, also kein Zukunftsszenario entwerfen. Erst recht empfindet (C) keinerlei Gefühlregung darüber, was in der Zukunft, die jetzt noch keinerlei Relevanz besitzt, geschehen wird. Bei (C) geht es ausschließlich um die unmittelbare Erfahrung und um Bedürfnisbefriedigung. Wird die Befriedigung einmal verwehrt, geht für das Gehirn von (C) buchstäblich die Welt unter. Ironischerweise stattete Mutter Natur das (C)-Hirn mit den Codes für die Waffen extremen Verhaltens wie Wut und Panik aus, da sie viele physiologische Prozesse mit dem (C)-Schaltkreis verkabelte. Aus evolutionärer Sicht war das sinnvoll, da uns Wut- und Angstzustände wachsam machten und uns so vor Säbelzahntigern und Mammuts schützten. Wahrscheinlich kommt Ihnen das bekannt vor, es handelt sich nämlich um das Flucht- und Angriffsverhalten (»fight or flight«), das Sie aus dem Biologieunterricht kennen. Gefahrenmomente, in denen der Körper in Sekundenbruchteilen von Superheldenkraft und -energie geflutet wird – dem Adrenalin sei Dank. Das Problematische daran: 14-jährige Körper, die von 4-jährigen Gehirnen gelenkt werden, können ziemlich furchteinflößend sein.

**Eltern-Ich (P)** Das Eltern-Ich (P) bewirkt ganz unterschiedliche Dinge, aber das, worüber Sie bezüglich Ihres Teenagers Bescheid wissen müssen, ist die Selbstverurteilung. Wenn Ihnen einmal ein Fehler unterläuft, verfluchen Sie sich dann dafür? Fühlen Sie sich beschämt oder schuldig, wenn Sie etwas falsch machen? (Mir ging es gerade so, als mir klar wurde, dass ich beim Strukturieren dieses Textes etwas falsch gemacht hatte. In meinem Kopf hörte ich: »Was für ein Idiot! Du bist schon wieder schlecht organisiert! Was zur Hölle machst du da eigentlich?!« Wäre der Fehler gravierend gewesen, hätte ich gehört: »Das Buch bekommst du nie rechtzeitig fertig! Was für ein Versager!«) Wenn Ihr Teenager geradezu schmerzlich ehrlich ist, wird er Ihnen wahrscheinlich erzählen, dass er diese niederschmetternden Stimmen ständig hört. Häufig sogar so oft, dass es sich wünscht nicht mehr weiterzuleben: »Du bist so hässlich/fett/mager/dumm/uncool/sonderbar/ verrückt/faul/unkoordiniert/feige/hoffnungslos, es wäre besser, du wärst tot.« Die Liste scheint endlos und die innere Stimme laut und unerbittlich. Wenn man nichts gegen diese Stimme unternimmt, kann das zu schweren lebenslangen Schäden führen. In einem Teil Ihres (P)-Hirns kann sich dann beispielsweise ein neurologischer »innerer Tyrann« entwickeln.

**Erwachsenen-Hirn (A)** Das Erwachsenen-Hirn (A) bedeutet Erlösung, sowohl für jeden Einzelnen als auch für die gesamte Menschheit. Hirnforscher bezeichnen diesen Teil häufig als »Sitz der Zivilisation«, wahrlich ein Wunder, das Gott oder Mutter Natur oder wen auch immer Sie für Ihr momentanes Teenager-Desaster verantwortlich machen wollen, es uns zukommen ließ. Dieses Erwachsenen-Hirn kann sich an Vergangenes erinnern und unsere bereits gemachten Erfahrungen und Beobachtungen sortieren, um diese dann nicht nur dafür zu nutzen, die Zukunft exakt vorherzusagen, sondern dafür, eine Zukunft zu entwerfen und sich um etwas zu sorgen, das noch nicht einmal stattgefunden hat. Das ist absolut umwerfend! Es ist nur vernünftig, anzunehmen, dass die Menschheit allein aufgrund des (A)-Hirns bis heute überlebt hat. Bei diesem Teil des Gehirns handelt es sich auch um das Areal, das uns dabei hilft, dem Leben Sinn und Bedeutung beizumessen und Begeisterungsfähigkeit zu entwickeln. Noch wichtiger aber ist, dass es die negativen Anteile der anderen Ich-Zustände kontrollieren kann. Wie bereits dargestellt, kann das (A)-Hirn die destruktiven Impulse des (C)-Hirns bändigen. Es kann sich auch gegen die niederschmetternde Stimme des Eltern-Teils zur Wehr setzen und klarmachen, dass wir ziemlich in Ordnung sind: »Einen Augenblick, bitte. Ich bin ein guter Mensch. Ich habe nur einen Fehler gemacht. Du hast keine Ahnung, wovon du eigentlich redest.«

Bernes Theorie ist viel komplexer als das, was ich hier dargestellt habe. Im Anhang finden Sie weiterführende Literatur, sollten Sie sich mit dem Thema tiefergehend beschäftigen wollen. Diese wenigen Grundlagen rüsten Sie jedoch bereits dafür, die Strategien und Taktiken zur Stärkung der Resilienz, die in Teil 2 und 3 dargelegt werden, zu verstehen und später anwenden zu können, da diese auf der Strukturanalyse aufbauen.

## Alles hat Vorteile

Zuvor verdienen es jedoch einige andere (P)-(A)-(C)-Aspekte erwähnt zu werden. Wenn wir jemanden in den Begriffen der Strukturanalyse darstellen, sagen wir, dass die Ich-Zustände alle gleich wichtig sind – wie gleich große Kreise in einer Grafik –, und dass jeder gute wie auch schlechte Eigenschaften beinhaltet:

- Der (C)-Zustand ist wahrscheinlich der Ursprung von Kreativität, Spontanität und Humor. Allesamt Eigenschaften, die uns als Menschen auszeichnen und in engem Zusammenhang mit unserem Überleben und unserem Glück stehen.
- (P) kann sehr nützlich sein, um Verhaltensweisen gemäß gesellschaftlichen Gepflogenheiten zu regulieren. (P) kann auch nährend und tröstend sein, wenn wir einmal innere Bestätigung benötigen.
- Wir siedeln (A) gerne zwischen (C) und (P) an, als überwache (A) die anderen beiden.

Falls Sie es noch nicht bemerkt haben: Ihr Teenager hat ein riesiges selbstkritisches (P)-Ich und ein ebenso großes impulsives (C)-Ich. Dazwischen eingeklemmt befindet sich ein kleines (A)-Ich, das oft fragt:

»Und warum, bitteschön, hasse ich mich?«, oder: »Warum zur Hölle habe ich das gemacht?« Während der Pubertät wächst das (A)-Hirn, es beginnt, sich zu verdrahten und die Regie zu übernehmen – vorausgesetzt wir schaffen es, unser Teeniekind geschickt zu lenken, sodass sich die Zauberkraft namens Resilienz entwickeln kann.

Jetzt wissen Sie, dass Teenagergehirne vor schweren Herausforderungen stehen, und dass Ihre Kinder infolgedessen leiden wie keine Generation zuvor. »Aber Dr. B.«, geben Sie zu bedenken, »unsere Kinder haben doch uns Eltern, um sie durch diese Zeit zu bringen, nicht wahr?« Nun, bezüglich eines Erziehungsstils, der die Resilienz stärkt, können wir Teil des Problems oder Teil der Lösung sein. Die Figur Pogo von Zeichner Walt Kelly sagt in einem Comicstrip etwas, das nur zu gut zum resilienzfokussierten Erziehungsstil passt: »Wir sind dem Feind begegnet, und es handelte sich dabei um uns.« Blättern Sie weiter, und Sie werden verstehen, was ich meine.

# Und wie geht es uns Eltern?

Ich kann gut verstehen, wenn Sie dieses Kapitel lieber überspringen möchten. Das Belastendste daran, einen Teenager im 21. Jahrhundert großzuziehen, ist das, was in den Herzen und Köpfen der Eltern vor sich geht, die versuchen aus einem Abenteuer (bei dem man keine Ahnung hat, wohin all das führt) eine Reise (bei der man das Ende absehen kann) zu machen. Das oben angeführte Zitat aus »Nicholas Nickleby« würde sich bestens auf einem Eltern-T-Shirt machen.

Wie sich im Laufe dieses Kapitels herausstellen wird, ist es sehr ermüdend, zu versuchen, unsere Kinder dazu zu zwingen, so zu werden, wie wir es gerne wollen. Hierbei handelt es sich um wohlgemeinte Bemühungen, die, wenn man es übertreibt, der kindlichen Resilienz schaden. Weniger einzugreifen, hilft tatsächlich mehr, wenn es um die Stärkung der psychischen Widerstandskraft geht. Aber die Anstrengung, die man aufbringen muss, um nicht ständig einzugreifen, kann einen auslaugen. Ein weiteres Beispiel dafür, wie unklar dieses ganze Eltern-Sein eigentlich ist. Selbst während der besten Phasen können wir nie sicher sein, ob wir gerade wirklich das Beste für unsere Kinder tun. In den schlechtesten Zeiten halten wir uns selbst jedoch für Rabeneltern. Wir sind ja auch von lauter Experten umzingelt, die uns unsere Inkompetenz äußerst hilfreich bestätigen:

## »Ich bin unglaublich traurig und durcheinander«

»Meine Schwiegermutter sagt, es sei ein Fehler, hierher zur Beratung zu gehen«, sagte Diane. »Sie sagt, sie habe fünf Kinder ohne irgendwelche Probleme großgezogen und dass wir Matthew mit der Therapie ›verweichlichen‹ würden. Denken sie, sie hat recht? Sie meint, dass wir härter werden müssten und ihn einfach vor die Tür setzen sollten, wenn er nicht auf uns hört. Wenn ich ihr sage, dass wir das alles bereits versucht haben, wirft sie mir diesen Blick zu, und ich fühle mich, als sei ich dumm, schwach oder gleichgültig – oder alles zusammen. Ich habe versucht, ihr zu erklären, dass wir zur Therapie gehen, seit wir die harte Tour probiert haben, denn danach ist Matthew abgehauen. Mein Mann sagte zu ihm, er solle nicht wieder heimkommen, bevor er mit dem Kiffen aufgehört und mit der Uni angefangen habe. Das war vor allem für mich hart – ich konnte danach zwei Nächte nicht schlafen, aber wir sind konsequent geblieben. In der dritten Nacht wurde Matthew von der Polizei nach Hause gebracht. Wir dachten, er sei in Schwierigkeiten. Aber es stellte sich heraus, dass wir in Schwierigkeiten waren. Die Polizisten klärten uns auf, dass sie, wenn wir ihn nicht hineinließen, uns wegen Gefährdung eines Minderjährigen, Matthew ist ja erst 15, vorladen und das Jugendamt einschalten würden. Matthew grinste währenddessen höhnisch, als würde er uns damit sagen: »Ich kann so nichtsnutzig werden, wie es mir passt, und ihr könnt nichts dagegen tun.« Einer der Polizisten sah Matthews hämisches Gesicht und sagte kopfschüttelnd zu uns: »Tut mir leid. Ich habe das selbst auch mitgemacht. Gehen Sie zu einer Beratung, manchmal hilft das.«

Mein Mann will nichts mehr mit Matthew zu tun haben. Er sagt, der Junge sei nun auf sich gestellt, da wir ohnehin nichts ausrichten können, bis er 18 wird, dann können wir ihn auf legalem Weg rauswerfen.« Diane fing an zu weinen. »Aber ist es dann nicht zu spät?« Sie atmetet tiefe ein und aus, wie ein erschöpfter Läufer. »Wir sprechen kaum noch miteinander. Mein Mann ist ständig wütend. Und ich bin unglaublich traurig und durcheinander.«

## Warum bin ich traurig? Oder wütend?

Sie sind traurig und/oder wütend, weil Ihr Kind starb, als es zum Teenager wurde. Wahrscheinlich fühlen Sie sich seltsam dabei, so etwas zu denken, denn rein physisch lebt Ihr Kind natürlich, weswegen Sie diese »dämliche« (blöde und wortlose) Trauer einfach unterdrücken. Wenn der Sohn zum ersten Mal Drogen nimmt oder die Tochter zum ersten Mal einen Freund nach Hause bringt oder wenn Ihr Kind zum ersten Mal lauthals und unter Verwendung wüster Schimpfwörter ausrastet, fühlen sich Eltern oft regelrecht von Trauer übermannt. Der Verlust der Unschuld kann sich für Eltern anfühlen, als sei ihr Kind gestorben. Das ist keine Übertreibung. Uneingestanden und unkontrolliert, kann sich diese Traurigkeit ungünstig auf die Eltern-Kind-Beziehung auswirken und zum weiteren Faktor werden, der zum Verlust von Resilienz bei Teenagern beiträgt.

## Die Eltern-Einbindungs-Skala

Stellen Sie sich die elterliche Einbindung in das Leben eines Jugendlichen als Zehn-Punkte-Skala vor. Eine Reaktion von trauernden Eltern – häufiger bei Vätern als bei Müttern beobachtet – ist der Rückzug. Das wäre eine Eins auf der Skala. (»Zum Kuckuck mit ihm. Er ist jetzt auf sich gestellt. Wen kümmert es schon, was er tut?«) Das eigene Kind emotional »abzuschneiden« kann auf Macho-Art, als könne man endlich etwas heimzahlen, kurzfristig Befriedigung verschaffen. Aber es ist gefährlich. Der elterliche Rückzug von einem aus neurologischer Sicht nicht vollentwickelten Wesen, das sich obendrein in einer Umgebung bewegt, in der allerlei Versuchungen bereitstehen, um das emotionale Vakuum zu füllen, ist riskant. Diese Mischung kann zu genau dem Verlust an Resilienz und somit zu den psychischen Problemen führen, über die wir im ersten Kapitel gesprochen haben. Ein Kind bis zur Pubertät großzuziehen ist recht einfach. Jeder schafft das. Die turbulenten Teenagerjahre sind genau die Zeit, in denen ein wohlüberlegter und disziplinierter Erziehungsstil am wichtigsten ist.

Aber die Zehn auf der Eltern-Einbindungs-Skala, also übermäßige Einmischung – ebenfalls eine Trauerreaktion – kann genauso schlecht sein wie elterlicher Rückzug. Im Folgenden einige Beispiele dieser »Zu-viel-Methoden«:

**Wütend und autoritär auftreten (Feldwebel/Polizist):** Die meisten von uns ziehen diese verführerische Option zumindest in Erwägung. Es ist ein weitverbreiteter Irrglaube, dass unsere Kinder sicherer sind, wenn wir sie mit Strafen, Geschrei und sogar mit Schlägen überwältigen. Wenn wir uns selbst noch verrückter verhalten als unser 14-Jähriger, so unsere Annahme, wird er schon aufgeben und sich in den süßen 10-Jährigen zurückverwandeln. Kampferprobte Eltern werden Ihnen erzählen, dass die meisten Teenager durchaus bereit sind, noch verrückter zu handeln als wir. Wenn sie es schaffen, uns in den Wutsumpf hinunterziehen, werden sie aus neurologischer Sicht sogar noch belohnt. Passen Sie also auf, diese verlockende Taktik kann eine Zeit lang gut funktionieren. Aber wenn sie erst einmal versagt, und das tut sie immer, wird sie nach der großen Explosion einen gigantischen schwelenden Krater hinterlassen. In ihre elterlichen Einflussmöglichkeiten zur Förderung von Resilienz und in die Beziehung zu Ihrem Kind wird so ein großes Loch gerissen.

**Grenzenlose Einmischung und übermäßiges Kümmern (Helikoptereltern):** Hierbei verstricken wir uns tief in das Leben unserer 13-jährigen Tochter und versuchen so, sie in ihr 10-jähriges Ich zurückzuverwandeln. Dieser Stil verursacht meistens keine Explosion, die Auswirkungen sind aber ähnlich verheerend, nur gehen sie leise vonstatten. Eine Zeit lang überlassen uns überraschend viele Teenager ihre Entscheidungen. Das kann entlastend wirken, sie kurzfristig von der Angst vor der realen Welt befreien: »Mama, der Trainer ist gemein zu mir. Immer muss ich auf die Bank, nie darf ich mitspielen. Kannst du dich für mich darum kümmern?« So etwas kann zwar Ihre elterliche Resilienz stärken. Aber es tötet die Ihres Kindes definitiv ab.

**Nachgiebig sein und alles erlauben (lieber Freunde als Eltern sein):**
Hier droht der Teenager damit, sich emotional weiter zurückzuziehen, wenn wir als Eltern es wagen, uns wie Eltern zu benehmen: »Wenn du mich nicht zum Bierfest gehen lässt, rede ich nie wieder mit dir und dann weißt du gar nicht, was in meinem Leben los ist. Ich dachte, du wärst cool, so wie Kerris Eltern.« Diese schlaue Taktik ist Salz in die Wunden trauernder Eltern, da hier mit weiterem Verlust gedroht wird. Manche von uns versuchen, ihr Verhalten als Sicherheitsmaßnahme zu kaschieren: »Wenn ich ihm nicht erlaube, zum Bierfest zu gehen, dann erzählt er mir nicht, wenn er wirklich gefährliche Dinge tut.« Also ... wir erlauben ihm gefährliche Dinge zu tun, um zu vermeiden, dass er gefährliche Dinge tut – macht das Sinn?

Jeder dieser Erziehungsstile schadet auf seine Weise der Resilienzentwicklung unserer Teenies. Was wären also gute Zahlenwerte auf unserer Skala? Wie bei den meisten Dingen im Leben liegen die besten Werte im Mittelfeld. Die resilienzfördernde Magie spielt sich im Bereich zwischen vier und sechs ab, wenn wir einen verlässlichen und bestimmten Erziehungsstil anwenden, standhaft und liebevoll zugleich sind. Leichte Abweichungen in Richtung drei und sieben können ebenso effektiv sein, wichtig ist, dass man sich generell im Mittelfeld bewegt. In Teil 2 und 3 blicken wir hinter das Geheimnis dieser Magie und zeigen Ihnen Strategien und Taktiken, die Sie brauchen werden, um bei Ihrer Erziehung erfolgreich zu sein. Zunächst aber ist es wichtig, dass wir uns mit der anfänglichen Trauer über den Verlust »unseres süßen Kindes« auseinandersetzen. Denn diese Trauer sollten wir aus unserer Erziehung heraus- und von unserem Kind fernhalten.

## Wie wir mit unserer Trauer umgehen können

Vielleicht haben Sie bemerkt, dass unser persönliches Verlangen nach Macht und Kontrolle unseren Erziehungsstil stark beeinflusst. Trauer kann uns alle an den Rand bringen. Sogar die Profis, die es eigentlich besser wissen sollten:

**»Wir reden morgen«**

Eines Tages verschwand meine 14-jährige Tochter für Stunden.
Spät am Abend kam sie ohne Erklärung nach Hause und sagte nur:
»Wir reden morgen.« Als ich sie am nächsten Morgen zur Schule fuhr,
versuchte ich, ihr eine Erklärung abzuringen. Dabei vergaß ich alle
Regeln dafür, wann man einen Teenager nicht zu einer ernsthaften
Unterhaltung drängen soll. Regel Nummer eins: Niemals früh am
Morgen. Aber es war doch nur zu ihrem Besten, oder? »Ich verspre-
che dir, dass wir heute Abend miteinander reden«, antwortete sie mir
auf meinen wiederholten Versuch. »Du weißt doch, wie sehr mich die
Schule stresst«, verteidigte sie sich. »Der Morgen ist für mich immer
schlimm. Ich möchte mich auf dem Weg dorthin nicht aufregen.«

»Nein«, herrschte ich sie an. »Wir müssen jetzt reden!«

»Nein, nicht wir müssen«, antwortete sie. »Nur du musst.«

Dann brüllte jemand: »Herrgott nochmal, hör endlich auf, dich wie
ein Zweijähriger zu benehmen!« Ich war wie vom Donner gerührt.
Nicht ich hatte geschrien, sondern meine Tochter. Die 14-Jährige
hatte absolut recht. Ich war wirklich der Zweijährige, der dieser
schrecklichen Traurigkeit darüber ein Ende setzen wollte, dass sein
kleines Mädchen von dieser Teenager-Kreatur verschlungen wurde,
die sie dazu brachte, selbstständig zu denken und zu handeln,
manchmal so, dass es mir Angst machte. Mein »völlig berechtigter«
Ärger war in Wirklichkeit meine Trauer, die vorgab, in bester elterlicher Absicht zu handeln.

*Aus dem persönlichen Tagebuch des Autors*

Wie gehen Sie mit dieser Trauer um? Wichtig ist es vor allem, zu versuchen, diese beängstigenden Veränderungen nicht als schrecklich und bedrohlich, sondern als normale und positive Entwicklungen aufzufassen. Im ersten Schritt sollten Sie sich damit beruhigen, dass es sich hier höchstwahrscheinlich nicht um einen Notfall handelt. Es dauert eine Weile, bis die echte Teenager-Krise Form annimmt. Die Wahrscheinlichkeit ist hoch, dass Ihnen viel Zeit bleibt, um Ihr Kind für die Gefahren zu wappnen, die ihm in seinem Leben begegnen könnten. Schlecht gelaunt und respektlos ist nicht das Gleiche wie gefährdet. Wobei, selbst wenn Sie sich das klarmachen, fühlt es sich immer noch wie ein Notfall an, stimmt's? Und es kann besonders schmerzhaft sein, wenn der fragliche Teenager ihr erstgeborenes Kind ist oder das eine »besondere« unter den Geschwistern, von dem Sie heimlich dachten, es sei Ihnen am nächsten.

## Die zweite Geburt

Unsere Kinder sollen diese Dinge tun, die wir hassen. Ob es uns gefällt oder nicht, so ist der Lauf von Mutter Natur, die eine »Wiedergeburt« für unsere Kinder vorgesehen hat, einen zweiten Abnabelungsprozess, den Sie weder aufhalten können noch aufhalten sollen. Schwierig daran ist bloß, dass das Ergebnis dieser zweiten Anstrengung kein süßer kleiner Wonneproppen sein wird. Die zweiten »Wehen« bringen eher einen vorerst beleidigenden, furcherregenden und aufmüpfigen »Stressproppen« hervor. Das kommt daher, dass uns unser Kind diesmal nicht nur rein körperlich verlässt, sondern auch, dass es unsere Werte hinterfragt, über unsere Anforderungen diskutiert und sogar unsere Regeln ablehnt. Ob Sie es glauben wollen oder nicht, dies ist der Beginn eines noch größeren Wunders als die erste Geburt. Denn hier kommt ein autonomer Erwachsener zur Blüte, eine Person, die Sie eines Tages erstaunt anstarren und sagen werden: »Oh, wow! Es ist ein Wunder! Sie kann selbstständig denken! Er kann für sich selbst sorgen!« Die schlechte Nachricht dabei ist, dass die zweite Geburt ein wenig länger dauern wird als die erste; die schwersten Wehen halten circa drei bis vier Jahre an. Menschliche Wunder brauchen eben ihre Zeit.

## Nehmen Sie das Kind so an, wie es ist

Ein zweiter Hinweis, der dabei hilft mit der Trauer umzugehen, ist das Eingeständnis, dass Sie während dieses ganzen Prozesses sehr viel weniger Kontrolle haben, als Sie glauben. Davon auszugehen, Sie könnten den Teenager, der vor Ihnen steht, zu einem Erwachsenen, der Ihrer Vorstellung entspricht, formen, ist genauso vermessen, wie anzunehmen, Sie könnten Ihr Baby dazu zwingen, Locken oder grüne Augen zu bekommen. Die meisten von uns leben im Irrglauben, dass, wenn wir alles richtig machen, einer dieser 18-Jährigen herauskommt, denen die Welt zu Füßen liegt, die einen perfekten Lebenslauf vorweisen können. Wenn das dann nicht klappt, sind wir untröstlich, fühlen uns als Versager. Wir schreiben uns viel zu viel positiven Einfluss auf unsere Kinder zu, wenn sie Erfolg haben, und fühlen uns viel zu sehr verantwortlich, wenn sie scheitern. Unglücklicherweise sieht Ihr Publikum das anders und beurteilt Sie danach, wie gut die Leistungen Ihres Kindes ausfallen.

Besser ist es, wenn Sie Ihren Teenager als gott-, natur- oder von wem auch immer gegebenen Setzling betrachten. Sie können diese Jungpflanze nähren, schützen und formen und mit so viel Liebe und Positivem umgeben, wie Ihnen möglich ist, aber am Ende wird sie zu dem heranwachsen, was sie ist. Ein Zuviel an Maßnahmen, um sie zu dem zu machen, was Sie sich wünschen, kann das Wachstum verhindern, die Widerstandskraft schwächen. Viel klüger ist es, das Kind so anzunehmen, wie es ist, sich zurückzulehnen und ihm dabei zuzusehen, wie es erblüht. Die gute Nachricht: Ihr plötzlicher Verlust von Einfluss und Kontrolle ist Zeichen einer normalen und völlig gesunden Entwicklung. Die schlechte Nachricht: Sie können das Ergebnis dieser Entwicklung nicht vorherbestimmen. Hat schon mal jemand erwähnt, dass dies ein Abenteuer und keine Reise werden würde?

## Ihre leise Macht

Ironischerweise handelt es sich bei dem dritten Hinweis im Umgang mit der Trauer darum, sich klarzumachen, dass Sie sehr wohl ein großes Maß elterlicher Macht besitzen, allerdings nicht auf die Art und Weise, wie Sie sich das erhofft haben. Ihre Macht ist leise und ihr erheblicher Einfluss zeigt sich möglicherweise erst nach mehreren Jahren. Klug angewandt, kann sie jedoch jeder finsteren Gewalt Einhalt gebieten, die mit Ihnen um Ihr Kind konkurriert. Bei galaktischen Revolutionen und beim Großziehen eines Teenagers müssen Sie einfach »auf die Macht vertrauen«. Lesen Sie den Brief, den mir die Mutter einer früheren Patientin geschickt hat:

## »Hi Dr. Bradley,

zum letzten Mal haben wir uns vor sieben Jahren getroffen, als meine Tochter Sophie zu ihrem Vater zog. (Die Eltern lebten geschieden.) Ich erinnere mich an diesen Tag wie an einen Todestag. Damals hatten wir fürchterliche Auseinandersetzungen über beinahe alles – Jungs und die Schule, um nur zwei Beispiele zu nennen. Ich erinnere mich noch daran, dass ich Sie dafür gehasst habe, dass Sie sagten, ich müsse sie möglicherweise zu ihrem Vater gehen lassen, um sie nicht für immer zu verlieren.

Zuerst konnte ich den Gedanken, mein kleines Mädchen gehen zu lassen, kaum ertragen. Es fiel mir leichter, als ich mir klarmachte, dass es ‚mein kleines Mädchen‘ gar nicht mehr gab. An ihre Stelle war da eine wundervolle neue Person getreten, auch wenn das viel Zeit gekostet hat. Und wissen Sie was? Die ehemalige ›Schule-ist-mir-doch-egal‹-Viererschülerin beendet nächste Woche ihr Studium – mit Auszeichnung! Sophie und ich haben uns vor fünf Jahren miteinander ausgesöhnt und sind uns seitdem sehr nahe. Es ist großartig! Und wunderschön ...

Etwas, das sie gesagt hat, sollte unbedingt in Ihren nächsten Elternratgeber einfließen. Als ich zu Sophie sagte, ich sei über ihre guten Noten im Studium überrascht, weil sie sich um die Schule nicht

sonderlich geschert hat, erwiderte sie: ›Mama, nur weil ich nicht getan habe, was du gesagt hast, bedeutet das nicht, dass ich nicht zugehört hätte. Ich glaube, ich musste hören, was du zu sagen hattest
und dann losgehen, um die Dinge für mich selbst herauszufinden.‹

Dr. B., in vielerlei Hinsicht ist sie zu einer besseren Version meiner
selbst geworden, vor allem meine Werte und Moralvorstellungen
betreffend; das, was mir am wichtigsten ist. Damals hat sie sicherlich
nichts von dem getan, was ich ihr vorgelebt habe. Meistens sogar
genau das Gegenteil!«

Dieser Brief von Sophies Mutter zeigt die Kraft unserer stärksten
Waffe ganz vorzüglich: die Macht, unsere Kinder zu formen. Unsere
Kinder werden viel stärker von unserem Verhalten beeinflusst, als
dadurch, wenn wir ihnen sagen, wie sie sein sollen. Die »Jetzt-sag-ich-
dir-mal-was-mit-dir-nicht-stimmt«-Lektionen wirken auch stark,
allerdings auf negative Weise. So kann es passieren, dass sich Ihr Kind
von Ihnen entfernt und in seiner Umgebung nach neuen Vorbildern
sucht. Beängstigend, nicht wahr? Erinnern Sie sich daran, dass es die
wichtigste resilienzfördernde Aufgabe im Leben Ihres Kindes ist, seine
eigene Identität zu entwickeln. Es soll nicht eine jüngere Version Ihrer
selbst werden. Die beste Möglichkeit, diesen Prozess zu beeinflussen,
ist es, Ihren Teenie einfach zusehen zu lassen (nicht zu predigen), wie
Sie Ihre Werte leben und was diese Ihnen bedeuten.

Es geht nicht darum, perfekt zu sein. Wahrscheinlich wird Ihr Kind
viel mehr von Ihnen lernen, wenn Sie keine perfekten Eltern sind.
Unsere Kinder können uns sogar besser annehmen, uns leichter verzeihen und einfacher mit uns in Beziehung treten, wenn wir nicht
perfekt sind, zumindest, wenn wir uns unserer Mängel bewusst sind.
Und wenn wir nicht so tun, als seien wir zu schlechtem Verhalten be-
rechtigt, also beispielsweise dazu zu brüllen oder zu schlagen.

Den schönen Schein zu wahren und etwas vorzutäuschen, wirkt wie
Gift auf Ihre Beziehung. Dahingegen können unsere Kinder von unseren elterlichen Versagensmomenten fürs Leben lernen. Haben Sie
schon einmal versucht, Ihrem Teenager nahezubringen, dass er für

sein Verhalten verantwortlich ist, dass er seine Mängel angehen müsse und versuchen solle, sich zu bessern? Nach Wort Nummer fünf fährt ein Schutzschild hoch und alles, was er hört, ist: »Bla, bla, bla ...« Wenn Sie aber auf Ihr Kind zugehen und einen Fehler eingestehen (wenn Sie beispielsweise laut geworden sind), öffnen sich die Augen und Ohren Ihres Kindes weit, da Sie Kritik an sich und nicht an ihm üben. Und diese Ohren hören tatsächlich etwas von Verantwortung übernehmen, gegen die eigenen Mängel angehen und sich bessern. Eine Entschuldigung ist noch so eine Elternwaffe, die wichtige Botschaften, gut getarnt als von Herzen kommendes Eingeständnis, in die Köpfe einschleust. In den Augen Ihres Kindes sind Sie nie größer, als wenn Sie sich mit einer Entschuldigung klein machen.

## Erinnerung an die eigene Pubertät

Der vierte Hinweis im Umgang mit der Trauer ist die Erinnerung an die eigene Pubertät, an die Zeit als Sie selbst junge Erwachsene waren (aber bitte nicht die öffentliche Version, in der Sie so tugendhaft und fleißig waren).

- Wie haben Sie Ihre Identität entwickelt? Indem Sie sich all die Lektionen, die auf Sie einprasselten, brav einverleibt haben?
- Oder war es eher ein chaotischer Prozess, bei dem Sie tausend Dinge gleichzeitig angepackt haben – manche gut, viele eher schlecht?
- War es ein Prozess, während dessen Sie darüber nachdachten, was Sie zuvor gesagt und gefühlt hatten, während dessen Ihnen die Wirkung Ihrer Handlungen auf andere bewusst wurde?
- Und der damit endete, dass Sie oft so etwas sagten wie: »Das war ja furchtbar. So möchte ich mich nie wieder fühlen. So jemand möchte ich überhaupt nicht sein.« Manche von uns haben das Wichtigste gelernt, als Sie sich mies fühlten oder mies handelten. David ging es so:

## »Es nervt echt, ein Gewissen zu haben«

»Letzte Woche habe ich mich mit einem Mädchen verabredet. Naja, ehrlich gesagt, ich wusste schon, dass ich nur mit ihr ins Bett wollte. Sie ist nett, aber nicht die Hübscheste oder Schlankste an der Schule, verstehen Sie? Sie wird nicht oft zu Dates eingeladen, daher klang sie wirklich froh, als ich ihr vorschlug, gemeinsam zum Abendessen auszugehen. Ich hatte schon einen Plan, wie die Nacht verlaufen sollte, aber dann passierte im Laufe des Abends etwas völlig Unvorhergesehenes. Sie erzählte mir von sich, wie schwer es für sie sei, in der Schule so oft gehänselt zu werden, weil sie etwas mehr wiegt. Sie erzählte mir von anderen Jungs, die versucht hatten, sie dazu zu bringen, »Dinge zu tun« und wie schlimm sie sich dabei fühlte. Sie hat sich nicht beschwert oder so. Sie erzählte mir nur darüber und sagte, wie sehr sie sich darüber freue, dass ich sie so nett zum Abendessen eingeladen hätte.

In dem Moment war mir klar, dass mein Plan aufgegangen war. Ich wusste, dass sie etwas für mich empfand, dass sie dachte, ich sei ein netter Typ, und dass ich das zu meinem Zweck ausnutzen konnte. Und dann, ganz plötzlich, fühlte ich mich wirklich mies. Ich war schockiert darüber, wie schlecht ich mich fühlte. Sie fragte mich sogar, ob mit mir alles in Ordnung sei, ich glaube ich sah aus, als sei mir übel. Ich habe dann nicht mehr versucht, sie rumzukriegen. Wer hätte das gedacht? Wahrscheinlich bin ich jetzt für immer der Loser, der nicht so viele Mädchen abschleppt im Gegensatz zu meinen Freunden. Mann, es nervt echt, ein Gewissen zu haben.«

Versuchen Sie, mit Ihrem Teenager geduldig zu sein, auch wenn sein Verhalten manchmal beleidigend, befremdlich oder schlecht ist. Letztlich dreht sich alles darum, zu lernen. Das alles ist keine schöne Prozedur, aber das, was hinten rauskommt, kann doch ganz wunderbar sein.

## Warum bin ich so verwirrt?

Dafür gibt es zwei Gründe. Zum einen war es schon immer schwierig, Teenager großzuziehen, und ziemlich viele der Schwierigkeiten bestehen auch heute noch. Sie sind verwirrt, weil Sie sich nicht mehr richtig an Ihre Jugend erinnern können und Ihre Eltern so nett waren, Ihnen nicht die unverblümte Wahrheit über Ihre eigene Pubertät zu erzählen.

Wir Eltern benehmen uns oft wie Geschichtsrevisionisten: Wir löschen die verrückten Dinge, die wir getan oder gedacht haben, einfach. Unsere bereinigte Erinnerung unserer selbst scheint dann so wenig mit dem Verhalten unserer Teenies zu tun zu haben, dass wir panisch werden in Anbetracht ihres extremen Mangels an Respekt, ihres Trotzes und ihrer Aggressivität. Dabei haben wir als Teil unserer Reise ins Erwachsenenalter alle unsere eigene Abnabelungsgeschichte durchlebt. Jede Generation testet ihre Grenzen aus und versetzt so ihre Eltern in Angst und Schrecken.

Während der letzten 50 Jahre hat sich der wohl unflätigste Elternbeiname von »Du Idiot!« zu »Du verfluchter Idiot!« gewandelt. Die grundlegende Botschaft ist dabei immer gleichgeblieben, sie wurde nur auf verschiedene Weise ausgedrückt. Kluge Menschen finden das schockierende Verhalten von Teenagern schon seit sehr langer Zeit besorgniserregend. Hier ein passendes Zitat: »Die jungen Leute lieben heutzutage den Luxus, sie haben schlechte Manieren, verachten Autorität, sie haben keinen Respekt vor den Alten und anstatt zu arbeiten wird nur geschwatzt.« Dieses Zitat wird Sokrates zugeschrieben, der sich über Teenager bereits vor 2400 Jahren beschwert haben soll. Ähnlich funktioniert auch »Was ist bloß los mit der heutigen Jugend?« – diese Beschwerden gibt es seit Menschengedenken. Und ich wette, Sokrates' Eltern haben das Gleiche bereits über die Generation ihres Sohnes gesagt.

Der zweite Grund dafür, warum Sie sich so verwirrt fühlen, ist, dass heute für Eltern von Teenagern vieles Neuland ist, wo die alten Regeln nicht mehr funktionieren. Frühere Elterngenerationen sahen ihre Aufgabe hauptsächlich darin, ihre Teenager zu kontrollieren. Dieser Mission gehen auch heute noch zweifelsohne viele Eltern nach. Fragen Wissenschaftler Eltern nach dem obersten Ziel in der Kindererziehung, lautet die häufigste Antwort: »Wir wollen, dass sie als Erwachsene glücklich sind.« Danach gefragt, wie sie dieses Ziel erreichen möchten, antworten Eltern häufig damit, dass sie ihre Kinder während ihrer Schulzeit unterstützten, sie von Drogen fern- und davon abhielten, bereits im Teenageralter Eltern zu werden. Und wenn gefragt wird, wie sie das Genannte in die Tat umsetzen, sprechen Eltern meistens von Kontrollmaßnahmen wie Regeln und Strafen. »Er soll es einmal wagen, Drogen anzufassen«, sagte ein Vater und drohte mit der Faust, »dann lernt er von mir höchstpersönlich, dass so etwas nie wieder passiert.«

 **»Er war nie sonderlich präsent«**

Mein Vater, ein irischer Katholik, war in meinem Leben nie sonderlich präsent, seiner Ansicht nach waren Kinder Frauensache. Ich erinnere mich noch ganz genau an den Rat, den er mir mit 16 Jahren gab.
Als ich eines Morgens um 8 Uhr mit glasigen Augen am Küchentisch vorbeiwankte, knurrte seine Stimme hinter der Zeitung hervor: »Lass dich so nie wieder zu Hause blicken.« Diese Worte haben sich mir tief eingebrannt und mein Verhältnis zu Drogen nachhaltig geprägt. Danach schlief ich meinen Rausch immer ausgiebig aus.

*Aus dem persönlichen Tagebuch des Autors*

Wie in den vorhergehenden Kapiteln bereits erklärt wurde, sind Sie heutzutage mit neuen, schwierigeren und zahlreicheren Herausforderungen konfrontiert, als mein alter Herr es je war. Jede Elterngeneration muss sich mit neuen Risiken auseinandersetzen, aber heute prasseln Veränderungen in Lichtgeschwindigkeit auf uns ein, sodass Eltern im ständigen Gefühl leben, gar nicht mehr hinterherzukommen. Kaum hat man eine Lösung für ein Problem gefunden, taucht schon das nächste auf.

Diese neue Realität erfordert eine neue Philosophie. Eltern müssen ihren Kindern neue Werte und Strategien beibringen, damit sich diese selbstständig zurechtfinden können, ohne auf die Kontrolle der Eltern zu vertrauen. Elterliche Kontrolle allein reicht einfach nicht mehr aus.

Dieser alte Grundsatz funktionierte in der alten Welt, in der Teenager viel weniger Zugang zu all den heutigen Verrücktheiten hatten. Wie die beispiellos hohe Anzahl von psychisch erkrankten Teenagern belegt, ist das heute anders. Darum benötigen wir eine neue Leitlinie für diesen neuen Kampf in dieser neuen Welt. Kontrolle allein genügt nicht mehr.

## Was ist eigentlich mein elterliches Ziel?

Ihr wichtigstes Ziel ist es, Ihrem pubertierenden Kind beizubringen, sich selbst zu kontrollieren. Zuerst die schlechte Neuigkeit: In diesem Buch werden Sie nicht finden, was Sie (und ich) sich als Teenagereltern insgeheim wünschen. Die meisten von uns gehen aus denselben Gründen zu Vorträgen über Erziehungsthemen wie meine Therapeuten-/Autorenkollegen und ich zu unseren Treffen. Wir alle hoffen, den Superstartherapeuten mit seinem neusten Buch treffen zu können, um so an eine umwerfend wirksame Teeniekontroll-Technik zu gelangen: »Hi, ich bin Mike Bradley, der bekannte Autor und Erziehungsexperte. Ihr Buch begeistert mich! Darf ich Sie etwas fragen, natürlich nicht für mich, sondern für einen Klienten. Wenn ihre Tochter mit so einem unangenehmen Typen ausginge ...«

Als Eltern von Teenagern hegen wir alle tief in uns diesen Wunsch, unsere Kinder im Griff zu haben. Insgeheim glauben wir, dass, wenn sie nur alles täten, was wir von ihnen verlangen – unsere Werte teilten, sich anzögen wie wir, dieselbe Musik hörten – alles einfach perfekt wäre, stimmt's? Auf bestimmte Weise mag dies stimmen, allerdings würden sie dann mit 40 wohl immer noch bei uns wohnen. Und das wollen wir auch wieder nicht. Damit sie allein und selbstständig losziehen können, um ihren Weg in dieser Welt zu finden, brauchen unsere Kinder – genau wie wir damals – ein bisschen Feuer, eine Art

Wut (nicht zu viel), die sie in Mut und Energie umwandeln können, um sich von uns zu lösen:

## »Ich will hier raus!«

> »Ich habe genug von meinen Eltern! Ich mag sie schon gerne und so, aber sie treiben mich in den Wahnsinn. Ich werde eine Ausbildung machen oder zur Uni gehen, um endlich hier rauszukommen und nach meinen Regeln leben zu können!«

Über solche Aussagen müssen Sie nicht verzweifeln. Im Gegenteil: Sie können sich darüber freuen. Denn sie sind ein Indikator dafür, dass Sie mit Ihrer mangelnden elterlichen Kontrolle gute Arbeit geleistet haben. Statt Ihre Kinder zu kontrollieren, lehrten Sie sie, was äußerst klug ist, sich selbst zu kontrollieren.

*Verändere die Einstellung und du veränderst einen Menschen. Verändere einen Menschen und du veränderst die Gesellschaft. Verändere die Gesellschaft, dann bewegt sich vielleicht auch die Welt um einen Zentimeter. Aber alles beginnt mit einem einzigen Menschen.*

Als Eltern des 21. Jahrhunderts können wir die Welt unserer Kinder nicht mehr so effektiv beaufsichtigen, wie unsere Eltern das noch konnten. Außerdem tragen bloße Kontrollmaßnahmen nicht dazu bei, Ihre Kinder zu schützen oder ihre Resilienz zu stärken. Es gibt einfach kein Mittel, den Wahnsinn von ihnen fernzuhalten. Ihre Feinde dringen durch Kabel und Wände zu Ihnen vor. Wahrscheinlich indoktrinieren Sie Ihr Kind gerade in diesem Moment, während Sie dieses Buch lesen (erzählen Sie mir jetzt nicht, Ihr Kind hängt vor dem Bildschirm oder trägt Kopfhörer. Oder beides). Sie müssen die feinmotorischen Fähigkeiten erwerben, Ihrem Teenager beizubringen, sich zu kontrollieren. Eine Mission, die auch unter dem Namen »Resilienzförderung« bekannt ist. Ein Prozess, der nicht auf unmittelbare Kontrolle ausgerichtet ist, sondern vielmehr darauf, dass Sie und Ihr Kind die Fähigkeiten entwickeln, mit all den Verrücktheiten besser umzugehen, die die Zukunft noch für uns bereithält.

In den weiteren Kapiteln finden Sie noch eine ganze Menge praktischer Beispiele aus dem Alltag. Wenn Sie bereit sind, dann blättern Sie um und lesen Sie Teil 2. Lassen Sie uns mit Ihrem Training beginnen. Auf zu neuen Strategien und Taktiken!

# Teil 2
# Strategien und Taktiken

»*Resilienzförderung*« heißt also Ihre Mission. In den folgenden Kapiteln gebe ich Ihnen die wichtigsten Strategien und Taktiken dafür an die Hand, Ihren Teenager in dieser anstrengenden Zeit mit dem richtigen Rüstzeug auszustatten.

# Das Mission-Strategie-Taktik-Modell

Bevor wir fortfahren, müssen wir aber noch über etwas reden: Ich habe Sorge, dass ich manche Eltern mit dem Gebrauch der militärischen Metaphern – die im Zusammenhang mit Feindseligkeit und extremem Stress stehen – beunruhige oder sogar verletzte.

Mich (wie auch Jim aus dem Vorwort) bringt die Erziehung von Teenagern manchmal an meine emotionalen Grenzen. Die militärischen Metaphern versinnbildlichen für mich, wie wichtig es ist, nützlich, produktiv und zielorientiert zu handeln und so Ordnung in chaotische, manchmal gefährliche Situationen zu bringen. Und dabei ist es egal, ob diese Situationen militärischer oder pubertärer Art sind. Glücklicherweise hören die meisten Uniformierten nie einen einzigen feindlichen Schuss, und dennoch kann ihre Arbeit unglaublich herausfordernd und ermüdend sein. Stellen Sie sich vor, Sie müssten innerhalb weniger Tage eine Stadt auf feindlichem Gebiet errichten, dann verstehen Sie, was ich meine. Solche Herkulesaufgaben können nur mit extrem gründlicher Planung, Disziplin und Übung durchgeführt werden. Voraussetzung ist, dass sie auf einer klaren Mission beruhen, die auf umfassende Strategien aufbaut, die wiederum aus zielgerichteten Taktiken besteht, die das tägliche Handeln bestimmen. Wichtige und riskante Aufgaben, wie beispielsweise einen Armeestützpunkt in der Wüste im Nahen Osten aufzubauen oder eben auch einen Teenager in unserer heutigen Welt großzuziehen, erledigen sich nicht einfach von selbst. Dasselbe Mission-Strategie-Taktik-Modell wird auch von religiösen Institutionen, Wohlfahrtsorganisationen, Unternehmen und Erziehern eingesetzt, um komplexe und schwierige Probleme zu lösen. Wenn es brenzlig wird, helfen ein Plan und Übung, um das Schlimmste zu verhindern.

Mit diesem Rüstzeug im Hinterkopf, sind Sie nun bereit, Strategien für einen die Resilienz fördernden Erziehungsstil zu lernen. Die Strategien sind das Fundament Ihrer Mission: Ihrem Kind beizubringen, sich selbst zu kontrollieren. Zunächst definieren wir die Strategien, bevor wir uns an die konkreten Taktiken machen.

**Hinweis des Autors für »arrogante« Leser (wie er selbst):**
Wenn Sie die gleiche schlechte Angewohnheit haben wie ich und die ersten Kapitel übersprungen haben, um gleich mit dem praktischen Teil zu beginnen, werden Sie, so wie das auch mir immer geht, zurück auf Start gehen und die ersten Kapitel dieses Buches lesen müssen. Letztendlich wird es Sie sonst mehr Zeit kosten und schlechter funktionieren, als wenn Sie das ganze Buch von vorne bis hinten durchlesen. Wenn Sie erst hier eingestiegen sind, verstehen Sie das theoretische Konzept hinter den Strategien und Taktiken nicht in vollem Umfang, was dazu führen kann, dass Sie auch nicht gänzlich hinter dem stehen können, was Sie tun sollen.

Amerikanische Militäroffiziere werden extra dafür geschult, ihren Leuten den Hintergrund einer Mission zu erklären. Wissenschaftliche Studien zeigen, dass es wesentlich zur Motivation der Soldaten beiträgt, schwierige Aufgaben anzugehen, wenn sie wissen, warum sie etwas tun sollen. Die ersten Kapitel sind genau dafür da. Sie vermitteln Ihnen das Wissen, aber auch die Motivation, die Sie benötigen, um Ihren Teenager dabei zu unterstützen, in unserer herausfordernden Welt zu überleben und aufzublühen. Denn genau darum geht es beim Stichwort »Resilienz«.

# Resilienzstrategien

Im Jahr 1964 blieb Potter Stewart, Richter am Obersten Gerichtshof der Vereinigten Staaten, bis spät in die Nacht wach. Er kämpfte mit einem Problem: Er sollte definieren, was Pornografie ist. Er schrieb: »Es ist mir unmöglich, nachvollziehbar zu definieren, wann genau es sich um einen Porno handelt ... Aber ich weiß genau, wenn ich einen vor mir habe.«[5]

So verhält es sich auch mit Resilienz. Es ist schwierig, genau zu definieren, was Resilienz ist. Dennoch würden die meisten sagen: »Ich weiß genau, dass es sich um Resilienz handelt, wenn ich sie vor mir habe.« Das geschieht meistens, wenn wir jemandem dabei zusehen, der ein Hindernis mit Leichtigkeit, Ruhe und beinahe ohne Mühe überwindet, das uns selbst völlig verrückt machen würde. Aber wie Sie gleich lernen werden, geht es bei Resilienz noch um sehr viel mehr.

## Resilienz und Glück gehen Hand in Hand

Seit gefühlten Ewigkeiten schlagen sich Experten mit der Frage herum, was genau zu Resilienz führt. Überall wird hohe psychische Widerstandskraft bei Menschen festgestellt, die von sich selbst sagen, sie seien mit ihrem Leben zufrieden, etwas das sich alle Eltern am allermeisten für ihre Kinder wünschen. Die »Wissenschaft des Glücks« wäre wohl eine eigene Buchserie. Für uns ist es erst einmal wichtig, unseren Kindern zu vermitteln, dass Kinder reicher Eltern, die in Watte gehüllt und von allen Stressoren ferngehalten werden, keine glücklicheren Menschen sind. Es sind häufig sogar die eher weniger glücklichen. Erst vor kurzem haben Lotteriegewinner berichtet, dass die Millionen ihr Lebensglück nicht langfristig verändert habe. Wissenschaftler haben herausgefunden, dass Glück nur teilweise von Wohlstand bedingt wird. Die meisten schreiben, Glück stehe vielmehr in

Verbindung zu einem stressfreien Leben und wenigen seelischen Narben.

Der Psychologe Martin Seligman hat das Akronym PERMA geprägt, um sein wissenschaftlich fundiertes Glücksrezept zusammenzufassen. Er sagt, wir Menschen seien am glücklichsten,

- wenn wir uns gut bei etwas fühlen, z. B. etwas genießen, wie gutes Essen, Musik und so weiter (engl. *p*ositive emotion),
- eingebunden und aktiv sind, also mit Aufgaben beschäftigt sind, die herausfordern und Spaß machen (engl. *e*ngagement),
- Beziehungen pflegen, also soziale Kontakte pflegen (engl. *r*elationship),
- unserem Leben Bedeutung und Sinn beimessen, also »Ich weiß, was das Leben für mich bedeutet« (engl. *m*eaning),
- und Ziele erreichen, also etwas schaffen, bei dem man zunächst vielleicht einige Male gescheitert ist (engl. *a*chievement).

Glückliche Menschen, die mit ihrem Leben langfristig zufrieden sind, sind häufig die,

- die eine Aufgabe und eine Leidenschaft für sich gefunden haben,
- die andere um Unterstützung bitten, wenn sie nicht weiterkommen,
- die manchmal zwar verlieren, aber nie aufgeben und
- die ihre Falten und Narben, die Spuren ihres Lebens, mit Stolz tragen.

Oder anders ausgedrückt: Medaillen und Pokale machen uns nicht glücklich. Unseren Kindern dabei zuzusehen, wie sie kämpfen und manchmal verlieren, scheint für zu viele von uns Eltern zu schwer erträglich zu sein. Aber Großmutter hatte recht, wenn sie sagte: »Was mich nicht umbringt, macht mich stärker.«

Es ist kein Zufall, dass Glücks- und Resilienzforschung sich perfekt ergänzen. Beide beschäftigen sich unter anderem mit der zentralen Bedeutung von Empathie, Leidenschaft, vom Sinn des Lebens, von Anstrengungen und vom Umgang mit Widrigkeiten.

## Andy und Pete, meine Helden

Ich kenne zwei wahre Helden, lebende Beispiele, die zeigen, was es bedeutet, resilient zu sein, und wie diese Widerstandskraft mit Glück belohnt wird – selbst im Angesicht furchtbarster Situationen. Es handelt sich um zwei Männer, die jeweils bei einem Autounfall schwere Verletzungen erlitten haben. Der eine verlor das rechte, der andere das linke Bein.

Zu Andy, meinem ersten Fall, wurde ich gerufen, weil er sich weigerte, für seine Behandlung aufzustehen. Er verlangte starke Schmerzmittel und wollte weder seine Familie noch seine Freundin sehen. Er sagte, sein Leben sei vorbei, er sei nun wertlos und nicht liebenswert und dass er sich bei der ersten Gelegenheit umbringen werde.

Achtzehn Monate später wurde ich zum zweiten Fall gerufen, der sich vom ersten ein klein wenig unterschied. Auch Pete missachtete ärztlichen Rat, allerdings dadurch, dass er seine Reha-Maßnahmen zu weit trieb. Er lehnte Schmerzmittel ab, bettelte um zusätzliche Zeit bei der Physiotherapie und verausgabte sich so stark, dass die Pfleger Sorge hatten, er werde sich mehr schaden als seinem Heilungsprozess nützen.

Andy sagte zu mir, er sei nicht mehr der Mann, der einmal gewesen sei, und werde es auch nie wieder sein. Pete sagte, er habe keine Zeit zu verlieren, um wieder zu seinem früheren Leben zurückzukehren, inklusive Laufsport. Nur deswegen habe er vorzeitig um eine Laufprothese gebeten.

Vielleicht war der größte Unterschied zwischen diesen beiden Helden (ein Titel, den beide übrigens ablehnen würden) ihre Resilienz. Viele Menschen verstehen das Konzept falsch, als handele es sich bei einer resilienten Person um jemanden, der Schwierigkeiten mit stählernem Blick, größter Gefasstheit und stoischem Gleichmut entgegentritt. Jemand, der sich niemals Schmerzen, Angst, Hoffnungslosigkeit oder Verzweiflung anmerken lässt – eine unerschütterliche Figur, die, selbst wenn sie ganz allein dasteht, so selbstsicher ist wie Gregory Peck in dem Film »Wer die Nachtigall stört.« (Ich habe mal ein Interview mit

Peck gesehen. Der Journalist schwärmte davon, was für ein großartiger Mann Peck sei, eine echte Inspiration, so gefasst, ruhig und furchtlos. Er endete damit, dass er sagte: »Ich wollte immer Gregory Peck sein.« Worauf Peck erwiderte: »Ja, ich auch. Dieser Typ aus den Filmen.«)

Als ich Pete zu seiner unglaublich positiven Einstellung befragte, gab er mir eine sehr genaue Definition von Resilienz. Ich denke, sie ist besonders in Bezug darauf, niemals Schmerz oder Angst zu zeigen, sehr aufschlussreich. Zuerst verhielt er sich, als verstehe er meine Frage nicht. Dann seufzte er, als würde er gezwungen werden, an einen ihm verhassten Ort zu gehen. Er sagte: »Ja, na gut. Ich weiß schon, warum Sie das fragen. Ja, was mir zugestoßen ist, ist schlimm.« Nach einer Pause wurde seine Stimme brüchig. »Ich habe immer noch Albträume von dem Unfall, über die ich mit niemandem reden kann. Manchmal ertrinke ich wirklich in Selbstmitleid. Und die Schmerzen können dermaßen unerträglich sein, dass ich nur noch heulen möchte. Aber ich sitze nicht rum und warte darauf, bis alles wieder richtig schlimm wird. Ich gehe auf die Menschen zu, die sich um mich sorgen, so bekomme ich die Unterstützung, die ich zum Weitermachen brauche. Zu meiner Genesung hat auch beigetragen, dass ich andere Unfallopfer unterstütze, die auch schwer verletzt wurden. Ich werde auf gar keinen Fall einfach aufgeben. Dieser verfluchte Unfall hat mich mein Bein gekostet. Ich soll verflucht sein, wenn ich ihm auch nur einen weiteren Zentimeter meines Lebens überlasse.«

Bei Resilienz geht es keineswegs darum, Schmerz, Stress, Verlust, Angst oder Verzweiflung zu vermeiden, sondern vielmehr darum, nach einem schweren Schlag wieder auf die Beine zu kommen. Resilienz, dies gilt auch für Teenager, erfordert es sogar, erschreckende Dinge zu erleben. Vorzugsweise aber in geringer Dosis, sodass sich die psychische Widerstandskraft langsam aufbauen kann, so wie Muskeln. Viele Menschen denken, Resilienz sei vererbbar. Manche haben demnach Glück, andere nicht und müssen deswegen »härter« sein. Glücklicherweise zeigen Forschungsergebnisse, dass dem nicht so ist – gute Neuigkeiten für Eltern. Resilienz kann erlernt werden, sogar von sehr wenig widerstandskräftigen »Teenagern«. Psychische Widerstandskraft kann durch kompetente Erziehung gefördert werden, die darauf ausgerichtet ist, ein paar wichtige Fähigkeiten zu erwerben, über die wir gleich reden werden.

## Erziehung, die Resilienz stärkt

> *»Jeder kann einen perfekten Ort lieben.*
> *Um Baltimore zu lieben, braucht man*
> *einiges an Widerstandskraft.«*
>
> *Die Journalistin Laura Lippman*

Ich liebe dieses Zitat, ich habe es von einer Mutter, die es mir bei einem meiner Resilienzseminare notierte, das ich in der Nähe von Baltimore abhielt. Diese beiden Sätze beinhalten zwei Kernelemente des Konzepts »Resilienz« und auch, wie Ihr Teenie Resilienz entwickeln kann. Erstens, genau wie Laura Lippman das bezüglich Baltimore sagt, geht es auch beim resilienzorientierten Erziehen nicht darum, perfekte Menschen zu lieben. Ganz im Gegenteil, es geht viel eher darum, unvollkommenen Teenagern gekonnt dabei zu helfen, ihr noch nicht perfektes Leben in den Griff zu bekommen, während sie voller Optimismus versuchen, sich zu bessern. Zweitens besagt das Zitat – völlig richtig –, dass es widerstandskräftige Eltern braucht, um widerstandskräftige Teenager großzuziehen. Um sie in positivem Sinn zu erziehen, müssen wir häufig geduldig sein und mit ihnen mitleiden. Anstatt uns frustriert über sie aufzuregen, sollten wir ihre Probleme auf eine Weise thematisieren, die unterstützend und stärkend wirkt und ihnen nicht das Gefühl gibt, von Kritik erschlagen zu werden. Ja, das ist schwer, aber wie mein Bruder angesichts einer schwierigen Herausforderung sagen würde: »Absolut machbar!«

Sie werden nun lernen, wie.

**»Aber du siehst auch nur das, was ist«**

Besagter Bruder hat ein Vermögen im Immobiliengeschäft verdient. Einmal nahm er mich mit in ein verlassenes Dorf, die heruntergekommenste, schäbigste Ansammlung alter Häuser, die Sie sich vorstellen können. »Findest du diesen Ort nicht auch großartig?«, rief er begeistert. »Hast du den Verstand verloren?«, fragte ich. »Das ist eine einzige Baustelle, nichts als Probleme.«

»Ja, ja, ich weiß«, stimmte er mir ungeduldig zu. »Aber du siehst auch nur das, was ist. Der ganze Spaß liegt darin, zu sehen, was daraus werden kann.«

## Die Zauberkraft resilienzfördernder Erziehung

Für mich als angehenden Psychologe und jungen Vater war dies einer dieser Erleuchtungsmomente. Unsere elterlichen Augen richten sich häufig auf all das, was unsere Kinder nicht sind. Meistens bestimmt diese Sichtweise unseren Umgang mit ihnen auf zweifach negative Weise – auch wenn wir aus Liebe handeln. Erstens, wertende Kritik, die lautet: »Wenn du nicht so ein Nichtsnutz wärst, könnte aus dir noch was werden.« Viele Eltern denken, dass ihre Kinder zu lieben bedeutet, sie ständig und auf schmerzhafte Weise daran zu erinnern, was sie falsch machen. Oder es geschieht genau das Gegenteil: Eltern überschütten ihre Kinder mit einem Übermaß an Lob, und das für Dinge, die keinerlei Bemühung gekostet haben und die vielleicht nicht einmal wahr sind, da sie denken, dass bedingungslose Bestätigung ihren Kindern hilft, mit ihren Fehlern klarzukommen: »Du bist das klügste, talentierteste und schönste Mädchen an der ganzen Schule.«

Beide Erziehungstypen können Teenagerresilienz im Keim ersticken. Der erste dadurch, dass die Jugendlichen sich als hoffnungslos mangelhafte Fälle wahrnehmen. Der zweite, da sie glauben, sie seien von Geburt an perfekt und müssten sich daher nicht mit so etwas wie Stress und Frust auseinandersetzen, die so häufig damit einhergehen, etwas auszuprobieren oder bei etwas zu scheitern.

Einmal beobachtete ich per Videofeed eines dieser »perfekten« Kids, das eine ohnehin bereits ausgelaugte Assistenzärztin fertigmachte. Die Ärztin versuchte immer wieder, dem Mädchen klarzumachen, dass es sich wenigstens einen Teil seiner Fehler eingestehen müsse. Versuche, die vehement zurückgewiesen wurden. Für das Mädchen war ganz klar, dass ihre Fehler eigentlich von anderen verschuldet worden waren. Als die Assistenzärztin, nachdem sie sich das eineinhalb Stunden angehört hatte, die Beherrschung verlor, lachte ich laut auf. Die Ärztin bewegte kaum merklich ihre Lippen und sagte: »Weißt du, ich habe wirklich lange nach dem Mittelpunkt des Universums gesucht ...« Später gestand ich ihr, dass ich an ihrer Stelle wohl genau dasselbe gesagt hätte.

Die Zauberkraft resilienzfördernder Erziehung spielt sich genau in der Mitte zwischen diesen beiden Extremen ab. An einem Ort, wo wir unsere unerschütterliche Liebe zu unseren Kindern – so wie sie sind – bekräftigen und sie dennoch stets ermutigen, die Fähigkeiten zu entwickeln, die sie benötigen, um in der Welt zu bestehen, um zu wachsen und zu denen zu werden, die sie sein können. Wir sollten, um meinen Bruder zu zitieren, »sehen, was daraus werden kann«.

Während mehrerer Jahrzehnte konzentrierten Nachdenkens, Debattierens und Forschens wurde eine Liste von Komponenten psychischer Widerstandskraft entwickelt, auf die sich Experten gerade so einigen können. Eine Art Rezeptur, die über die Jahre zur Reife gelang, während immer neue Aspekte von Resilienz entdeckt wurden, die sich bei erfolgreichen Teenagern beobachten lassen. Wenn Sie heute zehn verschiedene Experten nach ihrer persönlichen Liste fragen, bekommen Sie wahrscheinlich elf unterschiedliche. Ich selbst mag die »Sieben Schlüssel zur Resilienz«, sozusagen die Quintessenz von Resilienz, über die Ken Ginsburg in seinem Buch »Resilience in Children and Teens« schreibt. Bei Kens sieben Schlüsselfaktoren handelt es sich um

- Kompetenz,
- Selbstvertrauen,
- Beziehungen,
- Charakterstärke,
- einen Beitrag leisten,
- Bewältigungsstrategien und
- Kontrolle.

(Wie Sie noch sehen werden, vertausche ich die Reihenfolge ganz gerne). Wir werden uns gleich ansehen, wie Sie diese Faktoren fördern können – und wichtiger noch, ihnen nicht versehentlich entgegenwirken. Versuchen Sie, diese hohen Ziele nicht aus dem Blick zu verlieren, auch wenn Sie es mit einem »unresilienten« Teenager zu tun haben, der Ihre elterliche Resilienz aufs Extremste herausfordert. Das ist leicht gesagt, aber schwer in der Umsetzung. Auch für Profis wie mich, wie diese rührende Vater-Tochter-Szene während eines Restaurantbesuchs zeigt:

🖊 **»Nun waren alle Augen im Restaurant auf uns gerichtet«**

»Oh mein Gott, Papa, schau dir mal die Frau da an!«, flüsterte meine Tochter mit eindringlicher Stimme.

»Wo denn?«, fragte ich und schaute suchend um mich.

»Mensch, Papa! Hör auf, so auffällig zu gucken!«, fauchte sie. »Du blamierst mich ja total!«

»Aber, Sarah, du hast doch gesagt, ich soll …«

An diesem Tag akzeptierte Sarah keine Erklärungen. »Ich hasse es, wenn du das tust!«, schrie sie lauter.

»Wenn ich was tue?«, flüsterte ich. »Meinst du, wenn ich mich umgucke?«

»Nein!«, brüllte sie mir ins Gesicht. »Wenn du mich so anschreist wie gerade!«

Nun waren alle Augen im Restaurant auf uns gerichtet. Auf den Erziehungsexperten und seine perfekte Tochter. »Aber, aber …«, verteidigte ich mich zaghaft. Doch bevor ich weitersprechen konnte, durchschnitt sie das zarte Vater-Tochter-Band mit gellender Stimme: »Sei einfach ruhig, Papa, okay? Oder willst du, dass ich völlig ausraste? Lass uns einfach still sein und essen.« Mir war der Appetit vergangen. Aber die Weinkarte sah wirklich verlockend aus.

*Aus dem persönlichen Tagebuch des Autors*

## Die sieben Schlüssel zur Resilienz

### 1. Schlüssel: Kompetenz

Kompetent zu sein, bedeutet, eine bestimmte Tätigkeit gut ausführen zu können. Eine Fähigkeit zu haben, die aus vielen Teilkomponenten besteht, die man durch aktives Handeln entwickelt hat. Dadurch, dass man Entscheidungen traf, seinen eigenen Urteilen vertraute, tätig wurde und sich Folgen, gute wie schlechte, klarmachte. Hierbei handelt es sich um reale, definierbare Fähigkeiten, die teilweise angeboren sein mögen, die aber, um wirklich bedeutsam zu sein, durch Disziplin, Arbeit und Übung entwickelt werden müssen. Dadurch, dass man mitspielt, gewinnt und wichtiger noch: verliert. Lesen Sie weiter, und sehen Sie, wie das funktioniert.

#### Kompetenzfördernde Strategien für Eltern

**Ermutigen Sie Ihr Kind zu allen Aktivitäten, egal ob strukturiert oder unstrukturiert:** Viele Studien besagen, dass Teenager Kompetenzen eher durch unstrukturierte Tätigkeiten entwickeln als durch organisierte. Sportvereine und das Jugendorchester sind großartig, aber noch besser sind die »Was-für-eine-Zeitvergeudung«-Rockband Ihres Sohnes und die »Du-kannst-kein-eigenes-Unternehmen-gründen«-Ideen ihrer Tochter. Die organisierten Aktivitäten wurden bereits von anderen ausgedacht, meistens werden sie von Erwachsenen angeleitet, die Kindern sagen, was sie zu tun haben. Natürlich lernen sie dort vieles, aber um erfolgreich zu sein, müssen sie nur befolgen, was ihnen andere vorgeben.

Bei unstrukturierten Beschäftigungen sind sie während ihres Handelns gezwungen, sich auszudenken, wie etwas ablaufen soll (Kreativität) und können darüber hinaus viele andere wichtige Fähigkeiten entwickeln wie beispielsweise zu verhandeln, Kompromisse einzugehen, zu planen, andere anzuleiten und, am wichtigsten: mit Enttäuschungen umzugehen. Wenn Sie das nicht glauben, hatten Sie wohl nie eine Rockband. Wenn es nicht anders geht, dann bestechen Sie Ihren Sohn, um ihn dazu zu bewegen, Neues auszuprobieren (auf

Bestechung kommen wir später noch einmal zurück). Nerven Sie ihn so richtig mit Ihren elterlichen Ideen, wie er seine Zeit zu verbringen hat: »Du kannst so ziemlich alles tun, was du willst; du kannst nur nicht nichts tun.«

**Sprechen Sie viel über das, was Ihr Kind gut gemacht hat, ein bisschen über seine Fehler – und finden Sie den richtigen Ton:** Sie möchten, dass sich neue Aktivitäten für Ihr Kind wie spannende Abenteuer anfühlen – egal ob es dabei Erfolg hat oder nicht. Dann bestärken Sie seine Bemühungen, aber geben Sie positives Feedback, das der Realität entspricht. Faktenbasiertes Lob könnte so klingen: »Du hast wirklich gute Flanken über rechtsaußen gespielt.« Vermeiden Sie Übertreibungen wie »Du bist die beste Spielerin der Liga«. Wenn Sie einen Fehler ansprechen, bleiben Sie bei diesem einen Fall. Sagen Sie nicht: »Pässe vermasselst du einfach immer!« Fragen Sie stattdessen: »Wenn du dieses Spiel wiederholen könntest, was würdest du anders machen?« Halten Sie die Zweifel Ihres Kindes nicht mit solchen Verurteilungen auf wie: »Du gibst auf, so wie immer.« Mir geht es wie Ihrem Kind, wenn ich kritisiert werde, gehe ich zuerst in Verteidigungshaltung, anstatt über den Sachverhalt nachzudenken. Stellen Sie neutrale Fragen, die den Wert Ihres Kindes von seinen Handlungen abkoppeln und es nicht bewerten: »Was lief deiner Meinung nach falsch?«

**Lassen Sie Ihr Kind Fehler machen (solange diese nicht sein Leben gefährden):** Ein weiteres Erziehungsmantra: Eine schlechte Entscheidung, die gut getroffen wird, ist besser als eine gute Entscheidung, die schlecht getroffen wird. Man lernt nicht aufgrund positiver Ergebnisse am besten, sondern dadurch, dass man positive Entscheidungsprozesse durchläuft. Eltern, die die Verantwortung an sich reißen und die Entscheidungen ihrer Kinder übernehmen, um deren Erfolg zu sichern, (das wäre dann »gute Entscheidungen schlecht getroffen«), berauben ihre Kinder des wichtigsten Moments bei der Entscheidungsfindung: der Übung, Entscheidungen zu treffen. Schlaue Eltern (die, deren Zungen blutig sind vom vielen Daraufbeißen) mischen sich nicht ein und lassen ihre Kinder entscheiden, zumindest, solange es nicht gefährlich wird, und vor allem dann, wenn das Kind sich gerade auf eine klare Fehlentscheidung zubewegt. Erinnern Sie sich, Resilienz kommt nicht davon, in Watte gepackt zu werden, sondern davon, mit schwierigen Situationen umzugehen:

 **Eigene Entscheidungen treffen**

Im zarten Alter von 13 Jahren beschloss mein Sohn, nicht mehr am Sozialkundeunterricht teilzunehmen, da dieser »irrelevant für mein Leben ist« und »offensichtlich ein Versuch der Regierung ist, unsere Gedanken zu kontrollieren.« Er war sich sicher, sein Lehrer würde niemals jemanden durchfallen lassen, der so intelligent war wie er. Wir diskutierten mit ihm darüber, ob das wirklich klug wäre – ohne Erfolg. Dann bissen meine Frau und ich uns auf die Zunge und entschieden uns, ihn entscheiden zu lassen. Etwas, das uns auf Elternabenden böse Blicke einhandelte. Er war stinksauer, als er im Zeugnis eine Sechs bekam. Während eines Treffens mit seinem Lehrer (der sehr nervös wirkte), machten wir klar, dass wir keinen Einspruch gegen eine Sechs erheben würden. Er war erstaunt und vertraute uns an, dass es während seiner neunjährigen Laufbahn an der Schule noch nie vorgekommen sei, dass Eltern eines schlechten Schülers nicht um bessere Noten für ihr Kind feilschten. Zehn Jahre später schloss dieses Kind sein Studium mit Glanzleistungen ab. Da ich meinen Sohn ein wenig kenne, bin ich überzeugt davon, dass er sich nicht um gute Noten an der Uni bemüht hätte, wenn wir damals während seiner Schulzeit seine Entscheidungsfindungsprozesse übernommen hätten.

*Aus dem persönlichen Tagebuch des Autors*

Das war eine dieser zigtausenden schweren, ungewissen »Es-gibt-keine-klare-Antwort«-Elternentscheidungen, bei der man sich über seine Mission klarwerden muss (sein Kind kontrollieren oder ihm beizubringen, wie es sich selbst kontrollieren kann), um dann die beste Strategie und Taktik für dieses eine Kind zu wählen. Wenn es Ihnen dabei hilft, seine schlechte Note besser auszuhalten, dann denken Sie doch einmal an Ihr eigenes Leben. Wann haben Sie die wichtigsten Dinge gelernt: in Erfolgsmomenten oder als Sie scheiterten? Ich erinnere mich nicht mehr an sonderlich viele meiner Erfolgsmomente, an Momente des Scheiterns dafür umso besser und in schmerzhaften Einzelheiten. Ich behalte sie immer im Hinterkopf, wo sie mir zuflüstern: »Möchtest du dich nochmals so fühlen? Dann mach es dieses Mal besser.«

## 2. Schlüssel: Selbstvertrauen

Selbstvertrauen ist das Vertrauen darauf, dass sich die eigene Zukunft positiv entwickelt. Es gründet darin, dass man seinen vergangenen Bemühungen – unabhängig davon, ob diese von Erfolg gekrönt waren oder nicht – wohlwollend gegenübersteht. Megan erinnerte mich daran, dass es beim Erfolg auf den Versuch ankommt, nicht auf das, was dabei herauskommt:

Megan war von Kopf bis Fuß von blauen Flecken und Kratzern übersät und völlig fertig. Am vorherigen Tag hatte die 16-Jährige ein Entscheidungsspiel im Rugby verloren. »Wir haben zweimal gegen die anderen verloren, mit 40 Punkten Rückstand. Die waren viel größer und schneller als wir. Wir haben sie ›die Amazonen‹ genannt. Aber dieses Mal haben wir hart zurückgespielt. Dreimal konnte unsere Verteidigung die anderen zurückhalten. Es stand unentschieden, bis sie zwei Minuten vor Ende noch punkten konnten. Wir rasten zu ihrer Zehn-Meter-Linie, am Spielfeldrand jubelten alle, wir waren sicher, wir würden gewinnen. Und dann ...«, ihre Stimme wurde schwächer und sie seufzte tief, »machte ich einen schlechten Wurf und die Zeit war um. Es war ziemlich schlimm.« Ich machte mir Sorgen, sie wirkte sehr niedergeschlagen. »Megan, wie fühlst du dich?«, fragte ich. »Du siehst traurig aus. Hörst du auf mit dem Rugby?« Genau in diesem Moment erinnerte sie mich daran, was wirklich wichtig war: »Warum sollte ich aufhören?«, fragte sie ungläubig. »Weil ich gesagt habe, dass es schlimm war? Es war schlimm. Und unglaublich. Die andere Mannschaft war während der gesamten Saison noch kein einziges Mal in die Enge gedrängt worden und sie hatten Angst vor uns. Das war toll!

Ich kann gar nicht erwarten, dass es in der nächsten Saison wieder weitergeht!«

### Für Eltern: Strategien, die das Selbstvertrauen stärken

**Erwarten Sie das Beste von Ihrem Kind:** Erwarten Sie nicht das Beste, was seine Leistungen angeht, wohl aber, was seine persönlichen Qualitäten betrifft wie beispielsweise Integrität, Durchhaltevermögen und Leidenschaft. Wenn diese Vermögen vorhanden sind, kann Erfolg kaum noch gestoppt werden und das Selbstvertrauen ist so gut wie unverwundbar. Wenn diese Vermögen fehlen, hat Erfolg kaum Bedeutung. Also prüfen Sie Ihre Prioritäten gründlich. Diese Art von Erwartungen sind wichtig, wenn es ihrem Kind gut geht, und noch wichtiger, wenn es gerade durchdreht. In letzteren Zeiten schrauben wir unsere Erwartungen häufig herunter und konzentrieren uns nur noch aufs nackte Überleben.

Erinnern Sie sich noch daran, dass Sie in Kapitel »Aspekte der P-C-A-Strukturanalyse (S. 50)« gelernt haben, dass aus psychologischer Sicht jeder Mensch aus drei verschiedenen Personen besteht [das (P)-(A)-(C)-System unseres Gehirns]? Nutzen Sie diese Sichtweise, um sich und Ihrem Kind klarzumachen, dass seine Verrücktheit daher rührt, dass die tobenden Emotionen des (C)-Hirns eine Zeitlang die klugen Gedanken des (A)-Hirns überrumpeln. Dies hilft Ihnen und Ihrem Kind dabei, sein Verhalten als Symptom anzuerkennen und nicht als frevelhaftes, sündiges Verhalten – quälende Neigungen, die mit der Zeit korrigiert werden können, und keine Charakterschwächen, für die man sich für alle Zeiten schämen muss. Falls Ihr Kind es zulässt, könnten Sie nach schlechten Entscheidungen folgende Fragen stellen:

»Ich weiß, dass du besser bist. Was hat dir dein (C)-Hirn eingeflüstert?«

»Was hat dein (A)-Hirn vorgeschlagen?«

»Was für ein Mensch möchtest du sein?«

**Sehen Sie Fehler als das, was sie sind: Zutaten für Erfolg, nicht Dummheit:** Fassen Sie die Fehlentscheidungen Ihres Kindes, sowohl für sich als auch für Ihr Kind, nicht als Versagen, sondern als Teil eines normalen Lernprozesses auf, der in die Fähigkeit mündet, gute Entscheidungen zu treffen. Dies gilt vor allem für Fehler, die häufig wiederholt werden. Begreifen Sie seine Fehler nicht als zermürbende Misserfolge, sondern als Schritte, die auf dem Weg zum Erfolg dazugehören. Rückschläge in diesem Licht zu betrachten, hilft dabei, Selbstvertrauen aufzubauen, da so die Angst vor künftigem Scheitern minimiert wird. Rückschläge als etwas Beschämendes aufzufassen, vernichtet Selbstvertrauen hingegen und liefert ein schlagkräftiges Argument dafür, etwas nie wieder zu versuchen. Wenn Ihr Kind es also mal wieder vermasselt hat, sagen Sie etwas wie: »Jeder Profispieler lernt zu treffen, indem er zuerst ins Aus wirft, Fensterscheiben abschießt und die großen Zehen seines Vaters trifft.«

**Loben Sie den Einsatz mehr als den Erfolg:** Bei einer einfachen Aufgabe Erfolg zu haben, befördert das Selbstvertrauen nur wenig. Wird man für so einen Erfolg übermäßig gelobt, kann dies dazu führen, dass man sich nur noch solchen einfachen Aufgaben stellt. Halten Sie sich also zurück, jede kleine Errungenschaft zu loben, und loben Sie stattdessen, wenn etwas nicht geklappt hat, aber Ihr Kind sich wirklich angestrengt hat: »Ich bin wirklich beeindruckt, dass du mit so viel Einsatz weitergespielt hast, obwohl ihr schon so weit im Rückstand wart. Wenn man sich so verhält, ist die Wahrscheinlichkeit, häufiger zu gewinnen, sehr viel größer, als zu verlieren. Und wenn man verliert, verliert man zwar dieses eine Spiel, aber niemals seinen Stolz.«

Was für uns wie Faulheit aussieht, ist häufig die Angst davor zu verlieren, die sich auf lähmende Weise bemerkbar macht. Viele von uns denken, es tue weniger weh zu verlieren, wenn man sich nicht wirklich angestrengt hat, als wenn man alles gegeben hat. Helfen Sie Ihrem Kind, indem Sie Fragen stellen, die auf seine Ängste abzielen. Nutzen Sie das (P)-(A)-(C)-System:

**Vater**: »Was hält dich vom Lernen ab?«

**Teenie**: »Ich werde nervös, kann mich nicht konzentrieren und spiele dann auf meinem Handy rum.«

**Vater**: »Was könnte dir denn Schlimmes passieren, wenn du lernst?«

(Führen Sie Ihr Kind mit einem einfachen »Und dann?« durch den folgenden Fragenkatalog. Am Ende wird es verstehen, worauf Sie hinauswollten)

**Teenie**: »Ich habe Angst davor, bei dem Test durchzufallen.«

**Vater**: »Und dann?«

**Teenie**: »Lachen mich die anderen aus.«

**Vater**: »Und dann?«

**Teenie**: »Fühle ich mich dumm, weil ich mich angestrengt habe und trotzdem schlecht war.«

**Vater**: »Dann glaubst du also, es wäre schmerzhafter, nicht zu bestehen, wenn man es wirklich probiert hat, als wenn man sich erst gar nicht angestrengt hat? Du denkst, du solltest dem Test zuvorkommen und dich durchfallen lassen bevor der Test dich durchfallen lässt? Welches Gehirn spricht da, dein 4-jähriges oder dein 14-jähriges?«

**Teenie**: »Ich nehme an, mein 4-jähriges.«

**Vater**: »Was sagt dein 14-jähriges Gehirn?«

**Teenie**: »Es sagt, ich solle es versuchen, weil ich es sonst nie schaffen werde.«

**Vater**: »Dann liegt es jetzt wohl an dir, zu entscheiden, welches deiner Gehirne klüger ist.«

## 3. Schlüssel: Eine gute Beziehung

Kinder, die sich in ihren engsten Beziehungen wohl und sicher aufgehoben fühlen, fühlen sich auch in ihrem Leben wohl und sicher und verhalten sich weit weniger verrückt und berichten von weit weniger Stress. Die stärkste Beziehung ist die zwischen Ihrem Kind und Ihnen, seinen Eltern. Studien zeigen, dass unser Einfluss wirksamer ist als alle anderen Kräfte in der Welt unserer Kinder, im Guten wie im Schlechten. In Teil 3 geben wir Ihnen die Taktiken an die Hand, die Sie brauchen werden, um eine enge, liebevolle Beziehung mit ihrem Kind aufrechtzuerhalten, auch wenn es Sie gerade anbrüllt, weil Sie ihm nicht erlaubt haben, zum Bierfest im Park zu gehen. Zunächst wollen wir ein paar Strategien zum Aufbau einer Beziehung betrachten, die so gefestigt ist, dass sie auch durch Ihr Haus tobende Pubertätsstürme abflauen lassen kann.

### Beziehungsfördernde Strategien für Eltern

**Machen Sie Ihr Zuhause zum sicheren Hafen bei stürmischer See:**
In Teil 1 haben wir gesehen, dass Teenager in unserer schnelllebigen Welt mit einem schlecht ausgerüsteten Boot (labiles Gehirn) vergleichbar sind, das sich in einem schweren Strum (bedrohliche Teenagerkultur) befindet. Verbannen Sie verbale Gewalt: Hören Sie auf zu schreien und zu drohen, auch wenn Sie gerade mitten in einem Konflikt sind, und machen Sie ihr Zuhause so zu einem Ort, an dem sich ihr Kind sicher und geborgen fühlt. Vor allem aber wenden Sie keine körperliche Gewalt an (einen Klaps geben, schubsen etc.), denken Sie nicht einmal daran, egal wie sehr Ihr Teenager Sie provoziert. Einfach gesagt, aber häufig schwer umzusetzen.

**Lieben Sie Ihr Kind, vor allem, wenn Sie es gerade hassen:** Ihr Kind muss ganz tief in seinem Herzen versichert sein, dass sich der Konflikt, den Sie gerade austragen, um sein Verhalten dreht und nicht um es selbst. Während der schlechten Zeiten können Sie sich an einer meiner liebsten Aussagen orientieren, und wenn ihr Kind Sie wieder einmal anschreit, dass Sie es nicht lieben, etwas sagen wie: »Es tut mir leid, dass es sich für dich so anfühlt, und ich würde gerne wissen, warum dem so ist. Du kannst dir aber absolut sicher sein, dass ich dich immer liebe, egal was du tust. Es ist einfach unmöglich, dass du mich dazu bringst, dich nicht mehr zu lieben.« Zeigen Sie ihm, dass Liebe und Hass, entgegen der weitverbreiteten Ansicht, sehr wohl nebeneinander existieren können (zumindest, wenn man gerade ein Kind großzieht): »Ich bin mit deiner Entscheidung absolut nicht einverstanden. Außerdem bist du mir viel zu wichtig, als dass ich dir das einfach durchgehen lassen könnte.«

**Erlauben Sie ihm, all seine Gefühle zu zeigen. Auch die, von denen Sie eigentlich nichts wissen wollten:** Ein Schlüssel zu einer guten Eltern-Teenager-Beziehung ist es, den Teenagern zu erlauben, all das, was sie fühlen, gleich auszusprechen, ohne dass sie Angst haben müssten, Ihre elterliche Zuneigung zu verlieren. Wenn Ihr Kind Ihnen an den Kopf wirft, dass es Sie hasst, können Sie das mit den Momenten, in denen es sagt, dass es Sie liebt, verrechnen. Kommunikation ist nie nur gut oder nur schlecht, sondern gedanklicher Austausch, zumindest solange sie nicht völlig unter die Gürtellinie geht.

**Machen Sie es wie die Auftragskiller: Trennen Sie »Geschäftliches« von »Persönlichem«:** Seien Sie sich stets bewusst, dass Ihr Kind Sie bei allem, was Sie tun, mit Adleraugen beobachtet und dabei alles, jede einzelne Bewegung, förmlich aufsaugt. Hingegen kommen nur wenige der Botschaften, die Ihrem Kind vorgeben, was es tun soll, bei ihm an. Ja, das versetzt auch mich in Angst und Schrecken. Kommt es also einmal dazu, dass Sie sich mit Ihrem Partner/Ihrer Partnerin streiten (oder mit einem/einer anderen Nahestehenden), können Sie davon ausgehen, dass Ihr Teenie genau sieht, dass Sie eine liebevolle Verbindung aufrechterhalten, auch wenn Sie völlig unterschiedlicher Meinungen sind. So bleibt die »Sache« von der Beziehung getrennt und es ist sogar möglich, inmitten eines Konflikts entgegenkommend zu reagieren: »Du hast schon wieder den Herd angelassen und meinen besten Topf ruiniert! Was soll ich denn noch tun, damit du daran denkst, die Platte auszuschalten?« Jetzt kommt eine Pause, um einmal tief durchzuatmen. »Entschuldigung, ich hätte nicht schreien sollen. Es ist nur ein Topf. Übrigens, ich koche gerade Kaffee, willst du einen mittrinken?« Zeigen Sie ihrem Kind immer wieder, dass ein Konflikt nicht

gleichbedeutend ist mit Liebesverlust. Machen Sie es wie die Auftragskiller (zumindest die aus dem Fernsehen): »Sorry, Kumpel. Es ist
nichts Persönliches. Nur Business.«

## 4. Schüssel: Charakterstärke

Teenager berichten heute in beängstigendem Ausmaß, dass sie keine
Ahnung davon hätten, was Charakter oder Charakterstärke überhaupt
seien oder warum sie so wichtig sein sollen. Charakterstärke ist in
zweifacher Hinsicht wichtig. Der erste Aspekt hat mit unserer Welt zu
tun, mit der kleinen Welt der Nachbarschaft ebenso wie mit der
größeren, unserem Planeten. Stellen Sie sich unsere Welt einmal ohne
charakterstarke Menschen mit Vorbildfunktion vor. Löschen Sie jede
Geschichte einer »guten Tat« aus dem Internet und überlegen Sie, was
übrigbliebe.

Der zweite Aspekt bezieht sich auf die lebenswichtige Bedeutung
eines stabilen Charakters, die eine der wichtigsten Zutaten für Teenagerresilienz darstellt. Wir haben bereits gesehen, dass ein langsamer
Zerfall verschiedener Charaktereigenschaften eingesetzt hat, der als
ausschlaggebender Faktor für das Leiden der Teenager, im Gegensatz
zu früheren Generationen, gedeutet werden kann. Eine dieser früheren Generationen war die der 1970er-Jahre, als eine Band namens
Crosby, Stills, Nash & Young in einem Lied mit dem Titel »Teach Your
Children« sang:

> *»[Ihr] müsst einen Verhaltenskodex haben, damit ihr
> leben könnt. Und mit ihm findet ihr zu euch selbst ...«*

Die heutigen Wissenschaftler, die zu Resilienz forschen, hätten das
nicht besser ausdrücken können. Diverse Studien zeigen, wie wichtig
es ist, einen stabilen Charakter zu haben genauso wie Werte, die klar
vorgeben, was richtig und falsch ist. Solche Grundüberzeugungen wir-

ken sich enorm festigend aus und sind wesentlich für die Entwicklung von Resilienz bei Teenagern, da sie diese dabei unterstützen, sich auf ihre eigenen Überzeugungen zu verlassen und nicht auf die anderer. Das ist tatsächlich der Pfad zur Selbsterkenntnis.

Diesen Prozess, der sich während der Pubertät abspielt, bezeichnen wir in der Fachsprache als Identitätskonsolidierung, die Festigung der Identität oder des Charakters – wissen, wer man ist und wo man sich in der Welt verortet. Setzt die Magie dieser Entwicklung erst einmal ein, werden Teenager besser darin, Entscheidungen zu treffen, sie fühlen sich wohler in ihrer Haut (sie verfügen über Selbstwertgefühl), sind selbstbewusster und weniger gestresst. Kein übler Lohn dafür, ein bisschen Charakterstärke zu entwickeln. Es kann sich wie ein hoffnungsloses Unterfangen anfühlen, einen Teenager heutzutage dabei zu unterstützen, diese Stärke zu entwickeln. Es stellt sich jedoch heraus, dass Sie nur an Ihrem Glauben festhalten und das Richtige tun müssen, gerade dann, wenn alle Hoffnung vergebens scheint. Wussten Sie, dass Winston Churchill fünf Kinder hatte, von denen vier Töchter waren? So kam ich darauf, dass er gar nicht über den Zweiten Weltkrieg sprach, als er sagte: »Wenn du durch die Hölle gehst, geh' immer weiter.«

Nun gut, vielleicht müssen Sie sehr viel Vertrauen haben während dieser dunklen Stunden, wenn der Verhaltenskodex, nach dem Ihr Kind lebt, so überhaupt nichts mit dem Ihren gemeinsam zu haben scheint.

Doch was Ihre Kinder heute tun, tun sie nicht für alle Zeiten. Zumindest, wenn Sie und Ihre Kinder lernen, einander zuzuhören. Auf diese Weise entsteht Charakterstärke.

### Charakterstärkende Strategien für Eltern

**Zeigen Sie die positiven Auswirkungen von charakterstarkem Verhalten auf andere:** Fragen Sie Ihr Kind, wen es von denen, die es persönlich kennt, bewundert und respektiert. Ihr Name wird nicht fallen, auch wenn das wahrscheinlich der erste Name ist, der Ihrem Kind in den Sinn kommt (das passiert erst, wenn es um die 25 Jahre alt ist). Wenn es sagt: »Meinen Trainer« oder »Oma«, fragen Sie nach, was genau es an dieser Person bewundert und warum es sie respektiert. Sie werden wahrscheinlich etwas zu hören bekommen wie, dass sich die Person wirklich einbringt und sich wirklich um andere sorgt. Dann fragen Sie weiter: »Wenn du mit diesem Menschen zusammen bist, verändert das die Art und Weise, wie du fühlst, wie du handelst, die Art wie du die Welt um dich herum wahrnimmst? Wie erklärst du dir das?«

Werfen Sie dann einen Kieselstein ins Wasser und zeigen Sie, wie sich ein bestimmtes Verhalten in alle Richtung auswirkt; manchmal sind diese Auswirkungen kaum sichtbar, teilweise sind sie gut, teilweise schlecht. Erwähnen Sie, dass wir alle wählen können, was für eine Art Kieselstein wir ins Wasser werfen, auch wenn wir oft nicht sehen, in welche Richtungen sich die Wellen ausbreiten. Ziehen Sie ein reales Beispiel heran, eines mit seinem eigenen »Kieselstein«: »Heute Morgen habe ich gesehen, wie geduldig du mit deiner kleinen Schwester umgegangen bist, und weißt du was? Nachdem du gegangen bist, habe ich gesehen, wie sie sich richtig süß um das Baby gekümmert hat, auf das sie sonst so eifersüchtig ist. Du kannst dir gar nicht vorstellen, wie glücklich und stolz du mich gemacht hast. Ich hoffe, du bist auch stolz auf dich.«

**Zeigen Sie die positiven Auswirkungen von charakterstarkem Verhalten auf das eigene Ich:** Teilen Sie mit Ihrem Kind, wie sich charakterstarkes Verhalten auf einen selbst auswirken kann. Denken Sie über die Momente in Ihrem Leben nach, die Sie richtig stolz gemacht haben, und darüber, was diese Momente heute in Ihnen bewirken. Reflektieren Sie darüber, wie wir aufhören können, uns um uns selbst zu drehen, indem wir etwas Gutes tun, und wie uns das dabei hilft, uns gut zu fühlen. Erzählen Sie Ihrem Kind dann vom »Heldendilemma«, das uns die heilige Kraft von Charakterstärke lehrt, aber auch wie sie ihre Heiligkeit verliert, umso mehr sie öffentlich gefeiert wird. »Ich erinnere mich daran, dass ich in schlechten Zeiten viel Gutes getan habe und außer mir niemand davon wusste. Das Seltsame daran war, dass sich diese Taten weniger bedeutend anfühlten, als immer mehr Leute davon erfuhren.«

Oder erzählen Sie Ihrem Kind von Gino Bartali, einem Radprofi aus Italien, der während des Zweiten Weltkriegs seinen jüdischen Freund und dessen Familie vor den Faschisten versteckte. Bartali riskierte sein Leben außerdem auch, indem er als Kurier für ein geheimes Netzwerk tätig war, das Juden versteckte, sie bei der Flucht aus Italien unterstützte und so vor dem Konzentrationslager bewahrte. Er rettete hunderte Menschen vor dem Tod. Nach dem Krieg wollte er, dass niemand davon erfuhr. Sein Sohn erinnert sich daran, wie er die wahre Geschichte seines Vaters herausfand und von ihm angewiesen wurde, sie nicht weiterzuerzählen: »Als ich meinen Vater fragte, warum ich niemandem davon erzählen solle, sagte er: ›Man muss Gutes tun, aber man soll nicht darüber reden. Wenn du darüber sprichst, nutzt du das Unglück anderer zu deinem eigenen Vorteil.‹«

**Unterstützen Sie Ihr Kind dabei, Sinn und Bedeutung im Leben zu finden:** Auch diese charakterstärkende Strategie funktioniert besser mit Fragen als mit Antworten. Suchen Sie einen ruhigen Moment (den man häufig mit einem Latte Macchiato in einem Café erkaufen kann), um Ihrem Kind die richtig großen Lebensfragen zu stellen: »Was willst du von deinem Leben?« oder »Wenn du einmal alt bist und auf dein Leben zurückblickst, woran, glaubst du, wirst du dich erinnern?« Ein paar dieser Latte-Macchiato-Gespräche über die Jahre helfen dabei, dass Ihrem Kind nach und nach klar wird, welche Werte ihm wichtig sind. Seine unmittelbaren Antworten sind dabei nicht bedeutsam, und werden häufig eher sarkastisch ausfallen – was völlig in Ordnung ist. Denken Sie daran: Gute Erziehung kommt häufig Guerillakriegsführung gleich. Dabei kämpfen Sie nicht Kopf an Kopf auf einem Schlachtfeld, sondern Sie rasen eher auf die Mauer Ihres Gegners zu, werfen eine »Granate« darüber und machen, dass Sie wegkommen. Ihre »Granaten« sollten wohlüberlegte Fragen sein, die Sie direkt in den Kopf Ihres Kindes pflanzen und dann zünden. Wenn Sie anfangen zu streiten oder zu urteilen, wird Ihr Kind eher versuchen, den Streit zu gewinnen, als sich auf Ihre Frage einzulassen. Wenn Sie mehr Wirkung erzielen wollen, sagen Sie weniger.

## 5. Schlüssel: Kontrolle

Ob Sie religiös sind oder nicht, eine der besten Bitten, die Sie an wen auch immer im Himmel richten können, ist die Bitte, die im Gelassenheitsgebet zum Ausdruck kommt, das der Theologe Reinhold Niebuhr Mitte des 19. Jahrhunderts verfasst hat. Es gibt viele Versionen dieses Gebets, aber diese gefällt meinen Teenagerklienten am besten:

*»Gib mir die Gelassenheit, Dinge hinzunehmen,*
*die ich nicht ändern kann,*

*den Mut, Dinge zu ändern, die ich ändern kann,*

*und die Weisheit, das eine vom anderen*
*zu unterscheiden.«*

Man kann davon ausgehen, dass Niebuhr als Gast bei Oprah Winfrey aufgetreten wäre, so viel Schlaues zum Thema Kontrolle hat er in diese wenigen Sätze gepackt. Wie wir in Teil 1 gesehen haben, ist ein Schlüsselmerkmal dieser Teenagergeneration, dass sie glaubt, kaum Kontrolle über ihr Leben ausüben zu können, und dass sie auch nicht daran glaubt, ihre Umwelt beeinflussen zu können. Diese pessimistische Sicht ist wie ein Virus, das Passivität, Depressionen und Ängste mit sich bringt. Zustände, die der Resilienz Ihres Kindes schaden. Umgekehrt sind Teenager, die das Gefühl haben ihr Leben und ihre Umwelt positiv beeinflussen zu können, optimistisch; sie fassen Rückschläge als etwas auf, das das nächste Mal einfach mit noch mehr Energie angegangen werden muss, und nicht als deprimierende Bestätigung der Hoffnungslosigkeit ihrer Existenz.

### Kontrollfördernde Strategien für Eltern

**Versorgen Sie ihr Kind mit unerbetenen Kommentaren vom Spielfeldrand:** Wenn Sie mit Ihrem Kind über Ereignisse sprechen, können Sie aufzeigen, dass die meisten Dinge als direkte Konsequenz von Entscheidungen und Handlungen anderer geschehen. Stellen Sie sich folgende Situation vor: Ihr Teenager sieht im Fernsehen, wie seine Lieblingsmannschaft verliert, und brüllt den Fernseher an, warum sich die Fußballgötter gegen sein hoffnungslos schlechtes Team verschworen haben. Wenn Ihr Teenie sich beruhigt hat, fragen Sie behutsam, ob das Team andere Entscheidungen treffen, andere Spielzüge hätte ausführen können (die Verschwörung der Götter einmal außer Acht gelassen). Pflanzen Sie wieder eine Ihrer »Granaten«-Fragen in seinen Kopf und fragen Sie, was der Trainer des Teams jetzt wohl machen solle: über die unbezwingbaren Fußballgötter grübeln oder die Aufnahme des Spiels ansehen, um zu analysieren, welche Entscheidungen und Spielzüge zum Verlieren geführt haben und wie man sich beim nächsten Spiel besser aufstellen könnte.

**Feiern Sie die Erfolge:** Auf diese Weise hören Jugendliche zur Abwechslung einmal das Gegenteil von dem, was sie sonst den ganzen Tag unter die Nase gerieben bekommen – ihre Versagensmomente. Acht Stunden am Tag hören sie von Leuten wie dem Busfahrer (»Du läufst doch wie ein Opa!«), von Lehrern (»Du hast das falsche Kapitel gelernt!«), Freunden oder Freundinnen (»Du interessierst dich gar nicht für mich!«) und Trainern (»Beweg endlich mal deinen Hintern!«), was sie alles falsch machen. Das macht Teenies genauso fertig, wie es uns fertigmachen würde. Im Unterschied zu uns Erwachsenen verfügen sie aber nicht über genügend psychische Widerstandskraft, um Kritik ins richtige Verhältnis zu rücken. Teenager, deren Resilienz nicht so stark ausgeprägt ist, können so in ein Stadium von Hoffnungslosigkeit getrieben werden, wo sie sich das Negative zu sehr zu Herzen nehmen und die Fähigkeit verlieren, Positives an- oder überhaupt wahrzunehmen. Wenn der einzige Sender, den sie empfangen, WIDMDL heißt (»Was Ist Denn Mit Dir Los«), kann ihr Pessimismus zum dauerhaften Begleiter werden und Kontrolle einzig zu etwas, das Erwachsene über sie ausüben.

**Verbinden Sie Selbstständigkeit immer mit Verantwortung:** Wenn Sie Privilegien verhandeln (Schlafenszeit, Handynutzung etc.), machen Sie Ihrem Kind klar, dass die Entscheidungsmacht in seinen Händen liegt, solange es verantwortungsbewusste Entscheidungen fällt. Und dass es, basierend auf seinen Entscheidungen und Handlungen, Kontrolle über sein Leben hat. Vermeiden Sie es, Ihr Kind unmittelbar zu bestrafen, da es dann das Gefühl bekommt, keine Kontrolle ausüben zu können: »Du bist zu spät! Morgen hast du Hausarrest!« Treffen Sie besser Abmachungen, bei denen Ihr Kind bereits im Voraus weiß, mit welchen Konsequenzen es rechnen kann: »Wenn du heute Abend pünktlich bist, kannst du auch morgen Abend ausgehen. Wenn nicht, bleibst du morgen zu Hause, einverstanden?«

**Leben Sie das Gelassenheitsgebet vor:** Erkennen Sie die Hoffnungslosigkeit und Traurigkeit an, die Ihr Kind in der Welt sieht, und zeigen Sie ihm, wie man damit umgehen kann. Ziehen Sie sich selbst als Beispiel heran: »Ja, der Bombenangriff war schrecklich. Ich kann mir nicht vorstellen, wie die Eltern, deren Kinder getötet wurden, das verkraften. Es gibt wirklich Schlechtes in dieser Welt. Weißt du was, ich möchte etwas gegen das Übel tun. Möchtest du mitkommen und mir in der Suppenküche helfen? Den Kindern, die gestorben sind, kann ich nicht helfen, aber vielleicht kann ich dafür sorgen, dass ein paar Kinder heute nicht hungrig zu Bett gehen müssen. Ich weiß, das klingt nicht nach viel, aber es hilft mir dabei, besser mit dem Grauen umzugehen. Ich nehme an, dass es guttut, sich auf das zu konzentrieren, was man ändern kann, auch wenn es nur eine Kleinigkeit ist.«

**Schritt für Schritt oder: Kieselstein für Kieselstein:** Nehmen Sie einen weiteren Kieselstein, werfen Sie ihn diesmal nicht, legen Sie ihn einfach ab. Legen Sie dann einen Kiesel darauf. Und noch einen. Fragen Sie dann, was geschehen würde, wenn eine Million Menschen einen Kieselstein hinzufügen würden: Ja, Süße, ich versteh' dich. Die Tatsache, dass wir nur zwei Familien mit etwas Warmem zu essen versorgt haben, fühlt sich an wie ein Tropfen Wasser auf den heißen Stein, vor allem, wenn man es mit dem vergleicht, was bei dem Bombenangriff passiert ist. Aber was wäre, wenn alle Menschen, die genügend besitzen, heute Abend zwei Familien zu einer Mahlzeit verhelfen würden? Wie würde das die Welt verändern? Und weißt du, das, was dir so unbedeutend vorkommt, ist für die Kinder, die heute Abend gut gegessen haben, vielleicht nicht so unbedeutend. Ist das Leben nicht seltsam?

Es scheint, als könne es am ehesten Schritt für Schritt – oder Kieselstein für Kieselstein – verändert werden.«

## 6. Schlüssel: Bewältigungsstrategien

Bei Resilienz geht es nicht darum, nie einzustecken. Es geht darum, wie wir mit den (Schicksals-)Schlägen, die das Leben für uns bereithält, umgehen. Bewältigungsstrategien sollen im ersten Schritt dazu dienen, sich so gut zu fühlen, dass man schwächere Schläge ohne größeren Schaden wegstecken kann. Im zweiten Schritt sind sie dazu da, um uns nach herben Schlägen gesunden zu lassen, sodass wir so schnell wie möglich wieder mitspielen können.

### Wie Eltern Bewältigungsstrategien fördern können

**Wohlbefinden fördern, nichts erzwingen:**  Wenn ich zum König der Welt ernannt werde (ich warte noch immer auf den Tag), wird mein zweiter Erlass lauten, dass alle Teenager genügend Sport treiben können und mit gesundem Essen versorgt werden (und, wie im ersten Erlass bereits festgehalten, dass sie genügend Schlaf bekommen). Natürlich würden mich meine Kollegen umbringen lassen, da ich uns so alle in die Arbeitslosigkeit stürzen würde. Bezüglich unserer Teenager können die meisten Diagnosen, Behandlungen und verschreibungspflichtigen Medikamente, die wir für ADHS, Depressionen oder Angstzustände verordnen, eigentlich schlechten Lebensgewohnheiten zugeschrieben werden.

Bevor Sie nun den »pillenversessenen« Psychiatern die Schuld geben (tatsächlich sehen die meisten von ihnen Medikamente als letzten Ausweg), möchte ich Ihnen erklären, wie es meist abläuft: Eltern kommen mit ihren Teenagern im Schlepptau in meine Praxis, um eine Diagnose und dann Medikamente für ihr Kind zu erhalten. Ihre Augen werden ganz trüb, wenn ich ihnen vorschlage, es erst einmal mit ein paar ganz radikalen Behandlungsmethoden zu versuchen. So radikale Behandlungsmethoden sind beispielsweise

- Spaziergänge in der Nachbarschaft,
- hin und wieder mal ein bisschen Grünzeug essen und
- am allerdrastischsten: neun Stunden Schlaf pro Nacht ... (ohne elektronische Geräte im Schlafzimmer).

Völlig übertrieben, oder? Oft sagen diese Eltern dann, sie würden wegen eines Folgetermins anrufen, nur um dann ein paar Straßen weiter zu einem Kollegen zu gehen, der ihnen zu den erwünschten Pillen verhilft. Bevor Sie nun diese Eltern verurteilen, möchte ich betonen, dass diesen klar ist, dass Sport, Ernährung und genügend Schlaf viel bewirken können, aber sie haben auch herausgefunden, dass es nichts bewirkt, wenn sie ihr Kind anschreien, damit es ihm bessergeht, und so scheinen Medikamente die einzig wirksame Option.

Sie müssen sich noch bis zu Teil 3 gedulden. Dann lernen Sie, wie man Teenagern das Leben leichter machen und ihnen so zu mehr Wohlbefinden verhelfen kann. Vorerst aber genügt es zu wissen, dass Sie Ihrem Kind am besten helfen können, indem Sie ihm ein gesundes Leben vorleben. Sobald man versucht, etwas zu erzwingen, wird auch dieses Thema zum Wettstreit, bei dem das Wohlbefinden auf der Strecke bleibt. Wollen Sie, dass Ihr Kind zum Gegner seines eigenen Wohlergehens wird? Dann erzwingen sie es.

**Coachen Sie Ihr Kind, wickeln Sie es nicht in Luftpolsterfolie:** Wenn es möglich wäre, allen Stress von Teenagern fernzuhalten, würde diesen eine lebenswichtige Erfahrung genommen werden: Stress ausgesetzt zu sein und ihn zu bewältigen. Erinnern Sie sich noch daran, als wir darüber sprachen, dass sich sowohl zu viel als auch zu wenig Stress schädlich auf Ihr Kind auswirken können? Für uns Menschen ist ein moderates Stresslevel am besten, so wie bei einem sportlichen Wettkampf, wenn wir nicht wissen, ob wir gewinnen werden oder nicht. Wenn wir gegen ein überwältigend gutes Team spielen (übermäßiger Stress), ist dies niederschmetternd. Wenn wir gegen ein schwaches Team spielen (unzureichender Stress), ist dies langweilig. Und ist ein Spiel gegen ein Team, das gleich stark ist, dann genau richtig (angemessener Stress)? Ja, das macht dann richtig Spaß! Hören Sie auf damit, alle Stressoren, denen Ihr Kind ausgesetzt ist, als gefährliche

Viren zu betrachten. Sehen Sie sie lieber als Lebendimpfungen, abgeschwächte Versionen der Krankheitserreger, die die Abwehr Ihres Kindes nachhaltig aufbauen, sodass es geschützt ist, wenn die echten Erreger angreifen. Nutzen Sie das (P)-(A)-(C)-System, um Ihr Kind dabei zu unterstützen, seine Gedanken und Gefühle zu ordnen, um Analysen und Handlungspläne zu erstellen. Betrachten Sie sein Klassenzimmer, in dem so viele Anforderungen gestellt werden, als emotionalen Sportplatz, auf dem Ihr Kind für das nächste Level trainieren kann.

**Erzählen Sie von Ihren eigenen Bewältigungsstrategien – sodass Ihr Kind Sie hören kann:** Wenn Sie unter Druck stehen, dann verhalten Sie sich doch einmal ein bisschen seltsam und reden Sie laut mit sich selbst. Natürlich tun Sie dies, um Ihrem Kind etwas mitzuteilen: »Diese Deadline stresst mich wirklich. Ich glaube, ich schaff' das nicht, vielleicht sollte ich einfach hinwerfen. Ach, das ist nur mein 4-Jährigen-Gehirn, das jammert. Mein Erwachsenenverstand weiß, dass ich es schaffen kann. Ich überlass' meine Entscheidung auf gar keinen Fall meiner Angst. Meine ‚Ich-schmeiß-hin-weil-ich-Angst-hab'-Entscheidungen waren die schlechtesten, die ich je getroffen habe.«

## 7. Schlüssel: Sich für etwas einsetzen

In der Zeit bevor es Videoüberwachung gab, arbeitete ich an einer Schule, an der der Vandalismus freien Lauf hatte, was sich auf diese traurige Gemeinschaft äußerst negativ ausübte. Jeder unserer Kontrollversuche scheiterte, bis ein junger Kunstlehrer vorschlug: »Warum machen wir die Schule nicht zu ihrem Ort? Überlassen wir es doch den Kindern, die Schule selbst zu gestalten. Vielleicht machen sie ihr eigenes Haus nicht kaputt.« Mit der Zeit stellte sich heraus, dass es die beste Kontrollmethode war, ein bisschen Kontrolle abzugeben. Die Wandbemalungen waren großartig, die motivierenden Zitate, die sich bald schon auf den Bildern ausbreiteten, übertrafen die Erwartungen der Erwachsenen bei Weitem.

**COACHEN**

SIE IHR KIND, WICKELN SIE ES NICHT IN LUFTPOLSTERFOLIE

Als ich eines Morgens in die Schule kam, stieg mir der vertraute Geruch von Graffitispray in die Nase, doch ich hörte ein Kind, das den Vandalen warnte: »Yo, Alter!! Das ist meine Schule!!« Genießen Sie für einen Augenblick die resilienzfördernde Magie, die in diesen sechs Worten steckt. In ihnen spiegeln sich Kompetenz (wissen, wie man sich durchsetzt), Selbstvertrauen (einem Idioten gegenübertreten), Charakterstärke (wissen, was richtig ist), Kontrolle (die Möglichkeit, Einfluss auf seine Umwelt auszuüben), und eine Bewältigungsstrategie (etwas ansprechen, dass Stress/Depressionen auslösen kann). Wenn man Einsatz zeigt – das gilt auch für resilienzfördernde Erziehung – kommen die sieben Schritte zur vollen Wirkung.

**Strategien, mit denen Eltern Ihre Kinder dazu bekommen, sich für etwas einzusetzen**

**Die reale Welt nicht aus den Augen verlieren:** Sollten Sie wohlhabend sein, dann behalten Sie immer im Hinterkopf, dass Sie wirklich Glück gehabt haben. Vermitteln Sie dies auch Ihrem Kind, aber auf sanfte Weise und nicht so, dass es sich schlecht fühlt: »Wir haben großes Glück, dass es uns so gut geht, dass wir alles haben, was wir brauchen. Denke ich an Menschen, denen es nicht so gut geht, fühle ich mich ein bisschen schuldig und traurig.« Vermitteln Sie Ihrem Kind, dass die reale Welt an der nächsten Straßenecke beginnt und dass diese alle Hilfe brauchen kann, die es gibt.

**Denken Sie nochmals laut, diesmal darüber, was Sie dazu geführt hat, etwas Gutes zu tun:** Sagen Sie etwas wie: »Ich würde heute wirklich gerne Golf spielen. Aber nachdem ich die Menschen gesehen habe, die vor der Notunterkunft warten, würde mir das keinen Spaß machen. Hey, möchtest du mit mir mitkommen? Ich werde das Geld, das ich fürs Golfspielen ausgegeben hätte, als Spende abgeben. Das beschert mir vielleicht mehr Gutes als den Menschen dort. Es ist schon seltsam, als ich letztes Mal auf dem Weg zu der Unterkunft war, habe ich mich selbst bedauert. Auf dem Rückweg konnte ich kaum fassen, dass ich so rumgejammert hatte. Ich war einfach glücklich.«

**Bringen Sie Ihr Kind dazu, Gutes zu tun – mit allen Mitteln:** Manche Menschen sind die geborenen Aktivisten. Andere brauchen einen Schubs, um zu verstehen, wie viel Gutes in gutem Handeln liegt. Am Ende des Tages haben alle etwas davon, sogar die Fieslinge, die sich am allerwenigsten um ihre Mitmenschen scheren. Die können sogar am meisten profitieren:

## Er wirkte viel reifer

Noch vor zwei Monaten saß mir dieses 17-jährige Geschenk Gottes schwer arrogant und mit aufgeplustertem Ego gegenüber. Nun nahm er weniger Platz ein, er saß aufrecht auf dem Sofa und nicht wie beim letzten Mal breitbeinig darauf gefläzt. Sein »Ich-weiß-eh-alles«-Grinsen war aus seinem Gesicht verschwunden. Seine Stimme klang sanfter. Er wirkte viel reifer. Er konnte sogar einen Moment ruhig sitzen bleiben. Und er hatte abgenommen. »Meine Eltern haben mich bestochen, damit ich auf diese Missionsreise mitfahre«, sagte er, als er sich aufrichtete. »Sie haben mir versprochen, dass ich meinen Führerschein bekomme, wenn ich mitgehe. Sie wissen ja, wie sehr ich mir den wünsche, stimmt's? Also, bin ich mitgekommen, aber es war ganz anders, als ich erwartet hatte.«

Er betrachtete seine sonnenverbrannten, neuerdings kräftigeren Hände. »Wir halfen dabei mit, eine Schule und ein Krankenhaus in diesen Ghettodörfern zu bauen. Nein, nicht ›Ghetto‹, das ist falsch. Ich meine arm, verstehen sie? Richtig arm. Wir wohnten bei den Familien dort und sie gaben uns zu essen. Nach ein paar Mahlzeiten wurde uns klar, dass sie all ihr gutes Essen uns vorsetzten und nur so taten, als würden sie auch essen. Bevor ich das verstand, schlang ich alles in mich hinein, als könnten sie einfach in den nächsten Laden gehen und mehr Essen kaufen, so wie hier.« Er schüttelte seinen Kopf. »Diese eine Familie, ich habe sie zufällig dabei gesehen, wie sie das gute Essen für mich weggepackt haben und selbst nur wenig aßen. Als ich sie dabei überrascht habe, haben sie beschämt reagiert.« Er ließ den Kopf hängen. »Dabei wäre doch ich derjenige gewesen, der sich hätte schämen müssen. Ich habe mich wie ein Idiot gefühlt. Ich fühle mich noch immer wie ein Idiot.«

Sich »wie ein Idiot« fühlen – ging in meinem Leben immer einem Lernprozess voraus. Wie ist das bei Ihnen? Genau, so ist das auch für unsere Kinder.

### Gemeinschaft: ein weiterer Schritt zur Resilienz

Einige Resilienzexperten nehmen auch »Gemeinschaft« in ihre Listen auf, da ihr eine so große Bedeutung zukommt. Es ist wissenschaftlich belegt, dass Kinder, die gesellschaftlich interagieren (sei es innerhalb der Familie, mit Nachbarn, in einer Gemeinde oder in der Schule), resilienter und weniger gestresst sind. Solche Beziehungen zeigen eine wahrhaft magische Wirkung, vor allem wenn sie auf Gegenseitigkeit und Fürsorge beruhen. Die Zauberkraft liegt darin, dass ihr Kind, nachdem es etwas gegeben hat, etwas zurückbekommt – mit Zinsen:

## »Die Blicke der anderen waren mir völlig egal«

»Sie wissen doch, wie schrecklich ich mich fühle, die größte Versagerin der 10. Klasse? Nichts für ungut, aber ich habe etwas gefunden, das für mich besser als Ihre Beratungsstunden funktioniert.« Zum ersten Mal seitdem wir unsere Zusammenarbeit einen Monat zuvor begonnen hatten, schaute Melissa drein, als sei sie möglicherweise doch nicht die Verliererin, für die sie sich bisher gehalten hatte. »Dieses Wochenende habe ich bei den Special Olympics mitgeholfen. An meiner Schule müssen wir gemeinnützige Arbeit leisten und ich musste Stunden sammeln. Ich habe nur darauf gewartet, dass mich meine Mitschüler, die auch da waren, fertigmachen würden. Und dann habe ich angefangen, mit den Kindern, die ja geistig behindert sind und wirklich vor großen Herausforderungen stehen, zu arbeiten. Die meisten von ihnen waren glücklich und aufgeregt und haben sich überhaupt nicht darum gekümmert, was andere von ihnen denken. Am Ende war da dieses eine Mädchen, dem ich geholfen hatte – sie konnte nicht einmal sprechen und gab nur komische Laute von sich. Also jedenfalls, am Ende rannte sie zu mir, umarmte mich und machte ein gurrendes Geräusch. Manche meiner Mit-

schüler starrten uns an, aber mir war das völlig egal! Ich wusste genau, was mir das Mädchen sagen wollte, und das allein zählte.«
Melissa dachte einen Moment lang nach. »In dem Moment habe ich etwas Wichtiges begriffen. An dem Tag ging ich nach Hause und es kümmerte mich nicht, was die anderen über mich dachten. Es war einfach nicht mehr so wichtig. Und dieses Gefühl hielt ein paar Tage an. Vielleicht packe ich dort weiter mit an und vielleicht mache ich mir dann nicht mehr so viele Sorgen.«

Bevor Sie einen Batzen Geld in Beratungsstunden investieren, versuchen Sie doch einfach, Ihren Teenie zu ein bisschen gemeinnütziger Arbeit zu bewegen. Auch wenn Sie ihn zuerst bestechen müssen, ist das wahrscheinlich immer noch billiger als Therapiestunden. Und, wie Melissa sagte, es kann sogar effektiver sein.

Auf geht's! Sie kennen nun Ihre Mission: die Resilienz Ihres Teenagers zu fördern. Eine Mission, die wir klar abgesteckt haben, durch Informationen über Teenager, ihr Anti-Resilienz-Gehirn und die Welt, die sie umgibt. In diesem Kapitel haben Sie Strategien erlernt, die Sie benötigen werden, um Ihre Kinder stark zu machen und so Ihre Mission zu erfüllen. Jetzt fehlt Ihnen nur noch das Wissen darüber, wie Sie all das im Erziehungsalltag umsetzen können – Wissen, das man auch als »Taktiken« bezeichnet.

# Taktiken: Wie all das im Alltag funktioniert

## »Abbey verändert sich mit Lichtgeschwindigkeit«

Martha fühlte sich ausgelaugt. Die Beziehung zu ihrer 15-jährigen Tochter war anstrengend. »Gerade wenn du denkst, jetzt wüsstest du, wie es mit dem Elternsein funktioniert, fliegt dir alles um die Ohren und du beginnst wieder bei null. Abbey verändert sich mit Lichtgeschwindigkeit. Nachdem wir ein Jahr lang über einen Fernseher gestritten haben – Abbey sagte, sie würde ohne einen eigenen in ihrem Zimmer »sterben« –, möchte sie jetzt, dass ihr Freund bei ihr übernachten darf. Sie hat mir hoch und heilig versprochen, dass nichts zwischen ihnen läuft, sie nicht miteinander schlafen würden. Als ich sie völlig ungläubig aus großen Augen ansah, sagte sie seelenruhig, meine Sexsorgen würde ich mir nur machen, weil meine mütterlichen Gedanken immer so schmutzig wären. Da wurden meine Augen noch größer.« Sie machte eine kurze Pause und lachte über ihren eigenen Witz. Aus Therapeutensicht ein sehr gutes Zeichen. »Dr. B., Teenager zu erziehen, ist wie diese Pokerart, wo die Regeln ständig geändert werden und man immer versuchen muss mitzukommen. Abbey bleibt nie lange genug still stehen, dass eine bestimmte Regel greift. Ich nehme an, es braucht mehr als Regeln, wenn man bei dieser Art Pokerspiel erfolgreich sein möchte.«

»Yep,« antwortete ich. »Es ist an der Zeit, über Taktiken zu sprechen.«

## Taktiken oder Regeln

Marthas Worte eigenen sich bestens als Vorwort zu den Taktiken, über die Sie gleich mehr erfahren werden. Regeln sind Codes oder Gesetze, die im Wesentlichen aussagen: »Bricht man diese Regel, wird man folgendermaßen bestraft.« Einfache Regeln und Strafen mögen damals, in den guten alten Zeiten, bei unseren Eltern und ihren damaligen Missionen im damaligen Kampf noch funktioniert haben (im Kampf mit Namen »Teenagerverhalten kontrollieren«).

Für unsere neue Mission in diesem neuen Kampf (mit Namen »Unseren Teenies beibringen, wie sie sich selbst kontrollieren können«) braucht es jedoch viel mehr als Regeln: Taktiken. Taktiken sind Richtlinien, die gut durchdacht und an die individuellen Bedürfnisse jedes einzelnen Teenagers angepasst werden müssen, selbst bei Geschwistern aus dem gleichen Genpool. Regeln, die bei Ihrem fügsamen älteren Sohn gut funktioniert haben, können bei ihrer jüngeren Tochter wie Sprengsätze wirken.

Teenager verändern sich andauernd, ständig wandeln sie ihre Gestalt, manchmal beinahe über Nacht. Denken Sie an diese kurzen Videoclips, in denen sich eine Amöbe innerhalb von 30 Sekunden in Albert Einstein verwandelt – in etwa so verhält sich das auch während der Pubertät. Das Schwierige für Eltern ist, mit den hundertfachen Mutationen klarzukommen, die unterwegs auftreten. Teenager haben das Gefühl, dass jede einzelne dieser Entwicklungsstufen bereits ihre letzte ist, dass das das Endergebnis ist, der Mensch, der sie für immer sein werden. Und sie werfen Ihnen vor, unfair zu sein, weil Sie diese neue, endgültig fertig entwickelte Person nicht akzeptieren wollen. Als so gefestigt, wie Sie sich mit Ihren 50 Jahren fühlen, empfinden auch Teenager ihre Persönlichkeit, die sie nie mehr verändern werden (auch wenn sie sich innerhalb dieser Woche bereits zum dritten Mal grundlegend gewandelt haben). Spätabends, wenn Ihr Teenager gerade in keine Grundsatzdiskussion verwickelt ist, räumt sein unterentwickeltes (A)-Hirn zaghaft ein, dass es sich wahrscheinlich immer weiter verändern wird. Doch diese wundersame stille Einsicht hilft wenig dabei, das (C)-Hirn und seine überwältigenden Leidenschaften zu beruhigen, die sich gerade bei solchen Themen wie Freund/Freundin, Drogen/Alkohol oder auch Urlaubszielen bemerkbar machen:

## »Ich laufe vor nichts weg«

Brian war ein netter Junge. Bis jetzt hatte der 16-Jährige seinen Eltern kaum Ärger bereitet. Er bekam auch in schwierigen Fächern sehr gute Noten und nahm an vielen Aktivitäten außerhalb der Schule teil. »Meine Eltern sind völlig ausgerastet, als ich nach der 11. Klasse von der Schule abgehen wollte. Als ob ich völlig verrückt geworden wäre«, sagte er. »Sie haben mich zu Ihnen geschickt, weil sie denken, dass ich Medikamente oder so brauche. Sie kriegen sich nicht mehr ein, meinen, ich hätte alle AP-Kurse [AP steht für Advanced Place-ment, High-School-Kurse, die im Studium angerechnet werden kön-nen] umsonst gemacht und würde meine Zeit und mein Können ver-geuden. Sie tun so, als hätte ich keinen Plan. Aber ich hab' einen, den ich ihnen auch gezeigt habe. Ich habe sogar PowerPoint-Folien vorbereitet. Ich habe alles genau durchdacht und viel recherchiert. Mein Vater fragt mich ständig, wovor ich weglaufe. Ich laufe vor nichts weg. Im Gegenteil: Ich gehe meinem Lebensziel entgegen. Die Schule ist okay, aber das ist nichts mehr für mich. Ich möchte nicht mehr Biomedizintechnik studieren. Jetzt weiß ich, was ich für den Rest meines Lebens machen will. Warum freuen sie sich nicht für mich und unterstützen mich?

Brians Eltern hatten ihren Sohn nach seiner PowerPoint-Präsentation, die seine beruflichen Ziele und den Weg dorthin zeigten, zu mir geschickt. Sie wollten eine professionelle Beurteilung ihres Sohnes. Er wollte die Schule schmeißen, quer durch das Land nach Kalifor-nien trampen, die Strände mit einem Metalldetektor nach verlorenen Schätzen absuchen und währenddessen Surfen lernen, um dann schlussendlich einen Surfshop zu eröffnen. »Wissen sie eigentlich, wie gut diese Strandsammler verdienen?«, fragt er mich mit ernster Miene. Ich getraute mich nicht zu fragen.

Sie können sich wahrscheinlich vorstellen, wie die »Unsere-Mission-ist-es-dich-zu-kontrollieren«-Antwort von Brians Eltern ausfiel. Mit so etwas wie »Bist du noch gescheit? Dann lassen wir dich lieber festnehmen!« kommen Sie der Realität sehr nahe. Wahrscheinlich können Sie sich auch vorstellen, wie die »Ich-bin-erwachsen-ihr-könnt-mir-nicht-sagen-was-ich-zu-tun-habe«-Reaktion lautete. Auch hier kommen Sie der Realität sehr nahe, wenn Sie sich Brians lautlose Stimme vorstellen, die sagt »Ich schleich' mich einfach nachts raus, dann kriegt ihr mich nie.« Genau das geschieht, wenn man Leidenschaften und Überzeugungen einer Person frontal angreift, vor allem, wenn es die eines Teenagers sind. Wie reagieren wir Erwachsenen denn, wenn jemand unsere Überzeugungen angreift und schlechtmacht? Reagieren wir bedacht und reflektiert, wägen wir ab, ob die an uns gerichteten Worten nicht möglicherweise doch etwas Kluges enthalten? Oder reagieren wir unmittelbar und völlig wütend, unser einziger Gedanke einem Gegenangriff geltend? Genau. Und wir sind alle erwachsen. Meistens.

Wie Sie in diesem und auch in Teil 3 (wo es um die spezifische Anwendung von Strategien und Taktiken geht) feststellen werden, gelten die Regeln, die Sie sich für Ihre Kinder ausdenken nur als vorübergehende Richtschnur. Sie müssen den Bedürfnissen und Fähigkeiten jedes einzelnen Kindes ständig angepasst werden, die neue Mission dabei immer im Hinterkopf. Regeln sind also nicht das, was Sie von mir benötigen. Im besten Fall werden Regeln vom (A)-Hirn Ihres Kindes neutral beobachtet. Im schlimmsten Fall lösen sie Ärger, Widerstand und Rebellion in seinem (C)-Hirn aus. Resilienzfördernde Taktiken hingegen können für alle Zeiten Wirkung zeigen. Stellen Sie sich Taktiken als Prozesse vor, die Ihnen und Ihrem Kind dabei helfen, Regeln zu schreiben und immer wieder zu aktualisieren, sodass sie die Resilienz stärken.

## Zehn Erziehungstaktiken zur Resilienzförderung

### Taktik Nr. 1: Bleiben Sie ruhig, wenn Ihr Kind es verbockt

In Konfliktsituationen, die sich mit Teenagern nie ganz vermeiden lassen, geschickt zu agieren, hat viel mit den sieben resilienzstärkenden Strategien zu tun, über die wir schon gesprochen haben. Konflikte sind in einer Eltern-Kind-Beziehung nicht nur völlig in Ordnung, sondern sogar sehr wichtig, damit Ihr Kind lernt, mit Problemen umzugehen, ohne sich zu verschließen und Wut in sich hineinzufressen. In der richtigen Dosis und in angemessenem Ton wirken Konflikte therapeutisch und resilienzstärkend. Bei zu hoher Dosierung und im falschen Ton wirken sie wie Gift auf die psychische Widerstandskraft Ihres Kindes.

Was halten Sie denn beispielsweise von Polizisten? Erinnern Sie sich noch daran, als Ihnen ein wütender Polizist einen Strafzettel verpasst hat, weil Sie ein Stoppschild überfahren haben? Sie wissen schon, dieser bullige, laute, sarkastische, einschüchternde, beleidigende Typ, der den Strafzettel nur so durch das offene Fenster pfefferte und dabei sagte: »Ja, ja, ich weiß, meine Liebe. Das Gaspedal hat mal wieder geklemmt, stimmt's?« Er hat Ihre Personalien absichtlich ganz langsam aufgenommen, damit Sie noch später zur Arbeit kommen, um dann auch noch zu sagen, er hoffe, das sei Ihnen eine Lektion gewesen. Wie haben Sie sich dabei gefühlt? Auf wen waren Sie wütend? Auf den Polizisten! Als Sie nach Hause kamen, was haben Sie Ihrem Partner erzählt? Wahrscheinlich haben Sie sich über das Verhalten des Polizisten aufgeregt und gesagt, er sei verrückt gewesen und solle weder Polizist sein noch eine Waffe tragen dürfen.

Sie waren ganz besessen von dem Gedanken, es ihm heimzuzahlen. Sie wollten, dass er sich genau so mies fühlt, wie sie sich gefühlt hatten, und so taten Sie das Schlimmste, was Sie tun konnten: Sie verfassten einen Beschwerdebrief, obwohl Ihnen klar war, dass absolut nichts dabei herauskommen würde. So sehr wollten Sie es ihm heimzahlen. Und als Sie am nächsten Tag am selben Stoppschild anhielten und der gleiche Polizist dort stand und Sie anstarrte, überkam Sie da nicht auch diese leicht selbstmörderische Lust, die Linie am Stoppschild so ein klein wenig zu überfahren, nur um ihn zu ärgern? Da Sie Ihre Pubertät bereits hinter sich gelassen haben, konnten Sie Ihr (A)-Hirn wahrscheinlich dazu bekommen, diesen (C)-Drang zu unterdrücken.

Etwa einen Monat später passiert Ihnen genau dasselbe wieder, nur werden Sie diesmal von einer anderen Polizistin angehalten. »Entschuldigen Sie, bitte,« begann sie. »Ich befürchte, Sie haben das Stopp-schild übersehen. An Ihrem Parkausweis kann ich ablesen, dass Sie als Lehrerin arbeiten, daher ist mir klar, dass Sie spät dran sind. Ich lasse Sie so schnell wie möglich weiterfahren. Ich bin gleich zurück.« Einen Augenblick später war sie wieder bei Ihnen, mit demselben Strafzettel und demselben Bußgeld wie bei dem ersten wütenden Polizisten, aber Sie präsentierte Ihnen all das ein bisschen anders: »Das ist eine grauenhafte Kreuzung. Etwa zweimal pro Jahr sammeln wir hier Körperteile auf und ich würde es vorziehen, wenn es nicht Ihre wären.« Als sie Ihnen den Strafzettel aushändigte, sagte sie mit ruhiger Stimme: »Bitteschön! Bitte nehmen Sie sich genügend Zeit oder fahren Sie wenigstens langsamer. Ich kann Ihnen sagen, es ist besser, zu spät als gar nicht bei der Arbeit anzukommen. Ich hoffe, der restliche Tag wird besser als der bisherige Teil. Passen Sie auf sich auf!« Als sie wegging, auf wen waren Sie da wütend? Und als Sie nach Hause kamen, haben Sie Ihrem Partner da verärgert von der Polizistin erzählt oder haben Sie sich eher über Ihren vollen Terminkalender aufgeregt, den Sie dringend in Ordnung bringen müssen, damit Sie nicht noch jemanden umbringen?

### Strafmaßnahmen oder Konsequenzen

Strafmaßnahmen wenden wir an, wenn sich uns gegenüber jemand verletzend verhalten hat (respekt- oder gefühllos, gefährdend, aufmüpfig), was meistens dazu führt, dass sich die bestrafte Person noch verletzender verhalten möchte. Der erste unfreundliche Polizist hat Sie bestraft. Entweder hatte er einen wirklich schlechten Tag oder er handelte im Glauben, dass er Menschen dazu bringen könne, ihr Verhalten zu ändern, wenn er ihnen ein wirklich mieses Gefühl (verletzt, traurig, verängstigt) beschert. Elterliche Strafmaßnahmen werden meistens spontan verhängt, in dem Moment, wenn wir uns verletzt/traurig/wütend fühlen, oft um 2 Uhr in der Früh, häufig in herabwürdigendem wütendem Tonfall. Oft sind sie übertrieben, sodass wir sie nur selten durchziehen. Diese Inkonsequenz macht sie als Erziehungswerkzeug natürlich mehr als nutzlos. Strafmaßnahmen können auch einen Teufelskreis der Vergeltung nach sich ziehen, der wie ein Kleinkrieg jahrelang andauert. Das sind nicht gerade unsere besten Momente:

**Elternteil** (laut): »Du undankbare kleine Zicke! Werde zum Teufel nochmal endlich erwachsen! Du hast Hausarrest, bis dein erstes Kind die Uni abgeschlossen hat, wenn ich dich nicht davor umbringe!«

**Teenager** (leise): »Ach ja? Sie glaubt also, Hausarrest würde mir wehtun? Warten wir mal ab, was passiert, wenn sie merkt, dass ihre zickige Tochter das Passwort an ihrem wertvollen Computer geändert hat! Was wird sie dann wohl tun? Mich für immer einsperren?«

Strafen können zu einem heftigen Wettstreit führen, den Eltern meistens verlieren, da es schwierig ist, einen verrückten Teenie zu übertrumpfen. Wenn Ihr Teenie erst einmal völlig aufgebracht ist, ist das (C)-Hirn Ihres Teenagers bereit zu sterben, um etwas deutlich zu machen. Sie sind dazu wahrscheinlich nicht bereit.

**Elternteil**: »Wenn du meinen Laptop nicht entsperrst, häng' ich deine Schlafzimmertür aus!«

**Teenager**: »Tu dir keinen Zwang an! Und reiß doch gleich den Teppich und die Dielen raus, wenn du schon dabei bist, weil ich bei der ersten Gelegenheit deine Festplatte löschen werde.«

Strafen triggern das (C)-Hirn und bringen das (A)-Hirn bei allen Menschen, vor allem aber bei Teenagern, zum Erliegen. Eine Zeit lang können so bestimmte Verhaltensweisen kontrolliert werden, aber eigentlich wird einem beigebracht, was man nicht tun sollte, wenn der Bestrafende anwesend ist, um nicht noch mehr Schmerzen zu erleiden. Strafmaßnahmen schaffen es nicht, jemandem beizubringen, was zu tun ist, um richtig zu handeln.

Konsequenzen hingegen sind Auswirkungen, die nach einer Handlung in Kraft treten und über die wir uns bereits im Vorhinein verständigt haben (oder die wir zumindest im Vorfeld diskutiert haben). Der Trick dabei ist, Verantwortung ohne großes Aufsehen in die Hände Ihrer Kinder zu legen. Ihre Kinder können so eigene Entscheidungen treffen und über das, was dabei herauskommt mitbestimmen, im Wissen, dass eigene Entscheidungen Konsequenzen nach sich ziehen – nicht Ihre elterliche Wut. Konsequenzen sind etwas vollkommen anderes als Strafen, auch wenn sie für das ungeübte Auge genau gleich aussehen können. Der Schlüssel zur Unterscheidung liegt einerseits im Tonfall der Übermittlung, andererseits darin, dass die Sache schon im Vorfeld geklärt wurde.

Wenn Sie an einer armen Seele vorbeifahren, die angehalten wurde und einen Strafzettel erhält, ist alles, was Sie sehen, dass diese Person einen Strafzettel erhält. Sie wissen nicht, ob diese Person bestraft wird oder die Konsequenzen ihrer Handlung zu spüren bekommt. Als Sie auf den ersten Polizisten getroffen sind, war Ihnen wahrscheinlich bereits in dem Moment, als Sie seine Taschenlampe in Ihrem Rückspiegel blitzen sahen, klar, dass Sie eine Entscheidung getroffen hatten, die Sie etwas kosten würde. Sie verfügten über Vorwissen; Ihnen war klar, dass es ein Bußgeld und Strafpunkte geben würde, wenn Sie ein Stoppschild ignorierten. Sie waren zwar unglücklich darüber, aber darauf vorbereitet, die Konsequenzen zu akzeptieren. Welche Wahl hätten Sie auch gehabt? Hätten Sie mit dem Polizisten über das Gesetz diskutieren sollen? Der erste Polizist fügte den Konsequenzen Ihrer Handlung noch eine Dosis seiner eigenen Bestrafung (Wut, Sarkasmus, Beleidigung) hinzu, was Sie dazu führte, sich nur auf seine Wut zu fokussieren, nicht auf Ihr Fahrverhalten. Außerdem drehten sich Ihre Gedanken hauptsächlich darum, wie Sie es ihm heimzahlen könnten, und nicht darum, verantwortungsbewusster zu fahren.

Was lernen wir daraus? Konsequenzen dürfen nicht auf verletzende Weise kommuniziert werden, sonst werden sie zu Strafmaßnahmen. Der Polizistin im zweiten Fall hingegen ging es um Konsequenzen; nicht um eine schmerzhafte Bestrafung, sondern darum, Ihnen etwas beizubringen.

Wirksame Konsequenzen werden vor der Grenzüberschreitung abgemacht, wenn wir ruhig und besonnen sind, üblicherweise bei Tageslicht. Das ist das Beste, was wir für unsere Kinder tun können, und es ist am schwierigsten, vor allem, wenn unser Kind etwas getan hat, worauf wir nicht vorbereitet waren (so, wie in den meisten Fällen, oder?). Der Preis, den wir dafür zahlen, dass wir unseren Kindern etwas für die Zukunft beibringen und sie nicht im Moment bestrafen, ist, dass wir Konsequenzen bei der ersten Grenzüberschreitung nicht spontan anordnen können, da sie im Vorfeld nicht diskutiert wurden (es sei denn, es handelt sich um lebensgefährdendes Verhalten – siehe Teil 3). Dieser Vater, Anthony, bekam am eigenen Leib zu spüren, wie schwer es ist, alte Erziehungsangewohnheiten abzuschütteln:

## »Dann legte ich Konsequenzen fest«

»Diese ganze Konsequenzen-vs.-Strafe-Sache ist eine völlige Kehrtwende im Vergleich zu dem, was mein italienischer Vater getan hätte. Ich fühle mich dabei wie ein Fisch an Land. Vor drei Wochen kam mein 14-jähriger Sohn um halb zwei morgens betrunken nach Hause und ich habe getan, was mir (von Mitgliedern seiner Elternselbsthilfegruppe) beigebracht wurde. Ein paar Mal habe ich tief durchgeatmet, bis ich meinen Ärger wegschieben und mit ruhiger Stimme sagen konnte: ›Ich weiß, dass du getrunken hast, und wir werden uns morgen unterhalten. Heute Nacht verzichte ich auf Schlaf und beobachte dich, um sicherzugehen, dass du nicht aufhörst zu atmen oder Erbrochenes einatmest, was dich umbringen könnte.‹ Mein Sohn hat beschämt dreingeschaut. Ich denke, das ist gut!

Als ich neben ihm saß und ihn ansah, musste ich meinen Drang unterdrücken, ihn übers Knie zu legen. Ich las unsere Aufschriebe (darüber, was in so einer Situation zu tun wäre) und erinnerte mich plötzlich daran, wie ich selbst mit 16 Jahren betrunken nach Hause gekommen war. Mein Vater brüllte, fluchte und schlug mich vor den Augen meiner jüngeren Schwestern, die weinten. Ich erinnerte mich daran, wie sehr ich ihn damals hasste und ich es ihm heimzahlen wollte. Man sagt, das Wort ‚Hass‘ werde zu leichtfertig benutzt, aber ich erinnere mich genau daran, dass ich Hass gefühlt habe. Es tat mir wirklich leid, dass ich so viel getrunken hatte, aber nur weil ich nicht mehr in der Lage war, ihm richtig eine reinzutreten. Ich erinnerte mich auch daran, dass ich eine ganze Weile nach dieser Nacht alles Mögliche tat, um meinen Vater zu verletzen, einschließlich mehr Alkohol zu trinken.

Nachdem mein Sohn am nächsten Morgen aufgewacht war, kochte ich ihm eine Tasse Kaffee und fragte ihn: ›Was hast du gelernt?‹ Er starrte auf den Fußboden, er fühlte sich wirklich unwohl. Ich hatte den Eindruck, ihm wäre es lieber gewesen, ich hätte ihn geschlagen, so wie ich es früher getan hätte. Aber mir ist jetzt bewusst, dass ich es ihm damit viel zu leicht gemacht habe. Dann hätte er mich einfach dafür hassen können, dass ich ihn geschlagen habe, und hätte nicht über sein eigenes Verhalten nachdenken müssen. Ich zeigte ihm Studien über die Auswirkung von Alkohol auf Teenager und sagte ihm, dass mir das riesige Angst macht, weil er mir so wichtig ist. Dann legte ich Konsequenzen fest, für den Fall, dass sich dieselbe Situation noch einmal wiederholen sollte, und fragte ihn, was er über all das denke. Er gab keinen Laut von sich.

Ehrlich gesagt, weiß ich immer noch nicht so recht, wie es mir mit dieser Erziehungsmethode geht. Doch, eigentlich schon. Mein (C)-Hirn fühlt sich unbefriedigt, als hätte ich nicht wie ein echter Mann gehandelt oder so ähnlich. Mein (P)-Hirn nennt mich einen schlechten Vater und obendrein schwach. Ich nehme an, das ist mein alter Herr, der noch in meinem Kopf spukt, richtig? Mein (A)-Hirn sagt, dass das, was ich getan habe, ziemlich cool war. Also geht es mir gut. Und meinem Sohn? Seit drei Wochen benimmt er sich respektvoller als in den letzten Jahren. Wo das wohl herrührt?«

Diese Frage kann die Polizistin aus dem zweiten Fall beantworten. Sie wusste, dass eine wütend ausgesprochene Bestrafung höchstens dazu führen würde, dass Sie noch schneller fahren und so vielleicht in Form weiterer Körperteile auf einer Kreuzung enden würden. Sie wusste auch, dass eine ruhig und fürsorglich ausgesprochene Konsequenz Ihre Aufmerksamkeit von ihrer Macht weg- und auf das, worum es wirklich geht, lenken würde: auf Ihr eigenes gefährdendes Verhalten. Außerdem hatten Sie vor ihrer coolen, fürsorglichen und bestimmten Haltung den höchsten Respekt. Welcher Ordnungshüter triggerte Ihr (C)-Hirn, sodass es einfach nur emotional reagierte, und wer von den beiden hat wohl Ihr (A)-Hirn dazu gebracht, Ihren Verstand zu gebrauchen und etwas zu lernen? Wer hatte die bessere Chance, Sie wirklich dazu zu bringen, sicherer zu fahren? Welcher Polizist wollen Sie für Ihr Kind sein?

Zu guter Letzt ziehen Sie das Konsequenzen-System heran, um die re-silienzfördernde Lebenskompetenz namens »Gute-Entscheidungen-treffen« aufzubauen. Tun Sie dies, indem Sie die Autonomie ihres Kindes an seine Verantwortung koppeln:

## »Du bestimmst, was passiert«

»Ich weiß, du möchtest eigentlich jeden Tag bei deinen Freunden übernachten«, sagen Sie. »Aber ich mache mir Sorgen, dass ihr zu wenig schlaft und Blödsinn macht. Wie wäre es, wenn du dir dieses Privileg verdientest, indem du mir einen Monat lang zeigst, dass du gute Entscheidungen treffen kannst? Wenn du dann bei der ersten Pyjamaparty gute Entscheidungen getroffen hast, kannst du im nächsten Monat zur nächsten Übernachtung bei deinen Freunden gehen. Können wir uns darauf einigen, dass, wenn du schlechte Ent-scheidungen triffst, Übernachtungen für einen Monat gestrichen sind, damit du ein bisschen nachdenken und reifen kannst? Ist das ein faires Angebot?«

»Was?«, schreit er. »Du nimmst mir meine Pyjamapartys weg, wenn ich Mist baue?«

»Nein«, antworten Sie. »Es liegt ganz bei dir. Entweder du verdienst dir deine monatliche Pyjamaparty oder du scheiterst daran. Die Macht liegt in deinen Händen, du bestimmst, was passiert. So läuft es in der Welt. Viel Glück! Ich drück' dir die Daumen!«

Eine nachträglich ausgesprochene Bestrafung ohne Aussicht darauf, das verlorene Privileg (»Die Pyjamapartys kannst du dir für immer aus dem Kopf schlagen«), führt dazu, dass ihr Kind auf seinem Bett liegt, die Decke anstarrt und mit größter Leidenschaft Rachepläne schmie-det. Bei einer Konsequenz, auf die man sich im Vorfeld geeinigt hat, verhält sich das völlig anders: »Tut mir leid. Wie du weißt, führt deine schlechte Entscheidung dazu, dass du einen Monat lang auf Pyjamapartys bei deinen Freunden verzichten musst, aber ich bin mir sicher, dass du bald den Dreh raushast, wie das mit den Entscheidun-gen funktioniert. Du kannst für die Party in einem Monat ja schon mal planen. Bis dahin kannst du deine Freunde fragen, ob sie hier übernachten wollen« (wo Sie besser ein Auge auf die Jugendlichen werfen können, als wenn sie bei anderen Eltern sind). Diese Taktik zwingt ihr Kind dazu, sich selbst zu fragen: »Warum habe ich so eine Entscheidung getroffen, obwohl ich wusste, was es mich kosten würde? Was zur Hölle ist mit mir los? Wie kann ich es schaffen, mein Privileg zurückzubekommen?« Rachefantasien und -taten wirken resilienzvernichtend. Wenn wir uns über uns selbst ärgern, auf unsere (C)-Hirne wütend sind, setzt eine Veränderung unserer Psyche ein und es wird Energie freigesetzt für den nächsten Schritt auf unserer Reise zur Resilienz.

## Taktik Nr. 2: Wie man gut miteinander redet

In Bezug auf Teenager ist es keine Übertreibung zu sagen, dass Kommunikation für eine resilienzstärkende Beziehung genauso wichtig ist wie das Atmen für unser Leben. Fehlt einem die Fähigkeit, angemessen zu kommunizieren, hat man weniger Möglichkeiten, sich in unserer Welt zu entfalten. Wissenschaftliche Studien zeigen, dass Kinder einen Großteil ihrer Kommunikationsfähigkeiten von ihren Eltern (das heißt von uns) und von ihren Bildschirmen lernen.

Mit einem Teenager zu reden, ist eine Fähigkeit, die wir erlernen müssen, keine, die uns einfach zufällt. Kommunizieren wir mit unseren Kindern, tun wir dies häufig auf die Art, wie Menschen aus dem Ausland angesprochen werden: laut, repetitiv, in abschätzigem Tonfall. Dies vermittelt ihnen, sie seien dumm und nicht fähig, auf höherem Niveau zu denken, und all das nur, weil sie unsere Art der Verständigung nicht perfekt beherrschen.

Das Problem bei unseren Kindern liegt darin, dass sie, als sie noch klein waren, wirklich ein bisschen »dumm« waren und noch nicht auf höherem Niveau denken konnten. Wenn sie die Pubertät erreicht haben, haben sie sich zu intelligenteren Wesen mit intelligenteren Gedanken entwickelt und versuchen nun, den Diskurs der Erwachsenen zu meistern. Dazu müssen sie verschiedene Hirnregionen mit der Atmung und der Spannung der Stimmbänder koordinieren, um

nuancierte Laute zu produzieren, und diese mit der Körpersprache ab-
stimmen, um komplexe Gedanken und Gefühle zu vermitteln. Da Sie
dies jeden Tag tun, ohne auch nur einen Gedanken daran zu verlieren,
haben Sie vergessen, wie frustrierend all das war, als Sie selbst Teenager waren. Es ist für Teenager übrigens leichter, zu lernen wie man
Opern singt, als ihren Gefühlen verbalen Ausdruck zu verleihen. Oft
fühlen sie sich wie Fremde, die durch eine geheimnisvolle Welt treiben.
Als ob sie in einem verbalen Gefängnis eingesperrt wären, in dem ihre
Fähigkeiten zu denken viel weiter entwickelt sind als ihre Möglichkeiten, ihren Gedanken Ausdruck zu verleihen. Kein schöner Ort.

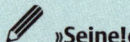 **»Seine!«**

Als mein Sohn noch nicht einmal zwei Jahre alt war, war er ein ent-
zückendes Baby, das lustige Nonsensgeräusche von sich gab, die hin
und wieder beinahe wie richtige Worte klangen. Wir fuhren an einem
Bauernhof vorbei, als er anfing, aufgeregt in seinem Kindersitz zu
zappeln, und begeistert rief: »Seine! Seine!

»Ja, ja,« antworten meine Frau und ich abwesend, »Steine«. Wir
nahmen an, dass er meinen Bruder nachahmte, der uns gerade von
seiner Arbeit als Steinbildhauer erzählt hatte.

»Nein«, brüllte Ross. »Seine! Seine!« Seine Frustration wuchs merklich,
als wir ihn wieder korrigierten und »Steine« wiederholten. (Wie Sie
sehen, waren wir hochgebildete Eltern.)

Sein Gesicht war knallrot angelaufen, als er unsere Ignoranz schließlich mit großer Entrüstung entlarvte: »Seine! Seine! Die machen
chrrrrchrrr (Grunzgeräusche)!« Cindy und ich sahen uns entgeistert
an und fuhren rechts ran, um diese »Seine« zu Gesicht zu bekommen.
Und wirklich, auf der Wiese tummelten sich niedliche Schweine und
Ferkel. Unser Sohn war nicht nur aufmerksam gewesen, sondern
obendrein darum bemüht, diese schöne Szene mit uns, seinen hoch-
gebildeten und höchst selbstbezogenen Eltern, zu teilen.

*Aus dem persönlichen Tagebuch des Autors*

Sollte Sie diese Geschichte berührt haben, so sparen Sie sich Ihre Empathie für Ihren eigenen Teenager, da dieser genau denselben Prozess durchläuft. Er hat komplexe Gedankengänge, durchlebt starke Gefühle, aber zeitweise fehlen ihm noch die Verdrahtungen, um diese adäquat ausdrücken zu können. Reden Sie behutsam mit Ihrem Kind, halten Sie sich an ein paar Regeln, denen Sie auch folgen würden, wenn Sie mit einem Schlaganfallpatienten sprächen, in dem Wissen, dass seine verhedderten Worte ein völlig unzureichender Ausdruck, seiner klaren Gedanken sind. Hier folgen nun einige effektive Eltern-Teenager-Gesprächs-Regeln:

**Timing:** Unausgeschlafen am Morgen ist ein schlechter Zeitpunkt für ernste Teenagergespräche, für viele Teenager überhaupt kein Zeitpunkt für Gespräche egal welcher Natur. Direkt nach der Schule könnte sogar ein noch ungünstigerer Zeitpunkt sein, da Jugendliche dann keine Lust auf noch mehr Kritik von Erwachsenen haben. Warten Sie einen ruhigen Moment ab, am späteren Nachmittag oder am Wochenende stehen die Chancen für ein entspanntes Gespräch ziemlich gut.

**Quantität:** Weniger ist definitiv mehr. Nach Ihrem siebten Wort hören viele Teenager nur noch »Bla bla bla ...«. Wählen Sie Ihre Worte daher mit Bedacht.

**Lautstärke:** »The Smoker You Drink, the Player You Get« so lautet der mysteriöse Titel des 1973 erschienen Albums von Josh Walsh. Er weigerte sich, den Titel zu interpretieren. Dafür habe ich vor Kurzem herausgefunden, was er bedeutet. Walsh gab Eltern einen Rat: Je lauter Eltern sprechen, desto weniger hören ihre Teenager zu. Brüllen und ein demütigender oder lauter Ton zünden nur das (C)-Hirn. Halten Sie den Atem an, bis Sie sich abgekühlt haben.

**Fragen:** Im Auftrag der Resilienz lautet Ihr Ziel, so wenig wie möglich auf Ihr Kind einzureden und so viel wie möglich zuzuhören. Erinnern Sie sich noch an Ihre Mission, Ihrem Kind dabei zu helfen, sich selbst zu kontrollieren? Das lernt es am besten, wenn es über das, was es getan hat, über seine Werte und Überzeugungen, nachdenkt. Ein Gedankenprozess, der abbricht, wenn wir ihm Antworten vorsetzen. Versuchen Sie doch einmal, anstatt »Das solltest du tun«, zu fragen: »Was glaubst du, wäre die richtige Entscheidung?« Eine solche »gute« Frage unterstützt Jugendliche, da sie nachdenken und eine Antwort finden müssen. So werden die noch lückenhaften Hirnwindungen trainiert und die Resilienz Ihres Kindes unmittelbar vor Ihren Augen gestärkt.

**Grenzen:** Es sollte immer eine Grenze geben, wenn wir miteinander kommunizieren. Den Zaun zu überschreiten und in den Nachbargarten zu spazieren oder sich in die Angelegenheiten seines Teenagers einzumischen und ihm zu sagen, was bei ihm eigentlich falschläuft (»Weißt du, was dein Problem ist?«), klappt vielleicht nicht so gut. Besprechen Sie die Grenze stattdessen lieber mit Ihrem Teenie und versuchen Sie es mit Ich-Botschaften: »Wenn du zu spät nach Hause kommst, werde ich wütend, weil ich mir Sorgen mache.«

**Die richtige Dosis:** Die besten Gespräche mit Teenagern gleichen manchmal eher zehn kurzen Sprints als einem langen Marathon. Erinnern Sie sich daran, wie angestrengt ihre Tochter während ihrer letzten Unterhaltung geschaut hat, als Sie ihr dabei zusehen konnten, wie sich Frust und Erschöpfung wie ein Schatten über ihr Gesicht legten? Wenn Sie solche Anzeichen bemerken, verhält es sich wie mit einem ersten Donnergrollen: Das Gewitter ist meist nicht mehr weit entfernt. Versuchen Sie es dann einfach mit einer Pause: »Ich finde es toll, wie wichtig du unser Gespräch nimmst. Aber wie wäre es, wenn wir jetzt eine Pause einlegen und später weiterreden?«

**Den Rückzug einleiten, wenn ein Sturm losbricht:** Machen Sie, dass Sie Land gewinnen, sollten Sie einmal zu weit gegangen sein und Ihr Teenager explodieren. Viele Eltern (meistens Väter) hören das überhaupt nicht gerne, aber es kommt nichts Gutes, häufig dafür jede Menge Schlechtes, dabei heraus, wenn die Wut erst einmal um sich schlägt. Ziehen Sie sich aus der Situation zurück, vor allem, wenn Ihr Kind Sie verbal angreift. Bleiben Sie ruhig und machen Sie zuerst ein Angebot: »Wenn du willst, dass ich bleibe, dann hör auf, mich zu beleidigen.« Falls das nichts bewirkt, sollten Sie wirklich gehen. Folgen Sie Ihrem ersten Impuls – zurückbrüllen –, ist das, als versuchten Sie, Feuer mit Benzin zu löschen. Viel Glück damit. In Teil 3 kommen wir zu einem umfassenden Konfliktbewältigungstraining, das Ihnen dabei helfen wird, die Wahrscheinlichkeit zu verringern, dass der Blitz zweimal hintereinander einschlägt.

## Taktik Nr. 3: Wie man besser zuhört

Warum können wir Eltern eigentlich nie den Schnabel halten? Ist das wirklich so schwierig? Es gibt einen großartigen »Looney Tunes«-Cartoon, zu dem ich eine echte Hass-Liebe entwickelt habe. In besagtem Cartoon versucht ein pubertierendes Vögelchen den Redeschwall seines Mentors Foghorn Leghorn zu unterbrechen, während dieser unaufhörlich über all die Mängel seines kleinen Protegés redet. »Aber … aber … aber«, versucht das arme Küken einzuwerfen. Foghorn fühlt sich daraufhin respektlos behandelt: »Wenn du nicht aufhörst zu schnattern, mein Sohn, wie willst du dann je meinen Standpunkt hören?« Jedes Mal, wenn ich den Cartoon ansehe, muss ich lachen, wahrscheinlich, weil mich die Situation einfach zu sehr an mich selbst erinnert.

Sie und ich, wir können unseren Schnabel einfach nicht halten, weil wir unsere Kinder lieben. Um ihre Probleme zu lösen, verhalten wir uns wie »Kontrollfreaks«, schneiden ihnen das Wort ab und überrollen sie einfach. Wir könnten auch genauso gut schweigen, da uns ohnehin niemand wirklich zuhört. Den Schnabel einfach zu halten, würde uns nicht nur Energie und Frust sparen, sondern könnte sich aus verschiedenen Gründen als Schlüssel erweisen zur Entwicklung beziehungs- und resilienzfördernder Kommunikation.

Erstens: Aufmerksames Zuhören wirkt wie ein Loch in Raum und Zeit, das Ihr Kind mit Worten füllen kann. So erhalten Sie und Ihr Kind einen Einblick in seine Gedanken und Gefühle und können Veränderungsprozesse in Gang setzen.

Zweitens: Es vermittelt Fürsorge und wirkt so heilsam, weil Sie einfach nur zuhören, ohne zu urteilen oder sich zu verteidigen, vor allem, wenn Ihr Kind Dinge sagt, die Sie nicht hören wollen. Die Welt ist voller Menschen, die nur auf eine Gelegenheit warten, Ihr Kind zu beurteilen oder ihm zu sagen, was es tun soll. Für Ihr Kind ist es Gold wert, jemanden zu finden, der einfühlsam zuhört. Das bedeutet, wir müssen den Drang, unser Kind zu korrigieren (d. h. zu kontrollieren), zurückhalten und unsere Bereitschaft in den Vordergrund stellen, zuzuhören und seine Gedanken ernstzunehmen, vor allem, wenn wir anderer Meinung sind. In puncto Resilienz ist das wirklich wertvoll, so lernt Ihr Kind, seine Gedanken zu ordnen und auszudrücken, und das in einer liebevollen Beziehung, in der es Meinungsverschiedenheiten geben darf. Aufmerksames Zuhören bedeutet also nicht, dass Sie den Gedanken Ihres Kindes immer zustimmen oder ihm Ihre Zustimmung geben, nach diesen zu handeln. Es zeigt, dass Sie Ihr Kind wertschätzen und seine Gedanken respektieren.

In Teil 3 sprechen wir darüber, was getan werden kann, wenn Kommunikation mit Ihrem Kind scheinbar überhaupt nicht stattfindet. Hier sind aber schon einmal ein paar Zuhörtipps, die es Ihnen mit Ihrem Kind leichter machen:

**Unterbrechen Sie nicht:** Geben Sie Ihrem Kind 10 Sekunden Zeit, nachdem es aufgehört hat zu reden, und fragen Sie erst dann, ob es noch etwas hinzufügen möchte: »Danke, dass du mir das gesagt hast. Möchtest du dem noch etwas hinzufügen?«

**Der Empathietrick:** Mitgefühlt ist nicht Mitleid. Mitzufühlen heißt nicht, jemandem zuzuhören, um herauszufinden, ob das, was diese Person sagt, für Sie Sinn ergibt, sondern, um herauszufinden, ob das, was diese Person sagt, für die Person Sinn ergibt. Das ist manchmal nicht ganz einfach.

**Geben Sie Ratschläge nur, wenn Sie danach gefragt werden:** Warten Sie mit Rat oder Kommentaren, bis Ihr Kind aufgehört hat zu reden (es sei denn, es handelt sich um einen Notfall – siehe Teil 3), und handeln Sie nur, wenn Ihr Kind Ihnen erlaubt diese Grenze zu überschreiten und sich in seine Angelegenheiten einzumischen:

»Wow, das klingt unangenehm. Danke, dass du mit mir darüber geredet hast. Möchtest du wissen, was ich darüber denke?«

»Nein, Papa, lieber nicht. Sei nicht sauer, aber ich glaube, ich muss das für mich selbst rausfinden. Ist das okay?«

»Natürlich. Ich bin immer für dich da, solltest du deine Meinung ändern.«

**Den Ort wechseln:** Wenn zu Hause einfach keine Unterhaltung zustande kommt, versuchen Sie es doch einmal in einem Café oder sogar bei einer kleinen Spazierfahrt durch die Stadt. Es ist erstaunlich, wie unterschiedlich sich Jugendliche an unterschiedlichen Orten verhalten.

**Stellen Sie sich vor, auf seiner Stirn sei ein Schild, auf dem »Kommunikationsschüler« steht:** Wenn Teenager lernen, Auto zu fahren, fordert das Schild »Fahrschüler« ungehaltene Fahrer zu Nachsichtigkeit und Geduld auf, die sich sonst über die »lahme Ente« und die mangelnden Fähigkeiten aufregen würden. Übertragen Sie dies auf die Kommunikationsfähigkeiten Ihres Teenagers: Lassen Sie ihm viel Raum und Zeit. Nehmen Sie nicht alles, was er sagt, wörtlich und verhalten Sie sich seinen Ausrutschern gegenüber nachsichtig. Manchmal wird er Sie »hassen«, wenn er eigentlich meint, dass er sich über Sie aufregt. Er wird wegen etwas völlig Verrücktem losschreien (»Ich kann nicht glauben, dass du meine Lieblingskekse vergessen hast!«) und zur völligen Nervensäge mutieren, wenn Sie sich in verbalen Judotricks versuchen, mit einer ablenkenden, netten Antwort:

»Das tut mir leid. Ich weiß, wie sehr du die Kekse magst. Und sonst, wie geht's so?«

»Tja, es ist zum Kotzen! Für dich bin ich ja wohl nicht annähernd so wichtig wie meine ›perfekte‹ Schwester! Ihre Sachen vergisst du nie! Niemand kümmert sich je darum, was mir wichtig ist. Weder du noch Papa und meine Freundin auch nicht. Sie denkt ohnehin nur daran, dass ich nicht so ein tolles Auto habe wie Derek, dieses Ekel, das sich an sie ranmacht und sie wahrscheinlich auch noch dazu bekommen wird, mit mir Schluss zu machen ...«. – Dingdong! Jetzt wissen Sie, worum es bei den Keksen wirklich ging!

Teenager sprechen oft zu wenig, schreien dafür aber zu viel, doch auch das Schreien ist eine Art der Kommunikation. Seien Sie stark, halten Sie das Geschrei aus (solange es nicht grob beleidigend ist) und warten Sie ab, ohne zu unterbrechen oder zurückzuschreien. Wenn Sie abwarten, beruhigt sich Ihr Kind möglicherweise und sagt, worüber es wirklich wütend ist. Die Wut Ihrer Tochter hat vielleicht nicht so viel damit zu tun, dass Sie ihr verbieten, Drogen zu nehmen, sondern damit, dass sie Angst hat, Freundinnen zu verlieren, wenn sie nicht auch Drogen nimmt. Wenn wir unseren Fahr- und Kommunikationsschülern gegenüber geduldig sind, lernen sie am Ende beides am besten. Und ihre Zuneigung zu uns wächst, da wir nachsichtig mit ihnen waren, als sie es noch nicht so gut konnten.

## Taktik Nr. 4: Wie man am Ball bleibt

Verbunden zu bleiben während der düsteren Zeiten der Pubertät, wenn unsere Kinder uns auf mindestens zehn Meter Abstand halten, ist leichter gesagt als getan. Ihnen etwas Kostbares wie eine Umarmung oder Unterhaltung abzuringen, fühlt sich manchmal an, als hätte man Wasser inmitten der Wüste gefunden. Doch beides ist für unser Leben wichtig, also geben Sie nie auf. Selbst wenn Ihr Kind auf Ihre Frage »Wie wäre es mal wieder mit einer Umarmung?« mit einem Knurren antwortet, als ginge es um einen bizarren Sex-Fetisch (»Oooooch, ne, Mama. Biiiiiiitte, hör auf, so etwas zu fragen«): Geben Sie nicht auf. Versuchen Sie etwas wie: »Okay. Ich verstehe schon, dass du mit 14 Jahren zu alt fürs Kuscheln bist. Aber wenn ich hier auf dich gewartet habe, hast du mich früher immer umarmt.«

Ob Sie es glauben oder nicht, Ihr Kind wird traurig, wenn Sie seine Aussage akzeptieren und zustimmen, dass es jetzt zu alt fürs Kuscheln ist. Erinnern Sie sich daran, dass diese arroganten 14-Jährigen eigentlich überdimensionierte 4-Jährige in zu großen Körpern mit hohem Stresspegel sind. Umarmungen helfen sogar dann, wenn sie abgelehnt werden, und sie sind großartige Mittel, um Resilienz zu stärken. Allein das Angebot erinnert unsere Kinder daran und versichert ihnen, dass Sie für sie da sind und sie auffangen, sollten sie einmal fallen. Das Wissen darum, dass es jemanden gibt, der nach uns schaut, ist ein großer Faktor für unsere psychische Widerstandskraft.

Akzeptieren Sie ein Nein nicht als Antwort, wenn es um Ihre Beziehung zu Ihrem Kind geht. Im Folgenden erhalten Sie einen Tipp für eine typische Teenagersituation, die wirklich, wirklich schlimm ist. Ich wünschte mir, ich wäre auf diese Idee gekommen, aber ich habe sie von einer großartigen Mutter, die einfach nie aufgegeben hat:

## »Wähle deine Waffe«

»Dr. Bradley, was Sie heute Abend gesagt haben (während eines Seminars), darüber, wie wir mit unseren Kindern in Verbindung bleiben können, ich musste da an etwas denken, das mir geholfen hat, als meine Tochter einmal vier Tage nicht mit mir gesprochen hat, egal, was ich zu ihr sagte. Ich erinnere mich gar nicht mehr daran, warum sie so wütend war. Wenn Sie die Idee gut finden, können Sie sie ruhig in einem Ihrer Notizbücher aufschreiben. Am vierten Tag konnte ich es einfach nicht mehr ertragen. Ich weiß nicht, ob es göttliche Vorhersehung war oder mein verrücktes griechisches Gehirn, aber ich hatte plötzlich eine Idee. Ich füllte zwei Wasserpistolen, legte sie auf ein silbernes Tablet und präsentierte sie meiner Tochter. ›Wähle deine Waffe‹, forderte ich sie mit dieser Terminatorstimme auf. Sie starrte auf die Wasserpistolen und sagte: »Du blöde Psycho-Kuh. Verziehe dich aus meinem Zimmer.‹

›Okay‹, antwortete ich. Ich nahm eine Pistole und schoss sie ab, mitten ins Gesicht. Natürlich nur mit Wasser. Sie kreischte: ›Bist du durchgeknallt! Du spinnst ja! Hör auf! Papa! Hol Mama aus meinem Zimmer! Sie attackiert mich!‹

Mein Ehemann ist ein kluger griechischer Mann. Er weiß, dass es am besten ist, sich aus einem Streit zwischen zwei griechischen Frauen rauszuhalten. Ich hörte nicht auf. Irgendwann nahm meine Tochter die andere Wasserpistole und begann, mich abzuschießen. Das Nächste, woran ich mich erinnere, ist, dass wir uns vor den Augen eines erstaunten Mannes durchs ganze Haus jagen, schreien, uns abschießen, völlig durchnässen und dabei hysterisch lachen. Und dass wir uns daran erinnerten, wie sehr wir uns lieben.«

Jeglichen Stolz und Selbstrespekt aufzugeben, kann sich als erstaunlich machtvolles Mittel erweisen, wenn es darum geht, auf einen Teenager zuzugehen und eine Verbindung mit ihm herzustellen.

### Taktik Nr. 5: Bei Resilienz geht es um das ganze Leben

Einfach an dieser Taktik ist folgender Teil: Überlassen Sie Ihren Kindern die Entscheidungsmacht, sodass diese alle wichtigen Entscheidungen (außer solchen, die ihr Leben gefährden) selbst treffen können. Je älter unsere Kinder werden, desto dümmer sollten wir uns verhalten (für mich ist das ein natürlicher Prozess): »Mein Lieber, ich weiß wirklich nicht, ob es deine Schwester freut, wenn du mit lilafarbenen Haaren zum Fototermin bei der Hochzeit aufkreuzt. Ich denke, die Entscheidung liegt bei dir.«

Dieses Verhalten dient zwei Zielen. Erstens gibt es Ihrem Teenie das Gefühl, autonom zu sein – ein Gefühl, nach dem sein Gehirn verzweifelt lechzt (so soll es sein). Denken Sie daran, diese Phase ist seine Metamorphose, er verwandelt sich nun in einen unabhängigen Menschen. Das zweite Ziel steht im Zusammenhang mit dem ersten, und zwar der Notwendigkeit, Entscheidungsfähigkeit zu erwerben, um zu überleben. Bedauerlicherweise ist der einzige Weg dorthin der, dass Teenager sich im Entscheiden üben. Wir sollten das nicht für sie übernehmen.

Rufen Sie sich das elterliche Entscheidungsmantra ins Bewusstsein: Eine schlechte Entscheidung, die gut getroffen wurde, lehrt weit mehr, als eine gute Entscheidung, die schlecht getroffen wurde.

- Die gute, die schlecht getroffen wurde, ist die, die wir ihnen entrissen und für sie getroffen haben. Dies lehrt unsere Kinder, wie klug wir sind und dass sie Entscheidungen für alle Zeiten an uns delegieren.
- Die schlechte, die gut getroffen wurde, ist die, bei der wir – weil sie uns so wichtig sind – einen Schritt zurücktreten und sie etwas Dummes (aber nichts Lebensbedrohliches) machen lassen, ihnen dabei zusehen, wie sie einen Schlag versetzt bekommen (bildlich

gesprochen), den Schmutz von ihren Kleidern klopfen und mit sanfter Stimme fragen: »Was hast du daraus gelernt?«

Und am Ende ist unsere Liebe so groß, dass wir nur dann einen Kommentar abgeben, wenn unsere Kinder danach fragen.

Das Schwierige an dieser Taktik ist, die hartnäckige resilienzschwächende Angewohnheit abzulegen, reflexiv mit der am schnellsten wirksamen Reaktion (Kontrolle) zu antworten anstatt mit einer resilienzstärkenden (eine, die Kontrolle lehrt). Mein Trick ist es, die Reaktion hinauszuzögern, um einen Moment nachdenken zu können. Allerdings ist das nicht immer einfach. Wenn Ihre Tochter Sie beispielsweise fragt, ob sie zu einer Kifferparty in den Park darf, schreien Sie nicht auf der Stelle: »Bist du verrückt geworden?« Sie wissen ja schon, dass Sie ihr dazu niemals Ihre Erlaubnis geben. Stellen Sie ihr ein paar Fragen und nutzen Sie diese als Möglichkeit, sie dazu zu bringen, ihre eigenen Werte zu entwickeln. Wahrscheinlich haben Sie bereits bemerkt, dass Sie nicht durch ihre Schutzschilde dringen, wenn Sie ihr eine Predigt über Drogen- und Alkoholmissbrauch halten. Aber sie muss diese Schutzschilde ein wenig herunterfahren, wenn Sie sich mit ihr unterhalten. Versuchen Sie es mit so etwas wie: »Denkst du, es ist okay, wenn 15-Jährige Gras rauchen?« Wenn sie darauf mit Ja antwortet, fragen Sie, woher dieses Wissen stammt: »Wer hat gesagt, dass das okay ist?«

Vielleicht erwidert sie dann: »Alle machen das und die Hälfte der Eltern meiner Freunde hat kein Problem damit.« Worauf Sie antworten: »Das mag sein. Als ich so alt wie du war, sagten viele meiner Freunde und ihre Eltern, dass Zigaretten nicht schädlich seien. Welche Gründe hast du sonst noch, die für den Konsum von Cannabis sprechen?«

»In Europa kiffen Jugendliche schon mit 14 Jahren und sie lernen, wie man richtig mit Marihuana umgeht«, sagt sie. »Wirklich?«, fragen Sie. »Gut, dann recherchieren wir beide doch mal, welche Auswirkungen Cannabis auf das Gehirn von Teenagern hat, und treffen uns später wieder, um unsere Ergebnisse abzugleichen.«

Warum sollte man so viel Zeit und Energie aufbringen für so einfache Angelegenheiten? Weil die (A)-Hirne unserer Kinder aufnahmebereit sind, wenn Sie bezüglich Drogen oder Sex oder einem Schulabbruch nach unserem Einverständnis fragen. So lernen sie die wichtigen Dinge, die ihnen dabei helfen, stabile Werte und Resilienz zu entwickeln. Brüllen Sie einfach: »Nein!«, so fährt das (A)-Hirn herunter, das sonst möglicherweise bereit gewesen wäre, sich Ihre Rechercheergebnisse anzuhören: »Wow! Gras kann zu dauerhaften Hirnschäden führen.« Ein Nein führt dazu, dass das (C)-Hirn aktiviert wird, das sagt: »Schauen wir doch mal, wer den Streit gewinnt.«

### Taktik Nr. 6: Cool bleiben, wenn Sie als völlig uncool gelten

Erinnern Sie sich daran, wie wir in Kapitel vier über die Zehnpunkteskala elterlicher Einbindung gesprochen haben und darüber, dass die Optimalpunkte zwischen 4, 5 und 6 liegen? Natürlich fühlt es sich nicht sonderlich optimal an, wenn Ihnen für Ihre Bemühungen ein »Ich hasse dich!« an den Kopf geworfen wird. Ihr (A)-Hirn sollte das aber als Liebesbeweis annehmen:

## »Sie gewinnen das Kind gerade für sich«

Becky war völlig fertig. Um ihren Worten Gewicht zu verleihen, stand sie auf und richtete sich an ihre Mutter, die vor ihr saß. »Alle anderen Eltern sind damit einverstanden! Warum kannst du nicht auch einverstanden sein?« Becky, 14 Jahre jung, befand sich in einer schrecklichen Zwickmühle. Acht ihrer Freundinnen hatten es irgendwie geschafft, ihren Eltern die Erlaubnis abzuringen, auf eine unbeaufsichtigte gemischtgeschlechtliche Reise nach Mexiko zu fahren. Nur Beckys Mutter Linda war absolut dagegen. Das Alter der Mitreisenden reichte von 14 bis 18 Jahren. Als Becky eine Pause einlegte, betrachtete ich Lindas müdes Gesicht, auf dem sich tiefe Falten abzeichneten, die sie mindestens zehn Jahre älter als ihre 50 Jahre aussehen ließen. Im vergangenen Jahr hatte ihr Ehemann sie ohne Vorwarnung verlassen und lebte jetzt mit einer 25-Jährigen zusammen.

Die drei älteren Söhne hatte er mitgenommen, sie wollten lieber bei ihrem »Partyvater« wohnen, der ihnen alles durchgehen ließ. Becky, 14-jährig, konnte wählen, bei welchem Elternteil sie leben wollte. Sie hatte sich damals für Linda entschieden. In meinen Notizen markierte ich dies farbig als »interessanten Fakt«.

Becky hatte nachgeladen und war für eine zweite Runde bereit: »Papa hat mir sogar schon einen Scheck ausgestellt, es wird dich noch nicht mal einen müden Penny kosten! Er sagt, ich kann mitgehen, wenn du dein Okay gibst.« Linda sah mir direkt in die Augen. Ich seufzte und schüttelte sanft den Kopf, um ihr zu signalisieren, dass auch mir klar war, dass Beckys Vater Linda in die Enge getrieben hatte, um ihr auch noch ihr letztes Kind wegzunehmen. Wie auf Stichwort schrie Becky: »Wenn du mich nicht mitgehen lässt, dann, dann, ziehe ich zu Papa und rede nie wieder mit dir!« Dann zischte sie durch halbgeschlossene Zähne eine rasiermesserscharfe Drohung (und belegte damit einmal mehr meine Theorie, dass weibliche Teenager sehr viel schlauer sind als ihre männlichen Altersgenossen): »Und meine Kinder wirst du nie zu Gesicht bekommen!«

Ich war kurz davor, Becky um ein Autogramm zu bitten, weil sie so eine perfide psychologische Scharfschützin war: als ob sie sich gedacht hatte: »Okay, das Ziel anvisieren. Was verletzt Mama am meisten? Ah, ja! Der Verlust ihrer Familie, ihrer Kinder! Ich drohe ihr also an, mich, ihr letztes Kind, auch noch zu verlieren und obendrein ihre zukünftigen Enkel. Das sollte genügen.«

Ihr Schuss verfehlte sein Ziel nicht. Lindas erschöpfte Augen füllten sich mit Tränen, als sie mir einen bittenden Blick zuwarf. Ich antwortete darauf mit meinem »Seelenklempner-Achselzucken« und sagte damit wortlos: »Sorry, aber hier sind Sie gefragt. Selbst wenn ich die Situation in Ordnung bringen könnte, sollte ich mich raushalten.« Wahrscheinlich fragte sich Linda in dem Moment, wozu sie all das Geld ausgab, aber sie hatte keine Zeit, um darüber mit mir zu diskutieren. Schließlich stand das Leben ihrer Tochter auf dem Spiel. Also atmete sie tief durch, drehte sich zu ihrer Tochter und zeigte, was in ihr steckte. Und das tat sie formvollendet:

»Becky, ich liebe dich viel zu sehr, um dich auf diese Reise mitgehen zu lassen. Bei diesen Trips passieren schreckliche Dinge. Vielleicht könnten wir ja etwas anderes unternehmen, das dir Spaß macht? Ich weiß, das bricht dir das Herz, aber ich bin nun mal älter und erfahrener als du. Ich liebe dich einfach zu sehr, als dass ich mich von dir erpressen lassen und dir erlauben würde, etwas Gefährliches zu tun. Es würde mir schrecklich wehtun, wenn du mich verließest, aber es geht hier nicht um mein Glück. Es geht einzig darum, was für dich am besten ist. Tut mir leid, aber meine Antwort lautet nach wie vor Nein.«

Becky sprang mit aufgerissenen Augen auf. Sie versuchte, sich über den Glastisch zu beugen, der sie von Linda trennte, und kreischte schrill, wie es nur 14-jährige Mädchen können: »Ich hasse dich! Ich werde dich für immer hassen! Iiiiiich...«, dann warf sie den Couchtisch um. Die Glasscheibe zerbrach und Becky rannte, immer noch schreiend, aus dem Behandlungszimmer. Sie knallte die Türe so heftig zu, dass die Wanduhr zu Boden fiel. Sie rannte auf den dunklen Parkplatz, tobend und brüllend, doch dann blieb sie stehen – rein strategisch –, damit wir sie besser sehen und hören konnten. Die anderen Kollegen kamen aus ihren Zimmern, um zu sehen, was los war. Als klar wurde, dass es sich nur um einen dieser »Doc-Mike-Momente« handelte, drehten sie wieder ab.

Linda fing an zu weinen. »Sehen sie, Dr. Bradley«, schluchzte sie, »jetzt verliere ich auch noch mein letztes Kind.«

»Nein, tun sie nicht«, korrigierte ich sie sanft. »Sie gewinnen das Kind gerade für sich. Sehen sie, Becky ist zwar ein bisschen verrückt, aber sie ist nicht blöd. Sie versteht Sie. Ihr ist auch klar, dass ihr Vater versucht, Sie gegeneinander auszuspielen. Und ihr ist auch klar, dass der Trip wirklich keine gute Idee ist. Sie weiß außerdem, dass sie auf Sie zählen kann, dass Ihre Liebe groß genug ist, um bei Ihrem Nein zu bleiben und dann hier zu sitzen und die volle Ladung pubertärer Wut auszuhalten. Warum glauben Sie denn, hat sich Becky dafür entschieden, bei Ihnen und nicht bei ihrem Partyvater zu leben? Sie weiß, dass sie bei Ihnen besser aufgehoben ist, dass sie noch gar nicht bereit ist, allein in die Welt zu ziehen, dass sie ihre Mutter noch immer braucht. Die Show auf dem Parkplatz zieht sie ab, weil sie all diese schlauen Dinge verstanden hat und trotzdem unbedingt nach Mexiko fahren möchte. Wäre ihnen das mit 14 Jahren nicht ganz genauso gegangen?«

Die Eltern-Teenager-Beziehung besteht aus Liebe und Konflikten. Es ist Ihre Aufgabe, das Leben Ihres Kindes hin und wieder zu »ruinieren«, und es ist mindestens genauso häufig Aufgabe Ihres Kindes, Sie zu »hassen«. In angemessener Dosierung wirken sich Konflikte (nicht zu verwechseln mit Wutanfällen) für Kinder therapeutisch aus. So lernen diese, dass man Meinungsverschiedenheiten leidenschaftlich austragen und dennoch liebevoll und verbunden bleiben kann – das stärkt die Resilienz. Setzen Sie einen positiven liebevollen Rahmen um schwierige Botschaften: »Wir lieben dich. Es können schlimme Dinge bei dieser Saufparty passieren, zu der du gehen möchtest. Wir lieben dich einfach zu sehr, um dir das zu erlauben. Tut uns leid.«

Machen Sie sich keine Sorgen darüber, dass das »Unternehmen Erziehung« Ihrer Beziehung schadet. Das wird nicht passieren, es sei denn, Sie erlauben Ihrem (C)-Hirn, sich an den ständigen Teenagerattacken zu rächen. Wenn Sie sich auf Ihr (A)-Hirn und auf den vorliegenden Streitpunkt konzentrieren, hat Ihr Kind die besten Chancen, dasselbe zu schaffen und etwas zu lernen. Erinnern Sie sich noch daran, dass wir sagten, dass sich auf der 10-Punkte-Skala eine 1 und eine 10 wie ein Mangel an Fürsorge anfühlen? Und die 4, 5 und 6 für Teenager gleichbedeutend mit Liebe sind, sogar dann, wenn sie sich wie kleine Monster auf dem Parkplatz von Dr. Bradley benehmen. Apropos kleine Monster ...

# DIE ELTERN-TEENAGER-BEZIEHUNG BESTEHT AUS LIEBE UND KONFLIKTEN

## Taktik Nr. 7: Reden Sie über Ihre Wut

Wenn mich Eltern nach der wirksamsten Taktik fragen, mit der sie ihr pubertierendes Kind verändern können, antworte ich: »Dadurch, dass wir selbst uns verändern.« Und die effektivste Veränderung, die wir anstreben können, ist die, unsere Gefühle vor den Augen unserer Kinder in den Griff zu bekommen. So können diese zusehen und den Trick dabei lernen, etwas, das wirklich sehr schwierig ist. Erinnern Sie sich daran, als wir im vierten Kapitel sagten, dass eine Entschuldigung wie ein Trojanisches Pferd eingesetzt werden kann, um ein paar wichtige Lektionen fürs Leben einzuschmuggeln? Dasselbe gilt für die Taktik des Vorlebens. Unsere Kinder sind von uns Eltern mehr beeinflusst als von allem anderen – im Guten wie im Schlechten. Ganz schön gruselig, oder? Vielleicht ist genau dies aber auch Grund zur Hoffnung. Denn auf diese Weise können wir sie in sicherem Umfeld, heimlich und ohne große Streitereien beeinflussen. Letztendlich können wir unsere Kinder nicht zu etwas bewegen, das sie absolut nicht tun wollen. Und wenn wir ihren Ungehorsam mit unserer elterlichen Übermacht bestrafen, bewegen wir uns auf demselben Pfad wie Diktatoren, die Rebellen heraufbeschwören. Rebellen, die nichts zu verlieren haben:

## »Er muss lernen, hart zu sein«

Miguel sah unbeschreiblich traurig aus. »Danke, dass Sie gekommen sind«, murmelte er mit zu Boden gesenktem Blick. »Mein Vater, er kommt mich nicht mehr besuchen. Er hat gesagt, er werde mir eine Lektion erteilen. Zu meinem eigenen Wohl. Ich weiß auch nicht ...«

Ich hatte den 16-Jährigen seit mehr als zwei Jahren nicht mehr gesehen, erinnerte mich aber sofort wieder an seinen freundlichen, fürsorglichen Charakter, auch wenn dieser nun hinter der Fassade eines toughen Typen versteckt war. »Seit wir Sie zum letzten Mal gesehen haben, hat sich alles zum Schlechteren entwickelt. Mein Vater ist ein harter Mann, wissen Sie? Ein guter, aber ein harter Mann. Ich wollte immer so sein wie er. Mir von niemanden etwas gefallen lassen, nie klein beigeben, verstehen sie? Ich wollte, dass er mich eines Tages ansehen und sagen würde: ›Das ist mein Sohn. Er ist sogar ein noch härterer Hund als ich!‹ Ich wollte das so sehr, und dann, ich weiß auch nicht, dann habe ich einfach die Beherrschung verloren, als er mich ›chavala‹ nannte. Das bedeutet so etwas wie Weichei.«

Zwei Jahre zuvor war Miguels Vater aus unserer letzten Therapiestunde gestürmt. Er brüllte wegen meines »schwachköpfigen Mists«, wegen meines Rats zur Konfliktbewältigung: »Irgend so ein ›wedo‹ (weißer Kerl) will mir vorschreiben, wie ich mich meinem Sohn gegenüber zu verhalten habe? Was wissen Sie schon über uns und darüber, wo wir herkommen? Er muss lernen, hart zu sein. Sie sagen, ich soll mich nicht wehren, wenn er mir nicht gehorcht und mir keinen Respekt zollt? Gut, dann wird er eines Tages im Gefängnis landen, weil er keinen Respekt kennt.«

Ich war bei Miguel im Gefängnis zu Besuch. Dort war er, seitdem er seinen Vater angegriffen und schwer verletzt hatte. Sein Vater hatte ihm eine Lektion in Sachen Stärke und Respekt erteilt: Er hatte Miguel dazu gedrängt, ihn zu boxen, während er seinen Sohn ständig schubste und schlug, weil Miguel seine häuslichen Pflichten vergessen hatte. Mit einer Sache sollte sein Vater recht behalten. Seine Methode härtete seinen Sohn ab. Miguel gewann den Kampf.

Miguels spanisch- und mein irischstämmiger Vater waren brutale und zugleich gute Männer, die von falschen Vorstellungen geleitet wurden. Beide glaubten, dass gute Eltern ihre Kinder mit harter Hand erziehen sollten, um diesen Widerstandskraft – anders ausgedrückt: Resilienz – anzutrainieren. So sah ihre Version von Liebe aus. Verurteilen Sie diese Männer nicht zu hart, in ihrer Welt wären sie schlechte Eltern gewesen, hätten sie sich nicht um ihre Kinder gekümmert, hätten sie ihre Kinder nicht provoziert. Sie dachten, dass ihr Zorn ein Beweis ihrer Liebe sei.

»Boah! Einen Moment mal, Dr. Bradley!« rufen Sie. »Mein Vater und mein Fußballtrainer haben mich auch geschlagen und aus mir ist trotzdem was geworden. Und nach dem, was ich bisher von Ihnen gelesen habe, war es bei ihnen auch nicht anders. Und aus ihnen ist auch etwas geworden, oder?« Dieses Argument wird mir bei der Hälfte der Erziehungsseminare, die ich halte, an den Kopf geworfen. Ich frage meine Herausforderer dann jedes Mal das Folgende: »Erzählen Sie mir doch einmal, wie Ihr Vater so war.« Die Antworten sind beinahe immer so gut wie identisch: »Nun, mein Vater hatte zwei schreckliche Jobs, um uns alle durchs Studium zu bringen, er kümmerte sich um alles, und trotzdem fand er immer noch die Zeit, um nach den vaterlosen Kindern in unserem Viertel zu sehen. Er hat nie ein anständiges Paar Schuhe oder Hosen besessen. Er hat einfach immer alles weitergegeben.«

»Was für eine wunderbare Geschichte«, erwidere ich. »Sie haben mir gerade von den Werten und dem Charakter Ihres Vaters berichtet. Etwas, das Sie mit Liebe, Bewunderung und Respekt für den Mann erfüllt. Aber Sie haben die Prügel ausgelassen. Sie haben ihm vergeben und sehen darüber hinweg, weil Sie den Mann bewundern. Wahrscheinlich sind Sie heute ein guter Vater, nicht weil Sie sich vom Zorn Ihres Vaters leiten lassen, sondern davon, wie er sein Leben gelebt hat.«

Elterliche Vorbilder können Fluch oder Segen sein. Alles hängt davon ab, was wir unseren Kindern vorleben. Wenn wir uns erlauben, ausfällig zu reagieren, wenn unsere Kinder ihre häuslichen Pflichten vergessen haben oder schlechte Noten nach Hause bringen, wie können wir dann von ihnen erwarten, selbst besser mit ihrem Frust umzugehen? Umgekehrt funktioniert das auch: Wenn wir ruhig über unsere Wut sprechen, anstatt stinksauer zu reagieren, können wir von unseren Kindern fordern, dasselbe zu tun. Um dieses Maß an Kontrolle zu erlangen, braucht man allerdings ein bisschen Kampftraining.

### Emotionales Judo für verschiedene Ich-Zustände

Wenn ihnen die seit Wochen unter dem Bett Ihres Kindes vermodernden Nacho-Reste entgegenkrabbeln (von den glücklichsten und kleinsten Geschöpfen Gottes transportiert) und Sie kurz davor sind zu explodieren (ganz so wie Ihr lieber Dr. Bradley), dann versuchen Sie es doch mal mit ein wenig Judo – gegen Sie selbst gerichtet, nicht gegen Ihr Kind. Beim Judo geht es darum, Hebelkraft und Balance auszunutzen, um die Kraft des Gegners zu kontrollieren und gegen ihn zu richten. Als ich die verschimmelten Nachos sah (ich erspare Ihnen die Details), war es spät am Abend, das Ende eines anstrengenden Tages, voller Pubertätsstress. Mein (C)-Hirn wurde sofort in Zorn versetzt und beeinflusste meinen gesamten Körper (merken Sie sich, dass es das Gehirn ist, das die Kontrolle über unseren Körper an sich reißt). Dank des Adrenalinschocks schnellten mein Blutdruck, meine Atem- und meine Herzfrequenz nach oben. Grenzenlose Energie ballte sich in mir zu einem Schrei zusammen. Für eine Nanosekunde stellte ich mir vor, mein Kind zu schlagen und wie befriedigend sich das anfühlen würde. Dann zeigte mein Judotraining Wirkung. »Lassen sie sich im Kampf nie von ihrer Wut leiten«, hatte mein Trainer mich gelehrt. (Zu dieser Zeit wusste ich noch nicht, dass er ein Schüler von Eric Berne war). So rief ich mir die Judoschritte ins Bewusstsein:

- Bleib ruhig stehen.
- Atme dreimal tief ein und atme langsam wieder aus.
- Nutze dein (A)-Hirn, um dein (C)-Hirn zu fragen, worüber es sich wirklich aufregt, da Wut normalerweise ein sekundäres Gefühl ist, das von einem vorhergehenden ausgelöst wurde:

(A) »Warum bist du kurz davor in die Luft zu gehen?«

(C) »Ich bin stinksauer!«

(A) »Weil?«

(C) »Ihr Zimmer ist ein Schweinestall!«

(A) »Und?«

(C) »Sie macht nie, was ich möchte.«

(A) »Und?«

(C) »Das zeigt, dass sie mich nicht respektiert!«

(A) »Und?«

(C) »Das zeigt, dass ich ihr egal bin!«

(A) »Und?«

(C) »Ich denke, das war's. Ich möchte ihr wehtun, weil sie sich nicht um mich schert. Ich bin verletzt und fühle mich ungeliebt!«

(A) »Okay. Ich verstehe, warum du dich so schlecht fühlst. Beruhig dich erst einmal. Ich kümmere mich um den Fall.«

Nachdem ich die Schusssicherung meines (C)-Hirns wieder aktiviert habe, konfrontiere ich mein Kind mit dem, was gerade in meinem (C)-Hirn los war, ohne dem Ärger die Oberhand zu gewähren: »Sarah, wenn ich unter deinem Bett alte Essensreste finde, nachdem du versprochen hast, dass so etwas nicht mehr vorkommt, fühlt sich das für mich so an, als wären ich und unser Zuhause dir egal. So verrückt das auch klingen mag, das macht mich wirklich fertig und ich möchte einfach nur noch schreien. Können wir uns darauf einigen, dass, sollte das nochmal passieren, du eingestehst, dass du für das Privileg, Essen mit aufs Zimmer zu nehmen, noch nicht bereit bist? Könnte das funktionieren?«

Hier kommt ein weiteres Mantra für die resilienzfördernde Erziehung: Verhalten Sie sich so, wie Sie gesehen werden möchten. Werden Sie einmal wütend, so reden Sie über Ihre Wut, lassen Sie sich nicht von ihr bestimmen. Das bedeutet kein Schlagen, kein Drohen, kein Kleinmachen. Niemals.

Fügt man Teenagern Schmerzen zu, um ihnen beizubringen, sich nicht verletzend zu verhalten, zeigt ihnen das bloß: wer die Macht hat (körperlich oder verbal), hat auch das Sagen. Was sich für Ihr (C)-Hirn sehr stark anfühlt, kann für Ihr Kind sehr schwach aussehen und Sie einiges an Respekt kosten. Schlimmer noch, so werden echte Probleme (Drogen oder Sex) von Machtspielchen überdeckt. Sich einem Teenager gegenüber verletzend zu verhalten, bedeutet, sich auf Teenagerterrain zu begeben. Wenn Sie vorleben, Probleme ließen sich mit Wut lösen, so geben Sie Ihrem Kind einen Heimvorteil. Erinnern Sie sich daran, dass Ihr Teenager bereit ist, sich verrückter zu verhalten als Sie. Lassen Sie sich auf so etwas nicht ein.

### »Zu spät, Dr. B. ...«

Wenn Sie nun schon mal dort sind, weil Sie die Beherrschung verloren und geschrien, vielleicht sogar einen Klaps gegeben haben, verzweifeln Sie nicht. Willkommen im Klub! Viele Eltern fühlen sich niedergeschlagen, nachdem sie Elternratgeber gelesen haben, da in den Büchern Erziehungsziele gesetzt werden, die unerreichbar scheinen. Sogar für die unter uns, die selbstgefällig genug sind, selbst Erziehungsratgeber zu schreiben. Ich glaube, dass unsere elterlichen Versagensmomente Teil des resilienzfördernden Erziehungskonzepts sind. Dass unsere Schwachstellen von Gott, Mutter Natur oder wem auch immer eingeplant worden sind, um uns einen guten Vorwand dafür zu bescheren, unseren Kindern Fähigkeiten zur Stärkung der Resilienz zu bringen.

Wir haben darüber gesprochen, dass eine Entschuldigung ganz prächtig als Lehrmittel dienen und zeigen kann, wie man für sein Verhalten einsteht, mit seinen Fehlern umgeht und versucht, sich zu bessern. Los geht's! Ihr Versagensmoment kann durch die Magie der Entschuldigung zum Reifungsmoment für Ihr Kind werden. Wenn Teenager irgendetwas sind, dann wohl unvollkommen. Von Erwachsenen, die ihre Defizite eingestehen – und dabei ihren Kontrollverlust niemals als etwas Akzeptables rechtfertigen, nur weil sie Eltern sind; falsch bleibt falsch –, lernen Teenager sehr viel und sie fühlen sich dadurch getröstet.

Wir müssen nicht perfekt sein, wahrscheinlich sollten wir das noch nicht einmal versuchen. Aber wir müssen ehrlich sein.

## Taktik Nr. 8: Ermutigen Sie zu Identitätserkundungen

---

*»Die beiden wichtigsten Tage in unserem Leben*
*sind der Tag, an dem wir geboren werden und der,*
*an dem wir herausfinden, warum.«*

*Mark Twain*

---

Etwas, worin sich beinahe alle Experten einig sind, ist die große Bedeutung der Identitätsentwicklung während der Pubertät (denken Sie daran, die Hirnentwicklung kann bis zum 25. Lebensjahr andauern). Wichtiger als alles andere ist es in dieser Lebensphase, herauszufinden, wer man ist und wie man in diesem oft so eigentümlichen, potentiell stets überwältigenden Spektakel namens Leben glücklich werden und seinen Platz finden kann. Wenn sich Jugendliche ihrer Identität sicherer werden, ist es beinahe so, als höre man ein »Klick« in ihren Köpfen, danach sind sie verändert.

Wenn wir über Identität sprechen, geht es letztendlich um alles, was unser Menschsein ausmacht. Von höheren Werten und Überzeugungen bis hin zu Verhaltensregeln und einer realistischen Sicht auf sich und Selbstakzeptanz. Wenn Sie dieses »Klick« hören, machen Sie den Weg frei, da Leidenschaften, Ziele und Erfolge schnell Gestalt annehmen und Ihre Aufgabe so ziemlich erledigt ist. Klingt das gut? Es ist unglaublich. Und dort hinzukommen kann für Eltern ein wahrer Höllenritt sein. Lesen Sie den Fall des 19-jährigen Jarrett, der mit gesenktem Kopf in meinem Büro saß:

## »Vielleicht bin ich darin wirklich gut!«

»Dr. Bradley«, sagte Jarretts Mutter. »Jarrett hat uns mitgeteilt, dass er die Uni abbrechen möchte, um Computerspiele zu zocken.

In seinem ersten Jahr in einem wirklich anspruchsvollen Ingenieursstudium war er so gut. Wir glauben, er hat so etwas wie einen
Zusammenbruch.«

Jarrett hob seinen Kopf. »Wirklich, Mama? Das ist es, was ich gesagt
haben soll?«

Als Jarrett sich zu mir drehte, um mich anzusprechen, hatte ich das
sichere Gefühl, er solle sich lieber seiner Mutter und seinem Stiefvater zuwenden. »Jarrett, teile deine Gedanken direkt deinen Eltern
mit«, sagte ich. »Ich bin nicht derjenige, an den sie wirklich gerichtet
sind.«

Er verstand und drehte sich wieder in ihre Richtung. »Schaut«, begann er. »Ich bin wirklich unglaublich dankbar für alles, was ihr für
mich getan habt. Hier geht es nicht darum, dass ich euch oder mein
Ingenieursstudium ablehne.« Er machte eine Pause. »Es ist – es ist
schwer zu erklären. Das Studium ist okay, aber ich fühle mich nicht
richtig lebendig, wenn ich mich mit diesem Zeug beschäftige. Ich
weiß, das klingt jetzt als wäre ich ein verwöhntes Balg, aber wenn
ich mein Spiel spiele, fühle ich mich wie verwandelt. Ich fühle mich
unglaublich lebendig. Ich denke, ihr versteht das nicht, weil ihr Computerspiele ablehnt. Dabei sind die Spiele nicht so, wie ihr denkt. Ich
habe euch diesen Ordner zum Lesen gegeben, den, den ihr gleich
weggeworfen habt, damit ihr mich besser versteht. Mein Spiel ist
zwischenzeitlich ein Multimillionen-Dollar-Unternehmen mit gespon-
serten Teams und professionellen Spielern, die ihren Lebensunterhalt
damit verdienen. Mein Punktestand ist knapp unter Profilevel und
ich übe nur zwei Stunden am Tag. Vielleicht bin ich darin wirklich
gut! Aber ich bin auch nicht dumm. Mir ist klar, dass die Wahrscheinlichkeit hoch ist, dass ich, wenn ich jetzt ein Jahr aussetze, im nächsten Herbst wieder zurück an der Uni bin. Aber dann werde ich nicht
mehr von dem Gedanken gequält, dass ich möglicherweise Profi hätte werden können.«

Er drehte sich zu seinem Stiefvater: »Papa, du hast mir mindestens
zehnmal erzählt, wie es damals war als du 18 Jahre alt warst und
beschlossen hast, als Dichter in Haight-Ashbury zu leben, wie deine

Eltern durchgedreht sind und du beinahe verhungert wärst. Du erzählst mir jedes Mal, wie wichtig es für dich war zu scheitern, dass du so viel über dich und die Welt gelernt hast und dass du keine Minute davon bereust, weil dich die Erfahrung zu dem Mann gemacht hat, der du heute bist.«

Dann drehte er sich zu seiner Mutter: »Dad (sein biologischer Vater) hat nie so etwas gemacht, erinnerst du dich? Er war immer so ernst und pragmatisch. Er hat immer damit angegeben, dass er, seit er sieben Jahre alt war, hart gearbeitet hat, um Radiologe zu werden. Wie zur Hölle weiß jemand als 7-Jähriger, dass er Radiologe werden will oder sollte? Er hat mir nie etwas erlaubt, was er für Zeitverschwendung (dabei machte er Anführungszeichen in der Luft und stellte seine Stimme tiefer) hielt. Und dann kommt er als 50-Jähriger eines Nachts einfach nicht mehr nach Hause und fängt an, mit jungen Frauen auszugehen, die nur ein bisschen älter als ich sind. Das macht er immer noch. Er sagt, er sei in der Midlifecrisis. Mit dem Satz stimmt doch irgendwas nicht. Ich weiß zwar nicht, warum ich über Papa spreche, aber irgendwie gibt es da einen Zusammenhang.« Jarrett hielt inne, alle im Zimmer schienen nach diesem Redeschwall eines »verrückten« 19-Jährigen tief in Gedanken versunken. Ich beschloss, die Stille zu brechen. Ich wandte mich an seine Eltern und fragte: »Wenn Jarrett Sie fragen würde, ob er sein Studium ein Jahr pausieren kann, weil er versuchen möchte, als Profisportler für die New York Yankees zu spielen, wie wäre das für Sie?«

Während Jarrett gesprochen hatte, war ich in Gedanken in die Vergangenheit gereist, zu einem Treffen mit meinen Freunden. Wir hielten es in einer Bar ab, für Ricky, unseren High-School-Helden und den besten Baseballwerfer, von dem alle sagten, er werde eines Tages ganz oben in der Profi-Liga mitmischen. Immerhin hatte er gleich nach seinem Schulabschluss einen Vertrag bei einem Profiteam unterschrieben. Nach unserem Abschluss gingen wir alle unsere eigenen Wege, hin und wieder hörten wir, dass Ricky sich mit kleinen Schritten aus der eher weniger glamourösen unteren Liga nach oben arbeitete. Doch letztendlich hängte er seinen Handschuh an den Nagel. Als wir hörten, dass er seinen Traum aufgegeben hatte, den wir immer als Verschwendung kostbarer Zeit abgetan hatten, versammelten wir uns alle für ein trauriges Treffen in einer unserer früheren Stammkneipen.

»Was ist denn mit euch los?«, fragte Ricky. »Ihr benehmt euch, als wärt ihr auf einer Beerdigung.«

»Ricky«, sagte ich. »Es tut uns wirklich leid. Wir konnten alle tun, worauf wir Lust hatten, studieren, zum Militär gehen und so weiter, während du, du, ach, du weißt schon ...« Meine Stimme wurde unsicher.

Ricky schob seinen Stuhl zurück und zeigte auf ein paar alte Männer am Ende der Bar. »Seht ihr diese Männer? Diese Würde-hätte-könnte-Typen, die immer darüber reden, was sie gerne gemacht hätten als sie noch jung waren. So einer werde ich nie sein. Schaut, Jungs, ich habe meinen Traum verfolgt. Ich habe alles gegeben. Ich konnte mich im Stadion der New York Yankees ausprobieren! Aber ich war nicht gut genug. Ich wurde fertiggemacht. Und das ist okay. Ich suche mir ein neues Abenteuer, ich weiß zwar noch nicht genau in welche Richtung es geht, aber ich weiß, dass ich es schaffen werde, weil ich keine Angst davor habe, hart zu arbeiten und meinen Traum zu verfolgen. Ich weiß einfach, dass ich es schaffen werde.«

Damals, vor vierzig Jahren lösten Rickys Worte einen dieser seltenen Geistesblitze in meinem Leben aus: Es geht nicht darum, das Spiel zu gewinnen. Sondern darum, das Spiel mit vollem Einsatz zu spielen. Heute, vierzig Jahre später, ist mir klar, dass Ricky genau während dieser »vergeudeten« Jahre, als er seinen »dämlichen« Traum verfolgte, den Kern seiner Identität ausgebildet hat. Er war resilient. Er hatte dann mit hochspekulativen Bauprojekten weltweit Erfolg. Als er bei einem unserer späteren Treffen einmal als »absoluter Siegertyp« gelobt wurde, erstaunte er uns erneut: »Absoluter Siegertyp?« Er lachte. »Zu vierzig Prozent funktionieren meine Projekte nicht und ich stürze ab. Ich bin immer nur einen Schritt davon entfernt, zu fallen: vom Millionär zum Sozialfall. Mein Erfolg basiert auf einem gewissen Vorteil gegenüber meiner Konkurrenz und selbst der könnte morgen vorbei sein.« Als er mit Leichtigkeit über seine finanzielle Instabilität lachte, kam mir eine weitere Erleuchtung diesmal um ein paar neue Worten ergänzt: Glück, das auf Resilienz basiert, ist nicht vom Gewinnen abhängig. Es geht darum, das Spiel mit vollem Einsatz zu spielen.

Ich möchte Sie ungerne mehr deprimieren, als Sie ohnehin schon deprimiert sind, aber die Wahrheit ist: Niemand gewinnt das Spiel namens Leben auf die Art, die wir Eltern uns so sehr für unsere Kinder wünschen. Niemand lebt ewig. Es geht nicht darum, auf Eliteschulen zu gehen, in Trainingslager zu fahren und im Sommer Fortbildungsprogramme zu besuchen, wie das so manche gutbetuchten Eltern glauben. Die weniger Wohlhabenden sollten wissen, dass ein Universitätsabschluss kein Garant für ein glückliches Leben für ihre Kinder ist. Es geht darum, wie unsere Kinder die Zeit nutzen, die ihnen zur Verfügung steht. Und um das zu verstehen, müssen sie zuerst einmal dahinterkommen, wer sie selbst sind, sie müssen ihre Identität entwickeln. Und damit sie das hinbekommen, solange sie jung sind, müssen sie diese »dämlichen« Träume eine Weile verfolgen. Sie brauchen außerdem Eltern, die klug genug sind, zu wissen, wann es an der Zeit ist, einen Schritt zurückzutreten und ihren Kindern die Kontrolle zu überlassen, damit diese ihre Zeit »vergeuden« können bei der Jagd nach dem Regenbogen.

## Taktik Nr. 9: Die Kunst der Bestechung

*»Unterschätzen Sie nie die Wirksamkeit einer einfachen Bestechung mit Geld.«*

*Der Journalist Claud Cockburn*

Liebe psychologisch ausgebildete Leser, an dieser Stelle wollen Sie vielleicht das Buch beiseitelegen und damit beginnen, wütende Buchbewertungen und Briefe an mich zu schreiben. Denn jetzt geht es um Bestechung, mit der Sie sicher noch nie etwas zu tun haben wollten.

Zuallererst können Sie versichert sein, dass ich mir meiner Schuld bewusst bin: Ich sage »Bestechung« und nicht »Anreiz«, weil ich Menschen dazu bringen möchte nachzudenken. Meine Kritiker haben in der Vergangenheit zu Recht darauf hingewiesen, dass »Bestechung« die negative Konnotation trägt, jemanden zu bezahlen, damit diese Person unethische oder unmoralische Dinge tut. Das ist etwas, was wir nie mit unseren Kindern tun sollten. Meine Kritiker bitten mich, stattdessen »Anreize setzen« zu schreiben. Das würde ich ja, aber »Bestechung« ist einfach griffiger. Außerdem bin ich überzeugt, dass Sie intelligent genug sind, um zu wissen, dass es in dieser ernsten Debatte darum geht, ob Kinder materielle Belohnungen erhalten sollten, wenn sie das tun, was wir für richtig halten (anders ausgedrückt: extrinsische Motivation).

Einfacher gesagt, glaubt die Anti-Bestechungsfraktion, dass Kinder aus eigenem Antrieb das Richtige tun sollten und dass die innere Belohnung dafür genüge (in anderen Worten: intrinsische Motivation). Ich sage: »Großartig! Ich stimme ihnen zu! Aber was sollen wir machen, wenn sich betreffendes Kind nichts aus einer intrinsischen Belohnung macht?« Die Anti-Bestechungsfraktion schlägt vor, man solle stärker an die intrinsische Motivation appellieren. Aber für wie lange und zu welchem Preis? Dies könnte beispielsweise zum Verlust der Lesekompetenz führen, zum Verlust wichtiger resilienzfördernder Fähigkeiten, die man benötigt, um Selbstvertrauen zu entwickeln, oder zur Gewöhnung an Erfolgsvermeidungsstrategien und so zu einem negativen Selbstbild (z. B. »Ich bin dumm und faul«).

Wissenschaftliche Studien beweisen, dass man diese Diskussion nicht zu sehr vereinfachen und auf intrinsische vs. extrinsische Motivation herunterbrechen sollte. Eher sollte man versuchen, herauszufinden, welche Methode für welches Kind am besten funktioniert und weshalb. Wir sind uns alle einig, dass es das höchste Ziel ist, unsere Kinder in Richtung intrinsischer Motivation zu bewegen. Doch für den Fall, dass Sie das noch nicht bemerkt haben: Jugendliche aus derselben Familie, demselben Genpool, können auf grundlegende Weise ganz unterschiedlich sein. Ein solch grundlegender Unterschied findet sich beispielsweise beim Level intrinsischer Motivation und bei den verschiedenen Reifegraden in einem bestimmten Alter. Erziehung würde weder so viel Spaß noch so viel Ärger bedeuten, wären unsere Kinder all gleich, stimmt's? Manche können sich ganz einfach selbst motivieren, andere eher nicht. Wenn sich Ihr Sohn Moe also bitterlich darüber beschwert, dass sein kleiner Bruder Curly fürs Hausaufgabenmachen Geld bekommt, lautet Ihre Antwort: »Sorry, aber als du 13 Jahre alt warst, warst du dumm genug, deine Hausaufgaben ganz von selbst zu erledigen.« Oder positiver formuliert: »Mit 13 Jahren warst du schon so reif, dass du wusstest wie wichtig Hausaufgaben sind. Curly braucht da noch ein bisschen Hilfe. Aber du bist ein echtes Vorbild für ihn, das hilft ihm sehr. Danke dafür.«

Die meisten Experten schlagen vor, es zuerst mit dem intrinsischen Weg zu versuchen. Das bedeutet, dass man sich mit Bestechungsversuchen zurückhält, aber für Bemühungen positives Feedback gibt, nicht aber hohles Lob oder leere Plattitüden: »Es hat mich sehr beeindruckt, wie hart du für dieses Projekt im Naturwissenschaftsunterricht gearbeitet hast. Wie geht es dir damit?« Sollte das zu nichts führen, dann erwägen Sie den direkten Weg der Bestechung mit Bargeld oder mit dem Zugeständnis von Privilegien.

Ein weiterer Grund dafür, dass ich an Teeniebestechung glaube, ist der Fakt, dass sie positiv zum resilienzfokussierten Kontrollsystem beiträgt, das wir am Anfang dieses Kapitels bei Taktik Nr. 1 diskutiert haben. Die gemeinsam verabredeten Konsequenzen, von denen wir gesprochen haben, wirken sich auf negative Verhaltensweisen unserer Teenager aus, indem sie zu deren Resilienz und Entscheidungsstärke beitragen. Wie aber schafft man es, sein Kind zu anderen resilienzstärkenden Aktivitäten zu motivieren, die es am liebsten vermeiden möchte? Bestechen Sie es (oder »setzen Sie Anreize«)! Denken Sie für eine Sekunde über Ihr eigenes Leben nach. Was haben Sie bekommen, um schwierige, herausfordernde, stärkende Dinge, zu versuchen? Ich bin sicher, dass Sie für manche Herausforderungen intrinsisch motiviert waren, aber für alle? Ich würde auch darauf wetten, dass Sie manchmal auf eine extrinsische Belohnung aus waren, wenn Sie ein Risiko eingegangen sind. Und vielleicht half all dies, Ihre Resilienz zu stärken. Diesem Teenager half es jedenfalls:

 **Ich will den Job!**

Als ich gerade 16 Jahre alt geworden war, brauchte ich dringend einen Job, da meine Familie arm war und mein Vater seine Stelle verloren hatte. Ich hatte meinen Führerschein erst seit einer Woche, als ich am schwarzen Brett an der Schule eine Stellenanzeige entdeckte: »Gesucht: Lieferbote für Rosas Apotheke. Voraussetzung für die Stelle ist der Führerschein und die Fähigkeit, mit einem Auto mit Schaltgetriebe zu fahren.« Sobald die Schule aus war, rief ich den Apotheker Rosa an. Nachdem wir eine Weile geplaudert hatten, sagte er: »Klingt als wärst du ein guter Junge, allerdings habe ich auch schon mit anderen guten Jungs gesprochen. Den Job bekommt, wer heute als Erster bei mir aufkreuzt.« Ich bekam Panik. Ich hatte keine Ahnung, wie man ein Auto mit Schaltgetriebe fährt. Zu der Zeit war Mario D'Alfonso mein bester Freund. Er kam aus einer wohlhabenden Familie und fuhr einen schönen orangefarbenen Sportwagen – mit Schaltgetriebe. Er fuhr mich zur Apotheke und gab mir einen 15-minütigen Crashkurs.

Ich war der Erste an der Apotheke! Das Vorstellungsgespräch lief großartig. Carmen fragte mich nach meiner Fahrerfahrung und ich, als guter katholischer Junge, log: »Oh ja«, gab ich an. »Ich habe schon immer Autos mit Schaltgetriebe gefahren.« Carmen zwinkerte: »Noch eine Sache. Fahr den VW auf die Straße (eine sehr belebte vierspurige Straße vor dem Laden), damit ich sehen kann, wie gut du mit der Schaltung umgehen kannst. Fahr eine paar Straßen weiter, mach einen U-Turn, komm zurück und park ein. Dann kannst du die Stelle haben.« Mein Mut sank. Ich hatte kaum Fahrerfahrung, ganz zu schweigen von Erfahrung mit einem Schaltgetriebe, und erst recht nicht auf einer vielbefahrenen mehrspurigen Straße.

Ich stieg zögerlich in den Wagen. Irgendwie gelang es mir, in den zweiten Gang zu schalten. Ich blieb dort und tat so, als führe ich wegen des dichten Verkehrs extrem vorsichtig. »Vielleicht kann ich die ganze Zeit im zweiten Gang fahren und die Sache durchziehen«. Und so war es. Fast.

Auf dem Rückweg flaute der Verkehr blöderweise ab und ich musste mit Normalgeschwindigkeit fahren. Im zweiten Gang konnte ich nicht schneller als 40 Stundenkilometer fahren und der Motor klang dabei überhaupt nicht gut. Als ich mich der Apotheke näherte, sah ich, wie sich Carmen und Mario angeregt unterhielten und meine Fahrtüchtigkeit bewerteten. Als ich direkt vor ihnen angekommen war, beschloss ich: »Jetzt oder nie«, und schaltete in den dritten Gang. Ich lag völlig daneben und landete stattdessen im ersten Gang, als ich die Kupplung langsam kommen ließ.

Das Geräusch, das dabei entstand, ist schwer zu beschreiben. Der Käfer bremste in einer halben Sekunde von 40 auf circa einen Stundenkilometer ab. Die Hinterreifen quietschten und qualmten, der Motor und das Getriebe kreischten. Ich kroch mit dem stotternden Käfer zurück auf den Parkplatz von Carmen. Ich getraute mich nicht, ihm ins Gesicht zu sehen, und fragte mich, was mich die Reparatur wohl kosten würde. Mir standen Tränen in den Augen und es fiel mir schwer, meine festgeklammerten Finger vom Lenkrad zu lösen. Dann hörte ich ein seltsames Geräusch: Gelächter.

»Mike, du dämlicher Esel! Jemand, der den Job so sehr braucht, verdient ihn auch! Geh nach Hause und lass dir von deinem Freund hier beibringen, wie man mit Schaltung fährt. Morgen kannst du mit dem VW üben.« Ich konnte es nicht wirklich fassen. »Sie meinen, ich meine, Sie sagen...?« Beide lachten wieder los. »Ja!« bellte Carmen, gestikulierte wild und sagte: »Du hast den Job!«

*Aus dem persönlichen Tagebuch des Autors*

Diese beschämende, nichtsdestotrotz wahre Geschichte erzähle ich Ihnen, um klarzumachen, wie Resilienz manchmal oder sogar meistens entwickelt wird. Zum einen war es ausschließlich extrinsischer Motivation (der Aussicht auf einen Job und ein Gehalt) geschuldet, dass ich mich all meinen 16-jährigen »Mike-du-dämlicher-Esel«-Ängsten stellte. Dieser Job war der Beginn einer resilienzfördernden Beziehung zu Carmen, die mein Leben veränderte. Zum anderen habe ich die gesamte Erfahrung aus meinem väterlichen Blickwinkel geschildert. Eltern möchten gerne glauben, dass man Resilienz auf sanfte, sichere, ruhige Weise lernt, bei der ehrenamtlichen Mitarbeit bei der örtlichen Tafel beispielsweise. Und zum Teil stimmt das auch. Allerdings entwickelt man Resilienz viel häufiger in Situationen, die alles andere als sanft, sicher und ruhig sind. Unglücklicherweise fördern viele Erziehungsratgeber die Illusion des sanften Lernens, weswegen viele Eltern in Panik verfallen, wenn ihr Kind etwas so Verrücktes tut, wie zu behaupten, dass es ein Auto mit Schaltgetriebe fahren kann, wenn das Gegenteil der Fall ist. Wie Sie bei Taktik Nr. 8 gesehen haben, gedeiht Resilienz häufig am besten inmitten von Konflikten, in riskanten Situationen oder unter Stress, denn in geringer Dosierung können solche Faktoren therapeutisch wirken. Doch so viel Chaos schreckt viele von uns ab und so stehen wir unseren Kindern im Weg, weil wir zu viel Kontrolle ausüben.

Gehen Sie also zuerst in sich und fragen Sie sich, ob es sich um Ihr eigenes Bedürfnis nach Kontrolle handelt, bevor Sie in das Leben Ihres Kindes eingreifen. Wenn sich Ihre Tochter gerne Herausforderungen und Risiken (in angemessenem Rahmen) stellt, selbst wenn Sie sich damit unwohl fühlen, dann vergessen Sie die Bestechung und machen Sie den Weg frei. Vielleicht gefällt es Ihnen, dass sie in der Schule und beim Sport gut abschneidet, dafür hassen Sie ihre seltsame Band. Oder Sie sind überhaupt nicht damit einverstanden, dass sie ein Jahr Auszeit nehmen möchte, dafür sind Sie aber von ihren Plänen, Frischwassersysteme in Afrika zu bauen, absolut begeistert. Diese Momente des Zwiespalts, Momente, die sich Ihrer Kontrolle entziehen, zeigen, dass Sie ein Kind haben, das intrinsisch motiviert ist. Herzlichen Glückwunsch!

Wie aber schafft man es, einen Teenager zu motivieren, der zu rein gar nichts Lust zu haben scheint? Die »Wirksamkeit eines unverblümten Bestechungsversuchs mit Bargeld« (um Claud Cockburn zu zitieren) oder, anders ausgedrückt, ein Anreiz kann Ihr Kind dazu bringen, seine Trägheit oder seine Angst oder seinen Mangel an Selbstvertrauen zu überwinden. So getraut es sich, etwas zu versuchen, was dazu führt, dass es lernt, sich nicht alles vom (C)-Hirn ausreden zu lassen. Beim Unterfangen »Resilienzbildung bei geplagten Teenagern« baut Erfolg tatsächlich auf Erfolg auf. Eine positive stärkende Erfahrung bereitet die nächste dadurch vor, dass Fähigkeiten, der Glaube an sich und die Verdrahtung im Gehirn gestärkt werden, so liegen früher unerreichbare Fähigkeiten plötzlich in Greifweite. Unterstützen Sie die kleinen Schritte am Anfang, dann sehen Sie bald schon große Sprünge, die wie von selbst geschehen. Und mit ein bisschen Glück bringt auch Ihr Sohn den Motor eines Volkswagens zum Qualmen.

Der Trick beim Bestechen ist es, Anreize zu setzen, damit Jugendliche gesunde Gewohnheiten entwickeln, die sie anderenfalls vielleicht niemals ausprobieren würden. In Teil 3 konkretisieren wir dies anhand einiger Beispiele, wie, Teenager dazu zu bringen, mehr zu schlafen, mit dem Kiffen aufzuhören und vielleicht hin und wieder sogar etwas Grünes zu essen, das nicht frittiert ist. Mit ein wenig Bestechung ist all dies möglich.

»Aber Dr. Bradley«, protestieren Sie, »ich war gerade bei einem Vortrag und der Psychologe dort hat gesagt, dass Jugendliche nur so lange gesunde Entscheidungen treffen, wie wir sie bezahlen, und damit aufhören, wenn das Schmiergeld ausbleibt.« Nun, vielleicht trifft das zu, vielleicht aber auch nicht. Die Sache ist die: Wenn ein Jugendlicher etwas nicht aus intrinsischer Motivation tut, kann das Geld ihn dazu bringen, sich auf gesundes Verhalten einzulassen. Mit der Zeit führt das Verhalten, das zunächst von außen motiviert wurde – beispielsweise eine finanzielle Belohnung für das Einhalten von Schlafenszeiten – zu sekundären Belohnungen, die die intrinsische Motivation in Gang setzen. Ausreichend Schlaf kann viele positive Nebenwirkungen haben: Man fühlt sich körperlich besser, man bekommt plötzlich Zuspruch von lächelnden Lehrern für die gute Mitarbeit, man bekommt Anerkennung von glücklichen Trainern, weil man besser als der Durchschnitt wirft, und das eigene Spiegelbild zeigt weniger Akne. Diese positiven Effekte können dazu führen, dass sich das zunächst extrinsische Verhalten zu lebenslangen Angewohnheiten wandelt, die die Identität maßgeblich beeinflussen. Sogar wenn Ihr Kind die guten Angewohnheiten irgendwann ablegt, geschieht dies nachdem es die positiven Erfahrungen gemacht hat, und wenn die ungesunden Nebenwirkungen zu unangenehm werden, kann es sich zurückbesinnen. Sie haben nichts zu verlieren – Bestechung kann eine gute Taktik zur Stärkung von Resilienz sein.

Also los, bestechen Sie Ihr Kind nach Bedarf, aber erzählen Sie bitte niemandem, dass ich das gesagt habe. (Ich erhalte ohnehin bereits genügend Hassmails). Claud Cockburn hat übrigens auch gesagt: »Glaube nichts, bevor es nicht öffentlich geleugnet wurde.« Okay. Fürs Protokoll: Ich habe nie behauptet, dass Bestechung dabei hilft, Resilienz zu fördern.

## Taktik Nr. 10: Lieben Sie Ihren Partner

Vielleicht überrascht es Sie, diese Taktik auf einer Liste mit Tricks zur Stärkung der psychischen Widerstandskraft bei Teenagern zu finden, doch es stellt sich heraus, dass eines der größten Resilienzgeschenke, die Sie Ihrem Kind machen können, darin besteht, den anderen Elternteil zu lieben und zu respektieren. Kinder verhalten sich zur Beziehung ihrer Eltern wie die Planeten zur Sonne. Wenn diese Kernbeziehung tragfähig und gesund ist, bleiben die Planeten alle sicher in ihren Umlaufbahnen und nutzen die positive Energie als Referenzpunkt und Vorbild. Diese Art stabiler Referenzpunkt hilft Teenagern seit Menschengedenken, mit den tiefgreifenden Entwicklungen der Pubertät umzugehen. Jugendliche verändern sich manchmal so rasant, dass sich in ihren Köpfen alles noch schneller dreht als in denen ihrer Eltern. Das kann sehr verunsichernd sein, als ob die Stabilität unserer Welt zeitweise fragwürdig und unzuverlässig würde. Für Teenager in unserem elektronischen Zeitalter fühlt sich dieses verwirrende »Okay, was ist denn jetzt wirklich real?« exponentiell bedrohlicher an, da ihre gesamte Welt durch das Drücken eines »Send-Buttons« aus den Fugen geraten kann. Da hilft es, extrem langweilige, unerträglich beständige, absolut vorhersehbare, sich liebende Eltern zu haben. Solche Eltern können für Teenager, die im stürmischen, oftmals bedrohlichen Ozean der Pubertät treiben, zu einem wundervollen Leuchtturm, einem aufmunternden, resilienzstärkenden Licht werden. Auch wenn die Jugendlichen ihre Eltern hin und wieder dafür hassen:

> 🖊 **»Ich glaube, er hält uns für absolute Langweiler.«**
> Im Alter von 13 Jahren befand sich mein Sohn gerade mitten in seiner düsteren »Ich-werde-Rockstar«-Phase. Dies beinhaltete, dass er über so ziemlich jedes erbauliche Thema – wie beispielsweise über den Tod, das Sterben, soziale Ungerechtigkeit, Krieg, Armut, Elend, Hoffnungslosigkeit, Korruption und so weiter und so fort – dieser Welt Lieder schrieb. Gleichzeitig und ohne je ein Wort darüber zu verlieren, schien er gegen mich und meine Frau eine große Abneigung entwickelt zu haben, als ob wir für all das stünden, das er verachtete.

»Ich glaube, er hält uns für absolute Langweiler«, scherzte ich mit meiner Frau.

Eines Abends, er hatte seine schwarze Gitarre wie so oft um seinen schwarz bekleideten Oberkörper gehängt, stellte er uns zu Rede, als wir händchenhaltend auf der Couch saßen und über einen Film lachten. »Warum müsst ihr mich in dieser öden Stadt großziehen? Hier passiert nie irgendwas. Warum müsst ihr so langweilig sein? Die Eltern meiner Freunde betrügen sich gegenseitig, sie streiten, betrinken sich und sind geschieden!« Als er wegstürmte, brüllte er: »Ich wünschte mir, wir würden in (er nannte einen Stadtteil von Philadelphia mit einer hohen Kriminalitätsrate) leben. Es gibt nichts, worüber ich schreiben kann!« Ich war versucht, ihm hinterherzurufen, um ihm anzubieten, mich zu betrinken, die leeren Flaschen auf den Boden zu werfen, ein bisschen Crack zu rauchen und ihn ordentlich zu verprügeln. Wahrscheinlich hätte er mir aber nicht abgenommen, dass ich für so etwas »real« genug sei.

*Aus dem persönlichen Tagebuch des Autors*

Die Vorbildfunktion Ihrer Beziehung zu Ihrem Partner/Ihrer Partnerin nimmt Ihr Kind unbewusst jeden Tag wahr. Die Kunst einer guten Beziehung kann wie Eislaufen mühe- und reibungslos aussehen und ist doch das Endprodukt harter Arbeit, grenzenloser Selbstlosigkeit und gegenseitiger Unterstützung. Die ersten Freunde, die Ihre Tochter mit nach Hause bringt, führen Sie vielleicht dazu zu denken, ich sei verrückt, aber haben Sie ein bisschen Geduld. Ich wette die Auswahl ernsthafter Partner wird eine unheimliche Ähnlichkeit mit ihrem langweiligen alten Herrn aufweisen.

**Wenn Sie zusammenleben, ...**

... verhalten Sie sich so diszipliniert wie Eiskunstläufer und denken Sie daran, dass etwas so Einzigartiges wie Ihre Beziehung ständiger

Übung und Teambuilding-Maßnahmen bedarf. Im Folgenden einige Übungen:

**10 000 freundliche Gesten:** Ich muss mich bei der Person, die dieses Konzept vor langer Zeit erfunden hat, entschuldigen. Es hat mich derart bewegt, dass ich ihren Namen vergessen habe (auch Google hat ihren/seinen Namen vergessen). Denken Sie sich immer wieder kleine Gesten aus, mit denen Sie Ihrem Partner versichern, dass er die Nummer eins in Ihrem Leben ist und dass Sie immer für ihn da sind. Dazu eigenen sich kleine Nachrichten an Windschutzscheiben, alberne 1-Euro-Shop-Geschenke und Umarmungen ohne sichtbaren Anlass, vor allem zusammen mit ein paar Worten wie »Danke, dass du bei mir bist«. Wir alle brauchen Bestätigung, und niemals mehr, als wenn es mit unseren Teenagern gerade schwierig ist.

**Unterstützen Sie Ihren Partner im Rahmen Ihres »Familienunternehmens« (beinahe) bedingungslos:** Vermeiden Sie verbale oder körperliche Angriffe und unterstützen Sie stattdessen die Bedürfnisse Ihres Partners – vor allem seine Entscheidungen bezüglich Ihres Teenagers. Äußern Sie Widerspruch später, außerhalb der Hörweite Ihres Kindes, und behalten Sie dabei stets im Hinterkopf, wie wahnsinnig anstrengend diese ganzen Erziehungsdinge sein können. Häufig geht es um schwierige Entscheidungen, die ein ausgelaugter Elternteil unter Beschuss eines »Teenagers« getroffen hat, um Fälle, in denen es kein eindeutiges Richtig oder Falsch gibt. Besserwisser, die ihre Partner oft beurteilen und kritisieren, finden sich eines Tages möglicherweise allein wieder. Partner, die ohne zu urteilen, die Schwierigkeit der Erziehungsarbeit anerkennen, bleiben dagegen häufig ein Leben lang zusammen.

Denken Sie auch daran, dass die Teenagerstrategie »Die-Eltern-gegeneinander-ausspielen-und-bezwingen« naturgemäß auftritt. Verhalten Sie sich wie zwei Polizisten in einem unsicheren Teil der Stadt mitten in der Nacht. Den Polizisten ist klar, dass nichts Gutes dabei herauskommen wird, wenn sie sich nicht gegenseitig unterstützen. Wenn sie sich einer schwierigen Situation stellen, dann immer Schulter an Schulter. Ihre Meinungsverschiedenheiten machen sie unter sich aus.

Zusammen geht es ihnen sehr viel besser als auf sich allein gestellt. So können Situationen schnell entschärft werden.

**Planen Sie im Rahmen Ihres »Privatlebens« romantische Verabredungen (mit Ihrem Partner, selbstredend):** Erinnern Sie sich an Verabredungen? Ich meine die »echten«, die, die Sie hatten bevor Sie so dämlich waren, Kinder zu bekommen. Dabei handelte es sich um Privattermine, nicht um Geschäftliches. In den guten alten Zeiten gingen Sie nicht zusammen aus, um über Hausarrest, Drogentests oder universitäre Aufnahmeverfahren zu plaudern. Sie hatten einfach eine gute Zeit, stimmt's? Damals fragten Sie Ihren Partner etwas wie: »Wie geht's dir?«, und wenn er sagte: »Gut«, dann hätten Sie gefragt: »Nein, echt jetzt, wie geht's dir?« Und dann hätten Sie zusammengesessen, Sie hätten zugehört und sich darüber gefreut, Teil seiner Welt zu sein. Etablieren Sie diese magischen Momente wieder in Ihrem Leben. Sie werden sehen, wie positiv sich das auch auf Ihren Teenager auswirkt.

**Wenn Sie getrennt leben, ...**

... ist es noch wichtiger, eine gut funktionierende Beziehung aufzubauen. Bevor Sie mich anbrüllen, weil Sie ihren Ex verachten (und Sie mögen gute Gründe dafür haben), denken Sie einen Moment nach. Ihre persönliche Beziehung ist vorbei, aber ihre Geschäftsbeziehung (die Kinder) fordert jetzt mehr denn je Kompetenz und Disziplin von beiden Elternteilen. Die Tatsache, dass Sie beide sich nun nicht mehr mögen, hat nichts damit zu tun, wie Ihre Kinder für Sie beide fühlen. Ob es Ihnen gefällt oder nicht, der Vorbildcharakter ihrer Eltern hat den größten Einfluss auf das Leben von Kindern und Jugendlichen – auch wenn die Eltern getrennt leben. Die Wahrscheinlichkeit ist hoch, dass Ihr Teenager Sie beide liebt und respektiert. Daher ist es wichtig, dass Sie und Ihr Partner sich gegenseitig wenigstens respektvoll behandeln. Es ist außerdem wichtig, Ihrem Kind gegenüber als Team aufzutreten – Ihr Kind braucht das. Zu hören, dass der eine Elternteil, den es liebt, über den anderen Elternteil, den es auch liebt, schlecht redet, wirkt sich wie Gift aus und kann dazu führen, dass sich Ihr Kind von Ihnen beiden sowohl emotional als auch körperlich zurückzieht. Es ist einfach zu schmerzhaft, mitzubekommen wie die Eltern übereinander herziehen.

Ironischerweise kann es passieren, dass Teenies ein Elternteil unbewusst dazu ermutigen, schlecht über den anderen Elternteil zu sprechen. Dies kann als eine Art Test dienen, um zu lernen (und zu erleben), dass Menschen ernste Konflikte austragen und dem Gegenüber dennoch Respekt zollen können; dass der andere niemals persönlich angegriffen, sondern ihm immer nur auf der Sachebene widersprochen wird. Bevor Sie den Köder Ihres Kindes eifrig schlucken, ein Köder, der vielleicht gut zu Ihrer Wut gegen Ihren Ex passt, erinnern Sie sich an die Worte Benjamin Franklins, die Marvin Gaye in einem Liedtext sinngemäß folgendermaßen wiedergegeben hat: »Glaube die Hälfte dessen, was du siehst, Sohn, und nichts von dem, was du hörst.«

Wenn Ihr Kind über Ihren Ex herzieht, ist das nur ein Test für Sie – Sie fallen durch, wenn Sie mitmachen. Selbst wenn an dem, was Ihr Kind sagt, etwas dran ist, fallen Sie durch. Besser ist es, zu sagen: »Wow! Ich verstehe, du bist wirklich wütend auf Mama. Ich kann nicht an ihrer Stelle antworten und finde es unfair, mich auf eine Seite zu schlagen. Vielleicht solltest du das mit ihr besprechen. Wenn ihr nicht weiterkommt, könntet ihr zu einer Beratungsstunde gehen. Ich weiß, dass sie dich liebt und nur das Beste für dich will, auch wenn du nicht einverstanden bist.« Halten Sie Ihre eigene Wut zurück und übertragen Sie diese nicht auf Ihr Kind. Bleiben Sie stark – für Ihr Kind – und zeigen Sie, dass Sie seinen anderen Elternteil respektieren, auch wenn das für Sie schwer ist. Vielleicht hilft es Ihnen zu wissen, dass Ihr Kind die Resultate dieser Tests für den Rest seines Lebens in seinem Herzen tragen wird.

Zusammen oder getrennt – sollten Sie sich ernsthaft Sorgen darübermachen, wie Ihr Partner oder Expartner mit Ihrem Teenie umgeht, könnten Sie vorschlagen, dass Sie gemeinsam zu einer Beratung gehen, um zu lernen, besseres miteinander auszukommen.

## Taktik Nr. 11: Einen Witz machen

Ich weiß, ich weiß. Ich habe diesen Abschnitt mit dem Versprechen begonnen, Ihnen »zehn großartige Taktiken« (**ten t**actics) vorzustellen und nicht elf. Aber ist Ihnen eigentlich klar, wie schwer es ist, eine passende Alliteration mit der Zahl elf hinzubekommen? Das war ein Scherz. Halten Sie einen Moment inne und fragen Sie sich, was der Witz in Ihnen ausgelöst hat. Vielleicht hat er es geschafft, dass die vielen schweren elterlichen Gedanken und Sorgen in den Hintergrund gerückt sind, vor allem die schweren elterlichen Gedanken, die mit dem Aufziehen von Teenagern einhergehen. Vielleicht haben auch bereits ein paar der lustigen Geschichten in diesem Buch dazu beigetragen. Hat die Albernheit Ihren Kopf vielleicht ein bisschen erfrischt, Ihre Ängste und Sorgen ein wenig abgeschwächt, sodass Sie sich erholen und andere Perspektiven wahrnehmen konnten? Genau darin besteht die magische Kraft von Humor, die letzte Verteidigung gegen Angst, häufig angewandt von Polizisten in Streifenwagen, von Soldaten im Schützengraben und von Eltern eines pubertätsgeplagten Teenagers.

Diese Taktik ist ein wesentliches Werkzeug für die Entwicklung der Resilienz Ihres Kindes, und das einfach dadurch, dass Sie versuchen, nichts zu ernst zu nehmen, das Verhalten Ihres Kindes, seine Launen, und am wichtigsten, Ihre Reaktionen darauf. Wenn Sie inmitten der Dunkelheit einen Funken Humor finden, kann dieser Ihre Seele aufhellen:

 **»Weil du ein Schlappschwanz bist«**

Gestern Abend kam es zu einem furchtbar anstrengenden Kräftemessen zwischen meiner 17-jährigen Tochter und mir. Sarah wollte mit ihren Freunden zu einem elternfreien Wochenende an den Strand fahren. Als wir schließlich »Sorry, nein«, sagten, drehte sie durch. Sie schrie und brüllte und versuchte, uns in einen Streit zu ziehen, um zu bekommen, was sie wollte. Eines unserer Ziele (im Namen ihrer Resilienz) lautet: Sarah muss lernen, Enttäuschungen auszuhalten. Diese

Auseinandersetzung war also aus verschiedenen Gründen wichtig. Aber sie ist sowohl eine gute Rugbyspielerin als auch ausgezeichnet darin, das Eltern-provozieren-Spiel zu spielen.

Wir standen uns auf der Treppe gegenüber, Nase an Nase. Sie zog sich nach oben zurück, um einen taktischen Vorteil zu erlangen. Nachdem wir alle Kompromissmöglichkeiten durchgegangen waren, gab ich ihr die tausendfach eingeübte Antwort: »Es tut mir leid, aber die Antwort lautet Nein und ich diskutiere mit dir nicht darüber.« Sie baute sich vor mir auf und brüllte: »Du drückst dich nur, weil du ein Schlappschwanz bist.«

Die Bandbreite der Emotionen und Gedanken, die mich in diesem Moment durchfluteten, war erstaunlich. Mein (A)-Hirn war sehr beeindruckt davon, dass sie es irgendwie intuitiv geschafft hatte, meinen Hang dazu zu manipulieren, auf Aggressionen überzogen zu reagieren. Eine Narbe, die mir aus meiner Kindheit, in der ich ge- mobbt wurde, geblieben ist. Eine zweite Reaktion war die meines (C)-Hirns, das den Drang verspürte, ihr zu beweisen, dass ich kein Schlappschwanz war – und wie bitteschön? Sollte ich genauso ver- rückt handeln wie sie? Sollte ich einfach zurückbrüllen: »Ich bin kein Schlappschwanz!«

Meine tatsächliche Reaktion wurde meine Erlösung. Lachen! Eigent- lich war das alles doch einfach zu komisch! »Ja«, gab ich ihr Recht. »Ich befürchte du bist nicht die erste Person, die mir das sagt.« Seit diesem Abend wurde die Beleidigung meiner Tochter zu einem Insiderwitz zwischen meiner Frau und mir, der uns immer wieder half, bei geistiger Gesundheit zu bleiben.

*Aus dem persönlichen Tagebuch des Autors*

Nichts zu ernst zu nehmen – auch nicht das verrückte Verhalten unse- rer Kinder, die Welt, die uns umgibt und vor allem uns selbst – hat eine wunderbar resilienzstärkende Wirkung und hilft unseren Teenies bestens gegen Stress und Angst. Sogar schwarzer Humor ist besser, als in Hoffnungslosigkeit zu versinken. Über Beängstigendes zu lachen, gibt uns das ersehnte Gefühl, wenigstens ein bisschen Kontrolle über das Chaos zu haben. Aus taktischer Sicht ist es auch eine ausgezeichnete Entgegnung auf die Wut Ihres Kindes. Nachdem ich Sarahs Beurteilung meiner Männlichkeit zugestimmt hatte, drehte sie sich auf dem Absatz um, stürmte weg und brüllte vor Frust (in etwa wie ein Rugbyspieler, der gerade herausgefunden hat, dass es nicht sonderlich effektiv ist, auf ein Marshmallow einzuhämmern).

Einmal war ein Pilot bei mir, der sagte, Teenager großzuziehen sei vergleichbar damit, einen Düsenjet zu fliegen. Er sagte, dass häufig nicht die technischen Probleme selbst zu Abstürzen führten, sondern unsere impulsiven Reaktionen darauf Ursache vieler Katastrophen seien. Der Einsatz von Humor wirkt sich also positiv auf die Resilienz unserer Kinder aus und hilft uns dabei, gefährdete Teenager sicher auf den Boden zu bringen.

Wenn wir schon darüber sprechen, gefährdeten Teenagern, die hin und wieder mit nur einem Motor fliegen, zu einer sicheren Landung zu verhelfen, dann sind Sie nun auch bereit für Teil 3. Im Militärjargon ausgedrückt, bedeutet das, dass Sie die Basics gemeistert haben: die Mission, die Strategien und die Taktiken. Herzlichen Glückwunsch! Sie sind für das fortgeschrittene Training bereit. Wenden Sie sich nun dem dritten Teil des Buches zu und sehen Sie, wie alle Fäden zusammenlaufen. Lernen Sie, mit schwierigen Situationen (solche, die Resilienz schwächen und für Stress sorgen) umzugehen, die Ihnen ziemlich sicher im Alltag begegnen werden.

# Teil 3
# Die Dos und Don'ts resilienzbasierter Erziehung

Und was bedeuten diese Strategien und Taktiken nun im Alltag? Anhand einiger typischer Alltagsprobleme aus den Bereichen pubertäres Verhalten, Schul-, Beziehungs- und Sozialprobleme zeige ich Ihnen eine Reihe angemessener (DOs) oder unangemessener (DON'Ts) Reaktionen.

# Seien Sie gewappnet

---

*»Bevor ich heiratete, hatte ich sechs Theorien
über die Erziehung von Kindern; jetzt
habe ich sechs Kinder und keine Theorien.«*

*Der Dichter John Wilmot, Earl of Rochester*

---

Ich liebe dieses Zitat. Neben dem Inhalt seiner weisen Worte geben auch Geburts- und Todesdatum von Wilmot – er wurde im Jahr 1647 geboren und starb 1680 – Aufschluss darüber, was die Erziehung unserer Kinder im heutigen 21. Jahrhundert angeht. Zum einen klingt an, dass Kindererziehung zeitlos ist (er schreibt über elterlichen Kummer, als wäre er ein Blogger des 17. Jahrhunderts), vor allem aber, dass unsere Kinder einzigartig sind und es daher nicht möglich ist, sich ein allgemeingültiges Erziehungsparadigma auszudenken, das bei jedem Teenager angewandt werden kann.

Um gegen dieses Problem Abhilfe zu schaffen, haben Sie in Teil 1 und 2 grundlegendes Wissen darüber erworben, wie Sie sich eine ganze Reihe resilienzstärkender und stressreduzierender Reaktionen zurechtlegen können, sodass diese (zu) Ihrem einzigartigen Teenager wie angegossen passen. Jetzt ist es an der Zeit, Ihnen Beispiele aus dem Alltag mit Teenagern zu zeigen, herausfordernde Momente, die mit größter Wahrscheinlichkeit auf Sie zukommen werden. Die hier beschriebenen Situationen wurden aufgrund ihrer entscheidenden Auswirkung auf Resilienz und Stress bei Jugendlichen ausgewählt. Es handelt sich dabei um die Probleme, die Eltern am häufigsten in die Büros von Beratungsstellen treiben.

# FÖRDERN SIE DIE

## ZAUBERKRAFT NAMENS

"RESILIENZ"

Die folgenden Themen werden in vier Gruppen unterteilt: pubertäres Verhalten (Gefühlsausbrüche, Drogenmissbrauch, obsessive Nutzung elektronischer Geräte, Schlafprobleme, Stress); Schule (Schul- und Lernverweigerung); Sex und Beziehung (kontrollierende/missbräuchliche Partner, sexuelle Aktivität) und Sozialprobleme (Mobbing, übermäßige Schüchternheit).

Zu jedem Thema werden Handlungsempfehlungen gegeben: Reaktionen, die angemessen sind (DOs), und solche, die vermieden werden sollten (DON'Ts). Die DOs und DON'Ts sind insbesondere um zwei Uhr morgens nützlich, wenn eines der Probleme akut auftritt und man kaum Zeit hat, richtig nachzudenken, sondern schnell reagieren muss. Sie sind übersichtlich gehalten, sodass man sie sich einfach merken kann.

Noch eine Anmerkung: Lesen Sie nicht nur die Liste mit den DOs. Denken Sie an den Rat des Piloten (am Ende des zweiten Kapitels), der sagte, dass es beim Fliegen wie bei der Kindererziehung darum geht, angemessen auf Probleme zu reagieren, um einen Absturz zu vermeiden. Die Liste der DON'Ts kann Ihnen dabei helfen, dass Sie überschaubare Krisen nicht zu Katastrophen ausweiten.

Aus zwei Gründen schlage ich vor, dass Sie sich wirklich alle Themen ansehen. Zum einen können diese als Richtschnur dienen, wenn eine der genannten Situationen auftritt. Zum anderen sind die Kerngedanken, die in den Beispielen auftauchen, universell und bieten Ihnen einen Rahmen, um Ihre eigenen Reaktionen zu entwickeln für die ganz individuellen Herausforderungen, denen Sie sich in Ihrem Leben mit Ihrem Teenager stellen müssen. Halten Sie außerdem die Ich-Zustände – (P), (A) und (C) – und die resilienzstärkenden Strategien präsent. Sie werden sehen, wie das Wissen darüber in den folgenden Taktiken umgesetzt wird. Auf die DOs und DON'Ts folgen jeweils erklärende Abschnitte, in denen das Grundprinzip hinter den Handlungsempfehlungen konkretisiert wird.

Keines der Themen kann hier erschöpfend dargestellt werden, da man mit jedem einzelnen ein ganzes Buch füllen könnte (wie Sie in den Literaturempfehlungen sehen können). Bei schwerwiegenderen Sorgen sollten Sie professionelle Hilfe in Anspruch nehmen und eine Beratungsstelle aufsuchen, die auf die spezifischen Probleme von Jugendlichen spezialisiert ist (siehe Anhang).

Oh, jetzt hätte ich eines beinahe vergessen. Auch das Todesdatum von John Wilmot hält Aufschlussreiches bereit: Er starb jung, im Alter von 33 Jahren. Einem Bericht zufolge trank er sich zu Tode. Habe ich erwähnt, dass er sechs Kinder hatte?

# Pubertäres Verhalten

*»Teenager: Man kann nicht mit ihnen leben,
aber umbringen kann man sie auch nicht.«*

Kathleen, Mutter von drei Teenagern

Kinder bis zur Pubertät großzuziehen, ist mit einer Fußballsaison vergleichbar – manchmal verlassen wir ein Spiel schon vor Ende, um uns ein Eis zu kaufen, weil nicht viel passiert und sich die Zeit endlos dehnt. Den finalen Spielstand wissen wir dann natürlich nicht. »Wen kümmert's schon?«, gähnen wir. »Ein Spiel hat ja keine große Bedeutung.«

Während einer regulären Kindersaison (bis zur Pubertät) gibt es ein paar herzzerbrechende Niederlagen und einige berauschende Gewinne, aber meistens passiert nicht allzu viel und wir haben eine entspannte Zeit. Mit der Pubertät verhält es sich dann jedoch eher wie mit einem Ausscheidungsspiel im Basketball: Jeder Wurf zählt. Ein vermasselter Pass kann die gesamte Saison im Bruchteil von Sekunden beenden. Bei Teenagern kann schon ein einziges Wort zu einer Explosion führen.

Wieder einer dieser Scherze von Mutter Natur: Bis unsere Kinder elf oder zwölf Jahre alt werden, sind wir ganz eingelullt. Für manche von uns ist auch die frühere Kindheit schwierig, aber im Großen und Ganzen ist es noch ziemlich einfach. Noch sind wir schneller, stärker und klüger als unsere Kinder, und sie finden uns toll. Sie sehen zu uns auf und tun meistens, was wir von ihnen verlangen. Und wenn nicht, können wir sie für eine Auszeit in ihr Zimmer bringen. Genießen Sie diese Zeit, solange Sie können.

BEI TEENAGERN KANN SCHON EIN EINZIGES WORT ZU EINER EXPLOSION FÜHREN

Wenn Sie noch keines der elterlichen Ausscheidungsspiele (also die Pubertät) erlebt haben, so hüten Sie sich vor der Falle, die auf Sie lauert. Was hat es damit auf sich? Nehmen wir an, Sie erleben eine Phase, in der Sie sich richtig gut mit Ihrer 10-jährigen Tochter verstehen. Sie schauen aus dem Fenster und sehen Ihre Nachbarin im Garten, die gerade von ihrer 13-jährigen Tochter verflucht und angeschrien wird. Sie lächeln selbstzufrieden und sagen leise zu sich selbst: »Ich lasse es niemals so weit kommen, dass meine Tochter so mit mir spricht. Diese Mutter hat ja wirklich versagt.«

Tun Sie das nicht! Schon wenige Jahre später kann es dazu kommen, dass uns die Erinnerungen an unsere harsche Beurteilung heimsuchen, wenn uns unsere »perfekte« Tochter, jetzt ebenfalls 13-jährig, verflucht und anschreit. Ich bin mir sicher, dass die altgediente Mutter von nebenan Sie deswegen nicht verurteilt. Sie wird nur traurig den Kopf schütteln oder eine Kerze für Sie anzünden oder für Sie beten, weil Sie den Teenagerkampf bereits ausgefochten hat und weiß, wie schwierig das sein kann.

Wie aber beginnen diese Kämpfe? Oft scheint es, als würde ein Schalter in ihren Köpfen umgelegt. Und mit einem lauten Knall werden die Mauern Ihrer perfekten Beziehung ins Wanken gebracht. Ein solcher Schuss kann aus dem Blauen kommen und Sie mit ernsten Themen konfrontieren: Drogen, Sex, Wutausbrüchen. Weit häufiger beginnt all das jedoch mit einem höhnischen Grinsen, einer unerwarteten Antwort auf eine Frage, die jahrelang zu keinerlei Reibung geführt hat: »Mich für die Kirche fertigmachen? Ha! Ich gehe nicht in deine blöde Kirche und du kannst mich nicht dazu zwingen!« In diesem Moment wird uns schlagartig klar: »Ich kann dieses Biest nicht kontrollieren. Sie ist schneller, stärker und vielleicht sogar klüger als ich. Sie findet mich nicht mehr toll. Und ich kann sie nicht mehr in ihr Zimmer schicken. Was ist bloß passiert?«

Ihr kleiner Liebling ist groß geworden. In gewissem Maße soll sie sogar aufsässig und herausfordernd sein. Darin besteht ihre Aufgabe, wenn sie selbstständig wird, ihr (A)-Hirn sich verknüpft und ihre eigenen Überzeugungen und Werte unabhängig von den Ihren entwickelt.

Das ist gut so und wird letztendlich dazu führen, dass sie widerstandsfähig wird und ein glückliches Leben führen kann. Zunächst kann das »Alles-Infrage-Stellen« des (A)-Hirns wie eine »(C)-Rebellion« daherkommen, die Ihnen um die Ohren gehauen wird. Ihre Aufgabe ist es, ihr zuzugestehen, dass sie größer und schneller ist – aber nicht schlauer, es sei denn, Sie wollen ihr auch diese höchste Kraft überlassen. In den Ausscheidungsspielen müssen Sie Ihren Einsatz erhöhen, sodass Ihr Vorteil nicht mehr auf Größe oder Geschwindigkeit basiert, sondern auf Intelligenz.

Ist es möglich, Teenagerprobleme allein mit unserem Verstand zu lösen? Das ist nicht nur möglich, sondern unerlässlich. Bevor wir uns aber über unsere Kinder schlau machen, sollten wir uns klarmachen, dass die Verhaltensweisen, mit denen sie uns herausfordern, zur geschäftlichen Seite unseres Elternauftrags gehören. Es handelt sich dabei nicht um persönliche Angriffe gegen uns, auch wenn es sich manchmal genauso anfühlt. Wie Aufständische treten unsere Kinder dem entgegen, was wir repräsentieren – Autorität und Kontrolle – aber sie richten sich nicht gegen uns als Person. Wenn Sie das verinnerlicht haben, lassen sich die hier vorgestellten Taktiken sehr viel einfacher anwenden, und sie wirken. Ohne diese Geisteshaltung, bleiben jedoch alle Taktiken wirkungslos.

Denken Sie daran, dass es bei Ihrer elterlichen Aufgabe um weit mehr geht, als darum, mit pubertären Kampfansagen klarzukommen. Während Ihre Eltern Sie einfach kontrollieren konnten, verlangt die neue Welt, dass wir unsere Kinder schützen und gleichzeitig ihre Resilienz stärken. Ihre Aufgabe mit der Ihrer Eltern zu vergleichen ist, als vergleiche man den Tanz von Ginger Rogers mit dem von Fred Astaire. Wie Ginger müssen auch wir uns »rückwärts und auf High Heels«[6] bewegen. Mit den folgenden Taktiken lernen Sie, das Gleichgewicht zu halten und mit Ihrem Teenager anmutig über das Parkett zu gleiten – genau wie Ginger es mit Fred tat, auch wenn Sie Ihr Kind manchmal gerne ohrfeigen würden. Ich wette, Ginger hatte auch einige solcher Momente.

## Gefühlsausbrüche

Zu Gefühlsausbrüchen zählen Brüllen, Motzen, Provozieren, Fluchen und Beschimpfen.

### Do:

- Atmen Sie tief durch, bleiben Sie ruhig und konzentrieren Sie sich auf Ihr (A)-Hirn. Ihr Kind ist der Anfänger, Sie sind der Profi. Verhalten Sie sich wie ein Profi, vor allem dann, wenn Sie sich nicht wie einer fühlen. Bleiben Sie gelassen, drehen Sie nicht durch. Der Spruch, den ich eines Tages aus einem Glückskeks fischte, trifft den Nagel auf den Kopf: »Erst denken, dann reden.« Amen.
- Weichen Sie Provokationen aus. Ihr Kind versucht bloß, Sie von einem echten Problem abzulenken. Gehen Sie nicht darauf ein und hören Sie nicht auf Ihr (C)-Hirn. Gehen Sie weg, wenn Sie merken, dass die Wut Sie übermannt. Es wird zu nichts Gutem führen, wenn Sie bleiben. Sie werden dann von einem 4-Jährigen kontrolliert: von Ihrem eigenen (C)-Hirn.
- Verschieben, aber anerkennen: Sagen Sie: »Ich verstehe, dass es dich wütend macht, dass deine Freunde länger draußen bleiben dürfen als du. Wir sprechen morgen darüber, es sei denn, du schaffst es, jetzt ruhig darüber zu reden.«
- Wenn Ihr Kind – und Sie – ruhig miteinander reden können, dann versuchen Sie, einen Kompromiss zu finden. Treffen Sie Entscheidungen ausschließlich mit Ihrem (A)-Hirn.
- Geben Sie Ihrem Kind die Möglichkeit, sich zu korrigieren, wenn es Sie vor den Kopf gestoßen hat: »Möchtest du nochmal versuchen, das auf eine andere Weise zu sagen?« Sollte Ihr Kind den Einsatz mit einem verächtlichen Schnauben erhöhen, dann sagen Sie »Okay« und ziehen sich zurück.

## Don't:

- Beleidigungen persönlich nehmen: Ist das der Fall, hat Ihr (C)-Hirn das Sagen übernommen.
- Als Gegenreaktion schnippisch oder sarkastisch antworten: Ist das der Fall, so haben Sie sich auf das Level Ihres Kindes begeben.
- Ihrem Kind seine Sachen wegnehmen oder es spontan unter Hausarrest stellen: Das können Sie später immer noch tun, sollte es nötig sein.
- Entscheidungen aus Wut oder Frustration treffen: Sagen Sie stattdessen lieber: »Ich bin zu wütend, um jetzt etwas zu entscheiden. Komm in einer Stunde wieder, dann kann ich dir eine Antwort geben.«
- Klein beigeben, damit Ihr Kind Sie endlich in Ruhe lässt oder damit aufhört, Sie respektlos zu behandeln: Dieses Verhalten kommt Verhandlungen mit einem Terroristen gleich, der gerade verstanden hat, wie er das bekommt, was er möchte.

## Was steckt hinter den Handlungsempfehlungen?

In gewissem Maße testen alle Teenager Verhaltensgrenzen aus. Das ist wichtig und gesund, da es dazu beiträgt, dass Ihr Kind psychische Widerstandskraft entwickelt, dadurch dass es lernt, wie man Konflikte produktiv löst. Grundlegend dabei ist, dass Sie sich nie auf das (C)-Hirn Ihres Kindes – oder auf Ihr eigenes – einlassen, sodass klar wird, dass Ihr Kind am ehesten Aussicht auf Erfolg hat, wenn es sein (A)-Hirn nutzt. Reagieren Sie wütend, erhöhen Sie dadurch die Wahrscheinlichkeit, dass sich Ihr Kind später wieder gleich verhält. Elterliches Brüllen, Schlagen, Flehen oder sarkastische Reaktionen feuern ein pubertierendes Gehirn erst so richtig an.

Sehen Sie, wie dämlich und verrückt Ihre Tochter aussieht, wenn sie gerade tobt? Wir Erwachsenen sehen zehnmal schlimmer aus. Es kann sich auf das (C)-Hirn Ihres Kindes geradezu suchterzeugend auswirken, die großen Erwachsenen mit ein paar kleinen lauten Worten zu kontrollieren, vor allem, wenn die großen Erwachsenen als Reaktion durchdrehen und sich selbst wie außer Kontrolle geratene Teenager aufführen. Elterliche Kapitulation (beispielsweise »Das kümmert mich nicht mehr. Geh doch einfach zu der blöden Party!«) wirkt sich noch stärker suchterzeugend aus. Wenn solch eine Taktik hin und wieder dazu führt, dass Ihr Kind bekommt, was es will, warum in aller Welt soll es je seine Methode ändern?

Durch Ihr Handeln sollten Sie zweierlei in den Kopf Ihres Kindes einpflanzen (beides ist für die Entwicklung von Resilienz äußerst wichtig):

- dass es sich, wenn es sich verrückt aufführt, weder von Ihnen noch von sonst jemandem etwas Gutes erwarten kann,
- dass respektvolles Benehmen der einzige Weg zu wohlwollender Aufmerksamkeit und möglicherweise auch zu mehr Freiheiten ist.

Halten Sie Ihr (C)-Hirn unter Kontrolle, indem Sie sich mit Ihrem (A)-Hirn klarmachen, dass all die laut ausgetragenen Konflikte nicht schreckliche Versagensmomente, sondern wirksame resilienzfördernde Momente sind. Dieser arrogante Ton Ihres Teenagers ist nur ein Alarmsignal, das anzeigt, dass es an der Zeit ist, mit der Stärkung der Widerstandskraft Ihres Kindes weiterzumachen. Und hören Sie auf zu denken, Ihr Kind sei das einzige, das sich so danebenbenimmt. Sogar wenn es so aussieht, als verhalte sich Ihr Kind schlimmer als die meisten anderen: Herzlichen Glückwunsch! Eltern verdienen sich Ihren inneren Frieden dadurch, dass sie schwierige Kinder mit schwerwiegenden Problemen großziehen. Jeder Dumme kann ein »perfektes Kind« großziehen, dessen größte Sorge die Auswahl einer exzellenten Uni ist. Auch bei extrem schwierigen Kindern gilt, dass Sie deren Resilienz am besten in Form bringen können, wenn Sie an Ihrer eigenen Resilienz arbeiten und Ihrem Kind Ihre eigene Widerstandkraft vorführen (beispielsweise dadurch, dass Sie auf eine Provokation ganz ruhig reagieren). Unsere Kinder werden nun einmal am meisten von unseren Handlungen beeinflusst – zum Guten wie zum Schlechten.

Seien Sie die Person, die Sie gerne im Spiegel sehen möchten. Wenn Ihr Kind ständig Ihr (C)-Hirn reizt und Sie auf die Palme bringt, nehmen Sie Hilfe in Anspruch. Wenn Sie Ihre Gefühle nicht kontrollieren können, sind Sie nicht in Form, mit denen eines Teenagers fertigzuwerden. Wenn Ihr Kind wochenlang nicht damit aufhört, Sie zu provozieren, obwohl Sie besser mit diesen Situationen umgehen können, ist es empfehlenswert, Hilfe für die ganze Familie in Anspruch zu nehmen. Wahrscheinlich geht es eigentlich um ein anderes Problem.

Wenn Ihr Teenager Sie je bedroht oder körperliche Gewalt gegen Sie anwendet (Sie bedrängt, schlägt oder etwas Wertvolles kaputtmacht), seien Sie stark und sagen Sie ruhig: »Wenn du das nochmal machst, rufe ich die Polizei, wir als Familie bewegen uns in gefährlichem Fahrwasser.« Sollte Ihr Kind die Bedrohung oder Handlung wiederholen, rufen Sie wirklich die Polizei. Die meisten Polizeibeamten können mit solchen Situationen sehr gut umgehen und sind nicht daran interessiert, Ihren Teenie einzusperren, solange er weder für sich noch für andere eine Gefahr darstellt. So machen Sie eine klare Ansage: Wenn sich verbale Wut zu körperlicher Gewalt auswächst, ist es Zeit sich an Experten zu wenden: in diesem Fall an die Polizei. Es ist recht wahrscheinlich, dass es nur einmal zur unangenehmen Situation kommt, in der ein Polizeiauto in Ihre Auffahrt einbiegt. Und die Botschaft, die Sie Ihrem Teenager so vermitteln, ist es das wirklich wert. Andernfalls gestehen Sie Ihrem pubertären Satansbraten zu, dass Terror ein akzeptables Konfliktlösungsmittel ist.

## Drogen

---

> *»Sag Ja zum Leben, sag Ja zum Job, sag Ja zur Karriere,*
> *sag Ja zur Familie ... Aber warum sollte ich das tun?*
> *Ich habe zum Ja-Sagen Nein gesagt. Ich hab' zu was*
> *anderem Ja gesagt. Und der Grund dafür?*
> *Es gibt keinen Grund dafür. Wer braucht Gründe,*
> *wenn man Heroin hat?«*
>
> *Mark Renton in »Trainspotting« (1996)*

---

Als ich dieses Zitat zum ersten Mal hörte, wurde es mir ganz kalt. Es hat seine Wirkung bis heute nicht verloren. Genau das Gleiche höre ich, wenn ich mit einem jugendlichen Drogensüchtigen zu tun habe. Diese Sätze bringen die entsetzliche Essenz von Sucht auf den Punkt, die vollkommene Dominanz des (C)-Hirns, die bei Süchtigen vorliegt, nachdem es das nachdenkliche (A)-Hirn niedergerungen hat. Ich habe dieses abschreckende Zitat absichtlich gewählt, für den Fall, dass Sie je versucht sein sollten, nachlässig auf »weiche« Drogen wie Marihuana oder Alkohol zu reagieren, die Ihr Kind einnimmt. Während meiner Laufbahn als Suchtspezialist bin ich kein einziges Mal jemandem begegnet, dessen erste Erfahrung mit Drogen es war, sich eine Spritze Heroin zu setzen oder Meth zu rauchen. Es mag sein, dass so etwas vorkommt – genauso, wie Außerirdische möglicherweise Menschen entführen –, aber es ist Tatsache, dass beinahe jeder Süchtige, dem ich begegnet bin, in der Pubertät mit den sogenannten weichen Drogen eingestiegen ist.

Der Begriffe »schwere Drogenabhängigkeit« wird häufig falsch verwendet. Jedem kann es passieren, auf Drogen körperlich angewiesen zu sein, aber das ist nicht das Gleiche wie das, was Experten als schwere Abhängigkeit bezeichnen. Für eine Person, die schwer abhängig ist, werden die Drogen zum einzigen Lebensinhalt, der Rest der Welt versinkt in Bedeutungslosigkeit, nichts als die Droge gibt dem Leben überhaupt noch Sinn.

# Über die Bedeutung der Drogen

Innerhalb eines Monats kamen zwei Patienten zu mir, die diesen Unterschied deutlich machen. Zuerst kam eine 17-Jährige, die sagte: »Mir wurde nach einer Rückenoperation Percocet (ein opioidhaltiges Schmerzmittel) verschrieben und ich möchte das Medikament absetzen. Ich fühle mich schrecklich, nachdem ich die Tabletten eingenommen habe. Ich hasse es, mich zu fühlen, als sei ich nicht ich selbst. Aber jedes Mal, wenn ich versuche die Tabletten abzusetzen, geht es mir richtig schlecht und ich kann nicht zur Schule gehen. Ich trinke noch nicht einmal Alkohol. Können Sie mir dabei helfen, von dem Medikament loszukommen?«

Zwei Wochen später erzählte mir ein 19-Jähriger das Folgende: »Mein Arzt hat mir Oxy (Oxycodone, ein betäubendes Schmerzmittel) verschrieben, nachdem ich mir letztes Jahr das Bein gebrochen habe, und jetzt will er es mir ohne ihre Zustimmung nicht mehr weiterverschreiben. Sie müssen mir helfen, an die Tabletten zu kommen. Ich kann nicht aufhören, die Tabletten zu nehmen, sonst geht es mir richtig übel. Außerdem, verdammt noch Mal, ich liebe das Gefühl, das einsetzt, nachdem ich sie genommen habe. Viel besser als Gras, Mann. Echt der Knaller.« (Gut ausgedrückt, dachte ich).

Das Mädchen war zwar auf die Tabletten angewiesen, aber nicht abhängig. Sie hatte ein paar Mal Gras und Alkohol probiert, aber wieder damit aufgehört. Drogen übten keine Macht über sie aus. Der junge Mann hingegen war darauf angewiesen und bereits abhängig. Er berichtete mir, dass er schon mit 14 Jahren damit angefangen habe, Gras zu rauchen. Die Drogen waren nun sein »Herr und Meister«.

Wenn ich von Drogen spreche, spreche ich von einer Reihe von Substanzen wie Alkohol, Marihuana (auch synthetische Cannabinoide), Mephedron (auch bekannt als Badesalzdroge), Pillen, Heroin, Kokain, Meth, Ecstasy und Halluzinogen (LSD, Magic Mushrooms).

Wenn Sie die Resilienz Ihres Kindes abtöten und ihm lebenslangen Stress zumuten wollen, dann verhalten Sie sich einfach »cool«, wenn es um den Drogenkonsum geht.

## Wie wirken Drogen?

All die genannten Substanzen haben einige Eigenschaften gemeinsam, die zeigen, wieso sie sich auf so negative Weise auswirken: Mit dem Vokabular der Ich-Zustände gesprochen, fahren Drogen das (A)-Hirn herunter und versetzen dafür dem (C)-Hirn eine hohe Dosis Steroide. Erinnern Sie sich noch daran, dass ein Hirnschaltkreis in neurologischem Sinne umso stärker wird, desto häufiger er genutzt wird? Die Drogen vermindern Stress im ersten Moment, so lernt das (A)-Hirn nicht, wie man mit Stress umgeht, und kann auch keine Resilienz aufbauen. Es ist, als würden die Drogen sagen: »Na, Angst davor, zurückgewiesen zu werden, wenn du das süße Mädchen fragst, ob es mit dir tanzen gehen möchte? Na, Angst davor, nicht ins Schwimmteam aufgenommen zu werden? Na, Angst davor, schlechte Noten zu bekommen? Mach dich locker, Junge! Ich verspreche dir, der Stress wird sich einfach in Luft auflösen. Auf das Wort des Teufels ist Verlass. Der unmittelbare Stress wird reduziert, gemeinsam mit der Möglichkeit, die psychische Widerstandskraft zu stärken.

Im Vergleich zur Wirkung auf erwachsene Gehirne wirken sich Drogen auf die Gehirne von Teenagern sehr viel negativer aus. Teenager, die bereits mit 15 Jahren beginnen, regelmäßig Drogen zu nehmen, werden sehr viel wahrscheinlicher süchtig als jemand, der mit dem Drogenmissbrauch bis zum Erwachsenenalter wartet.[7]

Drogen können außerdem Depressionen und Ängste hervorrufen. Sie bewirken beispielsweise die Ausschüttung einer regelrechten »Flutwelle« an Dopaminen (Neurotransmitter im Gehirn, die Wohlbefinden auslösen und daher häufig als »Glückshormone« bezeichnet werden), die das Teenagerhirn auf schreckliche Weise verändern. Die leuchtenden Farben eines spektakulär schönen Frühlingsmorgens können Sie dazu bringen, ehrfürchtig innezuhalten und etwas zu sagen wie:

»Meine Güte, was für ein schöner Tag!« Ihr Kind, das gestern Drogen genommen hat, wird den Tag dahingegen nur in Grautönen wahrnehmen. Die kleinen, jedoch existenziell wichtigen Freuden des Alltags vermögen es nicht mehr, in seinem Gehirn positive Gefühle auszulösen. Für wen von Ihnen beiden ist das Leben wertvoll und lebenswert? Und wer von Ihnen möchte sich am Abend wohl berauschen?

Die meisten Experten sind sich darin einig, dass alle Drogen Einstiegsdrogen sind – sogar oder vor allem Alkohol und Marihuana. Mit jedem Rausch nimmt der euphorisierende Neurotransmitter-Cocktail im Gehirn langsam, aber stetig ab. Stellen Sie sich eine Achterbahn auf dem Weg nach unten vor. Kommen Teenager an den Punkt, an dem sie Drogen nehmen, um ihren ursprünglichen emotionalen Normalzustand zu erreichen, stehen sie auch vor einer lebensverändernden Entscheidung: Aufhören oder zur nächsten Droge greifen und dann zu einer anderen und am Ende zu immer höheren Dosen Heroin, bis sie sich nicht länger um ihr nächstes »High« sorgen müssen. Oder um irgendetwas anderes.

## Erstmaliger Drogenkonsum: Do

- Beruhigen Sie sich, wenn sie ihrem Kind zum ersten Mal begegnen, wenn es unter dem Einfluss von Drogen steht.
- Sie sind jetzt zuerst als Arzt, dann als Eltern gefragt: Versuchen Sie, den Schweregrad des Rausches einzuschätzen (unabhängig von der Droge, die wahrscheinlich eingenommen wurde). Wenn Sprache und Gehen stark beeinträchtigt sind oder wenn Sie Ihr Kind nicht aufwecken können, fahren Sie ins Krankenhaus – und zwar auf der Stelle. Gehen Sie nicht einfach davon aus, dass schon alles gut gehen wird.
- Rechnen Sie hoch: Wenn Ihr Kind sagt: »Eine Pille«, oder »Vier Bier« könnte das auch vier Pillen oder sechzehn Bier bedeuten.
- Überwachen Sie Ihr Kind während der nächsten Stunden und überprüfen Sie, ob die Wirkung der Drogen zunimmt, was sich beispielsweise in schwerer/unregelmäßiger Atmung, Halluzinationen, Orientierungslosigkeit oder Erbrechen äußern kann. Stellen Sie eines der

genannten Symptome fest, fahren Sie umgehend ins Krankenhaus. Gehen Sie nicht einfach davon aus, dass Ihr Kind »nur ein paar Bier getrunken hat« und alles in Ordnung ist.

- Seien Sie sich darüber im Klaren, dass Teenager sich von Drogen (vor allem von Alkohol) schneller erholen als Erwachsene. Möglicherweise bekommen Sie nur die Spitze des Drogenkonsums mit.

- Sollte sich das Verhalten wiederholen, gehen Sie mit Ihrem Kind zur Suchtberatung. Legen Sie dies als Konsequenz für den nächsten Rausch fest (wenn Sie am Morgen danach mit Ihrem Kind sprechen).

- Erwägen Sie es, Drogentests in die Hausapotheke aufzunehmen (Alkoholtester, Multidrogentests). So müssen Sie nicht länger raten, ob oder wie stark Ihr Kind unter dem Einfluss von Drogen steht.

- Wenn Sie sich hundertprozentig sicher sind, dass Ihr Kind nur leicht berauscht ist: Fällen Sie den Schuldspruch am selben Abend und verhängen Sie die Strafe am nächsten Tag: »Wie ich sehe, hast du getrunken bzw. Drogen genommen. Wir sprechen morgen darüber.« Wenn Sie sich um die Sicherheit Ihres Kindes sorgen, bringen Sie es ins Krankenhaus.

## Erstmaliger Drogenkonsum: Don't:

- Wenn Sie versucht sind zu toben, halten Sie inne und beruhigen Sie sich.

- Wenn Sie versucht sind, das Problem unmittelbar anzugehen, solange Ihr Kind »high« ist und Sie wutentbrannt sind, halten Sie sich zurück und verschieben Sie das Gespräch auf den nächsten Morgen.

- Lassen Sie Ihr Kind nicht unbeobachtet, in der Annahme, dass »es seinen Rausch nur ausschlafen muss«. Vielleicht wacht es nie wieder auf.

- Gehen Sie nicht davon aus, dass Ihr Kind wirklich nur so viel Drogen genommen hat, wie es behauptet.

- Tun Sie Drogenkonsum nicht einfach als Teil der »Reise ins Erwachsenenalter« ab. Möglicherweise übersteht Ihr Kind diese Reise nicht.

## Was steckt hinter den Handlungsempfehlungen?

Sowohl die Drogen, die heute erhältlich sind, als auch das Verhalten unserer Kinder in Bezug auf Drogen sind gefährlicher als früher. Teenager haben heute beispielsweise leichter Zugang zu Alkohol und betrinken sich häufig so sehr, dass dies gefährliche Auswirkungen haben kann. Ähnlich ist es auch bei Marihuana: Es ist nicht nur sehr viel stärker als früher, das superstarke Kraut kann sogar auf Schulhöfen erworben werden.

Teenager verfügen nicht in gleichem Maße über Impulskontrolle wie wir Erwachsenen und auch nicht über die Erfahrung, wann der richtige Zeitpunkt ist, aufzuhören (den allerdings auch viele Erwachsene verpassen). Ihre Gehirne erleiden messbaren Schaden, sogar schon von geringen Mengen an Alkohol oder Gras. Sie werden sehr viel schneller auf Sucht ausgerichtet als die Gehirne von Erwachsenen. Dank ihres jugendlichen Stoffwechsels sehen Jugendliche am nächsten Morgen dennoch frisch aus, ohne die Anzeichen eines schweren Katers, mit dem Sie zu kämpfen hätten. Diese großartige körperliche Verfassung von Jugendlichen sorgt dafür, dass ein 14-Jähriger, der sich bis zur Besinnungslosigkeit betrunken hat, bereits 12 Stunden später den Fußballstar auf dem Spielfeld geben kann. Dieser Segen erweist sich jedoch als Fluch, da er Jugendlichen vorgaukelt, dass ein Blutalkoholspiegel von 3,5 Promille kein Problem sei (dieser Wert kann tödlich sein), und Eltern glauben, Ihr Kind habe sich am vorherigen Abend nur mit zwei oder drei Bieren amüsiert. Drogentests außer Sicht-, aber in Greifweite aufzubewahren, ist heutzutage in jedem Haushalt mit Teenager sinnvoll.

In den schrecklichsten Geschichten über Teenager und körperliche Gewalt, sexuelle Übergriffe, sexuell übertragbare Krankheiten, ungewollte Schwangerschaften und Selbstmorde spielen Drogen eine Rolle. Wenn das noch nicht genug ist, um Ihre Aufmerksamkeit zu erregen, sollten Sie auch wissen, dass Alkohollieferanten – allzu häufig Eltern – mehr Teenager auf dem Gewissen haben als alle anderen Lieferanten (oder: Dealer) zusammen. Und nicht nur das Trinken selbst oder betrunkenes Fahren führen zum Tod. Man kann sein Kind auch dadurch umbringen, dass man es »sich seinen Rausch ausschlafen lässt« – vielleicht wacht es nicht mehr auf. Es kommt vor, dass Teenager sich im Schlaf erbrechen und dann ersticken. Diejenigen, die sich übergeben und überleben haben häufig Erbrochenes eingeatmet, was zu einer besonders schweren Form von Lungenentzündung führen kann. Es kommt auch vor, dass Jugendliche so viel getrunken haben, dass bei ihnen mitten in der Nacht die Atmung aussetzt. Dies passiert besonders häufig, wenn stimulierende Drogen (vielleicht die Pillen, die beim kleinen Bruder mit ADHS gestohlen wurden) mit im Spiel sind und deren Wirkung nachlässt. Solche Drogen werden eingenommen, damit mehr getrunken werden kann und man lässig machohaft auftreten kann. Zwischenzeitlich treten auch Mädchen betrunken in Machomanier auf.

**Mein Vorschlag**

Damit Sie auch um zwei Uhr in der Früh ruhig bleiben, wiederholen Sie Ihren Erziehungsauftrag hundertmal: ihm beibringen, sich selbst zu kontrollieren.

Resilienzstärkendes Erziehen fordert einen hohen Einsatz. Schreien und/oder Ihr Kind zu schlagen, weil es Rotwein auf Ihren weißen Teppich erbrochen hat, wird hinsichtlich des nächsten Rausches nichts bewirken, außer vielleicht, dass dieser schneller eintritt. Sie kämpfen gegen einen starken Feind: gegen die Teeniekultur – eine Welt, die es darauf absieht, Ihrem Kind wehzutun –, die sich mit einem Gehirn verbündet hat, das noch nicht sonderlich gut funktioniert. Ihrem Kind Angst einzujagen, wird da nicht viel bewirken. Liebevoll vermitteltes Wissen hilft, aber Sie sollten damit bis zum nächsten Tag warten. Die Idee dahinter ist, dass Sie sich ausschließlich an das (A)-Hirn Ihres Kindes richten, und das klappt nur, wenn Ihr Kind nüchtern ist.

Der Plan dabei: Die Einstellungen ändern, die Ihr Kind zu Drogen hat. Ihre erste Äußerung am Morgen sollte also nicht eine Liste von Strafmaßnahmen sein. Sagen Sie lieber in ruhigem Tonfall: »Was hast du daraus gelernt?« Wenn Ihr Kind Ihnen glaubhaft versichert, dass es so etwas nicht mehr tut (»Es war blöd und schrecklich. Die anderen haben gestritten, sich übergeben, und ich versteh's einfach nicht. Das Zeug schmeckt total eklig ...«), dann vereinbaren Sie für das nächste Mal eine Konsequenz: »Ich glaube dir, dass du nicht mehr vorhast, so etwas zu tun. Aber was, wenn es doch wieder passiert? Können wir uns für den Fall darauf einigen, dass du für das Privileg, auswärts zu übernachten, noch nicht reif genug bist und eine Weile darauf verzichtest?« Bestehen Sie darauf, dass Sie beide die Effekte von Drogen auf Jugendliche im Internet recherchieren, und sprechen Sie bei einer guten Tasse Kaffee (sie werden einen doppelten Espresso benötigen) über die Ergebnisse. Ihr Fokus sollte darauf liegen, die Annahmen Ihres Kindes darüber, was Drogen sind und bewirken, zu beeinflussen. Es genügt nicht, einfach nur sein Verhalten zu kontrollieren.

Macht Ihr Kind den Eindruck, sich weiterhin vergiften zu wollen, so stellen Sie Konsequenzen auf, die wie Sicherheitszäune wirken und Ihrem Kind Halt geben, nicht aber wie Bestrafungen, deren Ziel es ist, Ihrem Kind wehzutun. Halten Sie die Zäune aufrecht, bis sich die Urteilskraft und Kontrolle Ihres Kindes verbessert haben.

Wenn der Drogenkonsum anhält, suchen Sie lieber früher als später professionelle Hilfe auf. Je länger sich die Situation hinzieht, desto schwieriger wird die Behandlung. Und desto gefährlicher wird sie für das Leben Ihres Kindes. Lesen Sie weiter.

## Chronischer Missbrauch von Drogen: Do

- Seien Sie sich darüber im Klaren, dass Alkohol und Marihuana für viele Teenager Einstiegsdrogen sind.
- Seien Sie sich darüber im Klaren, dass Gras eine Droge ist und in der heutigen Version eine sehr viel stärkere und schädlichere als das Gras damals, in den »guten alten Zeiten«.
- Seien Sie sich im Klaren darüber, dass verschreibungspflichtige Medikamente genauso süchtig machen können wie Heroin.
- Seien Sie sich im Klaren darüber, dass das Gehirn eines Teenagers sehr viel anfälliger für Suchtverhalten ist als das eines Erwachsenen.

- Seien Sie sich im Klaren darüber, dass schwerer Drogenmissbrauch das Denken Ihres Kindes derart verzerren kann, dass Sie für Ihr Kind denken müssen.
- Sprechen Sie mit Ihrem Kind auf ruhige Weise, machen Sie ihm bewusst, dass sein Drogenkonsum außer Kontrolle geraten ist und es sofortige Hilfe braucht. Dieses Mal fragen Sie nicht, sondern sagen, was zu tun ist.
- Gehen Sie zur Suchtberatung. Sollte sich keine Einrichtung in Ihrer Nähe befinden und es Ihrem Kind schlecht gehen oder Ihr Kind unter dem Einfluss von Drogen stehen, fahren Sie in die Notaufnahme, um die körperliche Sicherheit Ihres Kindes zu gewährleisten. Suchen Sie Suchtexperten auf, sobald es Ihrem Kind wieder bessergeht.

**Wenn Ihr Kind Hilfe verweigert und weiterhin Drogen konsumiert:**

- Nehmen Sie ihm seine Autoschlüssel, sein Geld und seine Brieftasche ab (aber ohne Faustkämpfe).
- Stellen Sie Ihr Kind ruhig, aber mit Nachdruck zur Rede: »Wir wissen, dass du Drogen nimmst. Wir lieben dich und sorgen uns um dich und alles wird gut, aber jetzt musst du genau das tun, was wir dir sagen. Bis auf Weiteres bleibst du im Haus.«
- Rufen Sie eine Entzugsklinik für einen sofortigen Termin und eine Einschätzung der Lage an.
- Gehen Sie in die nächstgelegene Notaufnahme, wenn es Ihrem Kind schlecht geht oder Ihr Kind unter dem Einfluss von Drogen steht und niemand da ist, der Ihnen unmittelbar helfen kann.
- Rufen Sie Ihre Verwandte, die Freunde Ihres Kindes und deren Eltern an. Sagen Sie: »Unser Kind hat ein ernstes Drogenproblem. Bitte geben Sie bzw. gebt ihm unter keinen Umständen Geld.«
- Durchsuchen Sie seine Sachen, um herauszufinden, ob es noch andere Drogen nimmt.
- Beobachten Sie Ihr Kind, bis Sie Hilfe bekommen, aber halten Sie Ihr Kind nicht mit körperlichem Einsatz auf, wenn es wegläuft.
- Wenn alle Maßnahmen versagen, ziehen Sie die Einweisung in eine Suchtklinik in Erwägung.

## Chronischer Missbrauch von Drogen: Don't

- Vermeiden Sie es zu schreien, Vorträge zu halten oder Fragen zu stellen wie »Warum tust du das?« oder »Weißt du nicht, dass dich das umbringen kann?«. Es ist ziemlich wahrscheinlich, dass Sie so nur ein 4-jähriges (C)-Hirn erreichen werden.
- Sprechen Sie keine Drohungen aus: »Wenn du damit nicht aufhörst, fliegst du hier raus.«
- Gehen Sie nicht auf Versprechen ein, die nur dazu dienen, professionelle Hilfe zu vermeiden (bspw »Ich schwöre dir, dass ich diesmal aufhöre, wenn du mich nicht in die Klinik einweist«). Ohne Behandlung wird das künftige Verhalten Ihres Kindes mit großer Wahrscheinlichkeit wie sein vergangenes ausfallen.
- Erlauben Sie Ihrem Kind nicht, das Haus zu verlassen. Sagen Sie stattdessen: »Wenn du gehst, rufen wir die Polizei und möglicherweise musst du dann in einer Zelle ausnüchtern. Das will hier doch niemand.«
- Versuchen Sie nicht, Ihr Kind zu Hause zu entgiften oder es seinen Rausch einfach ausschlafen zu lassen. Vielleicht wacht es nicht mehr auf.

## Was steckt hinter den Handlungsempfehlungen?

Wenn Sie resilienzfördernde Reaktionen oder solche, die Ihrem Kind Wissen vermitteln, einige Male angewandt haben, Ihr Teenager aber dennoch immer mehr Drogen konsumiert, ist es nun an der Zeit, zu Kontrollmaßnahmen zu greifen, bei denen Sie als das (A)-Hirn Ihres Kindes agieren, das im Moment von Drogen außer Gefecht gesetzt wird. Jetzt geht es nicht darum, Resilienz aufzubauen, sondern darum das Leben Ihres Kindes zu retten, denn regelmäßiger Drogenkonsum – egal welche Droge – stellt eine große Gefahr für Teenager dar. Manche Drogen, wie Heroin, töten schnell. Andere, wie Gras oder Alkohol, wirken nicht unmittelbar zerstörerisch, sind aber dennoch äußerst gefährlich.

In gewissem Sinne sind die weichen Drogen am schädlichsten, weil wir Erwachsenen sie selbst konsumieren und daher den Konsum unserer Kinder lächelnd durchwinken. Ein nicht unerheblicher Teil des von Jugendlichen konsumierten Alkohols wird ihnen von eigenen ihren Eltern bereitgestellt, auch wenn die Jugendlichen den Alkohol eigentlich noch gar nicht trinken dürften. Viele Jugendliche berichten, dass sie mit ihren Eltern oder mit den Eltern von Freunden Alkohol trinken. In Deutschland dürfen alkoholische Produkte (Bier, Wein, Sekt, auch Mischgetränke) nicht an Kinder und Jugendliche unter 16 Jahren abgegeben werden. Diese Altersgrenze sinkt auf 14 Jahre, wenn Jugendliche von Erziehungsberechtigten begleitet werden.

Die meisten Jugendlichen nehmen keine Überdosis und werden auch nicht süchtig, aber jeder einzelne, der am Ende abhängig wird, ist einer zu viel. Es gibt einige Faktoren, die das Suchtrisiko erhöhen (genetische Faktoren, die Abhängigkeit der Eltern, der Drogenkonsum von Gleichaltrigen), aber es ist einfach unmöglich zu wissen, welcher Jugendliche »gefahrlos« konsumieren kann. Laut amerikanischen Studien wird einer von zehn 14-Jährigen, die regelmäßig kiffen oder Alkohol trinken, süchtig (einige Studien gehen davon aus, dass einer von acht süchtig wird und sich dieser Wert noch verschlechtert, wenn in der Familie bereits Suchtfälle vorkommen). Wir Eltern können mit dem Leben unserer Kinder nicht russisches Roulette spielen und regelmäßigen Drogenkonsum ignorieren.

Ein Kind zu lieben, das ein Drogenproblem hat, bedeutet, es so sehr zu lieben, dass man es in ruhigem Tonfall mit seinem Problem konfrontiert, auch wenn dies häufig laute Drohungen nach sich zieht: »Wenn ihr mich in die Suchtklinik einweist, werde ich euch für immer hassen.« Auf so etwas müssen wir antworten: »Das würde mir das Herz brechen. Aber ich liebe dich so sehr, dass ich es riskiere, deine Zuneigung zu verlieren, um dein Leben zu retten.«

Viele Menschen glauben, es sei wirkungslos, Jugendlichen eine Drogentherapie aufzuzwingen. Sie sind davon überzeugt, dass es wichtig sei, dass Teenager wirklich in die Therapie wollen, damit diese effektiv wirken kann. Doch die Rückfallquote derer, die sich freiwillig in Behandlung begeben, ist beinahe so hoch wie die derer, die gehen müssen, was nahelegt, dass erzwungene Therapiemaßnahmen nicht wesentlich schlechter anschlagen als freiwillig gewählte.[8]

Sollte der Drogenkonsum Ihres Kindes außer Kontrolle geraten, lautet Ihre Mission: Wir müssen unser Kind dazu bekommen, sich auf eine Behandlung einzulassen – am besten aus freien Stücken (da dies weniger traumatisch ist), aber die Hauptsache ist, dass es sich in Therapie begibt –, notfalls auch erzwungen und durch eine Einweisung.

- Der erste Schritt ist eine Frage: »Dein Drogenkonsum ist völlig ausgeartet. Bist du bereit, dich auf professionelle Hilfe einzulassen?«
- Im zweiten Schritt üben Sie Kontrolle aus, indem Sie Ihrem Kind klarmachen, dass es keine andere Wahl hat. Sprechen Sie dabei keine Drohungen aus.

Sie richten sich so an sein (A)-Hirn, das weiß, dass es in großer Gefahr ist, sich im Eifer des Gefechts aber nicht gegen das (C)-Hirn durchsetzen kann. Das funktioniert häufiger, als Sie glauben. Wenn Sie nicht zum (A)-Hirn Ihres Kindes durchdringen können (ein wesentliches Anzeichen von Sucht), ist es an der Zeit vorübergehend als sein (A)-Hirn zu agieren und eine professionelle Behandlung zu erzwingen. In Deutschland gibt es ein enges Netz von Suchtberatungsstellen, in denen sowohl Ihr Kind als auch Sie als Angehörige umfassend beraten werden. Scheuen Sie sich nicht, eine solche Beratung in Anspruch zu nehmen. Sie finden dort fachkundige Hilfe, wenn es um die (freiwillige oder unfreiwillige) Einweisung in eine Entzugsklinik oder andere Hilfsangebote geht.

### Mein Vorschlag

Übernehmen Sie einfach meine beste Strategie (die in diesem Buch bereits erwähnt wurde), wenn Sie mit Ihrem Teenager über die Sicherheit weicher Drogen wie Alkohol und Marihuana debattieren: Zuerst teilen Sie Ihrem Kind mit, dass sich jeder zehnte (vielleicht auch jeder achte) Teenager, der regelmäßig weiche Drogen konsumiert, später zu einem Süchtigen entwickelt. Ein Dasein, das viele Menschen mehr fürchten als den Tod.

Die besonders Schlauen antworten darauf immer: »Das bedeutet, dass es mir mit 90 prozentiger Wahrscheinlichkeit gut gehen wird. Also, wo liegt das Problem?«

Darauf entgegne ich: »Es ist wie im Vergnügungspark. Du fährst doch gerne Achterbahn, nicht wahr? Wenn an der Achterbahn ein kleines Schild angebracht wäre, auf dem steht: ›WARNUNG! Jeder Zehnte, der mitfährt, kommt um‹, würdest du dann trotzdem mitfahren? Denn genau das tust du, wenn du weiche Drogen konsumierst.«

Die meisten Jugendlichen schauen dann drein, als hätte ihnen jemand gerade eine sehr unangenehme Wahrheit um die Ohren gehauen. Manche aber grinsen höhnisch: »Ja sicher, aber ich würde trotzdem klarkommen.« Ich mache eine bedeutungsschwangere Pause, sehe meinem Gegenüber in die Augen und sage ganz langsam: »Dann ist es wohl so, dass du Achterbahnen und Drogen wirklich, wirklich magst, da du bereit bist, ein Risiko von eins zu zehn einzugehen, dass du stirbst. Vielleicht haben dich die Drogen ja bereits im Griff. Stammt deine Antwort von deinem 4- oder deinem 14-jährigen Gehirn? Antworte bitte nicht gleich. Denke erst einmal nach. Wir können uns nachher weiter unterhalten.«

Sobald der Drogenkonsum unter Kontrolle ist, ist das Gehirn Ihres Kindes bereit, die Stärkung der Resilienz wiederaufzunehmen. Es ist nun an der Zeit, seine Resilienz zu nähren, da sie die beste Verteidigung gegen den Missbrauch von Drogen ist.

## Obsessive Nutzung elektronischer Geräte

*»Soziale Medien – der Ort, an dem Männer Männer sind, Frauen Frauen und Kinder entweder Raubtiere oder Polizisten.«*

*Ryan, 13 Jahre alt*

### Do:

- Machen Sie sich klar, dass der Bildschirm (jedes Gerät mit Internetzugang) das ist, was für Sie früher der Treffpunkt an der Straßenecke war (ein Ort, an dem man mit Freunden abhängen und mit der Welt Kontakt aufnehmen kann).
- Machen Sie sich klar, dass manchmal Schlechtes, meistens aber Gutes »an der Straßenecke« passiert. Dabei kann das Schlechte allerdings so richtig schlecht sein. So schlecht, dass es lebenslange Auswirkungen hat.
- Betrachten Sie Internetzugang wie Autofahren: Bei gemeinsamen Fahrten muss Ihr Kind beweisen, dass es fähig ist, auch allein fahren zu können.
- Erlauben Sie Internetzugang nur in gemeinsamen Räumen (nie im Schlafzimmer), bis Ihr Kind mindestens 14 Jahre alt ist.
- Machen Sie Verantwortungsbewusstsein zur Voraussetzung für mehr Freiheiten am Bildschirm. Erlauben Sie nach und nach mehr Privatsphäre, angepasst an den Grad des Verantwortungsbewusstseins Ihres Kindes. Wenn etwas Negatives geschieht, überwachen Sie die Nutzung des Internets wieder mit sofortiger Wirkung, allerdings nur für eine bestimmte Dauer.
- Beobachten Sie, ob die anderen Interessen Ihres Kindes leiden (Schlaf, Noten, Hobbys, soziale Kontakte).

- Besprechen Sie gemeinsam ein vernünftiges Tageslimit an Bildschirmzeit (Schritt 1). Betrachten Sie die reale Bildschirmzeit nach einer Woche zusammen – zwanglos und ohne erhobene Stimme (Schritt 2). Bleiben Sie ruhig, während die Augen Ihres Kindes immer größer werden, wenn ihm klar wird, wie viel Zeit es wirklich am Bildschirm verbracht hat.

- Wenn die Nutzungsdauer das gemeinsam gesetzte Ziel stark überschreitet, fragen Sie Ihr Kind, wo es Zeit einsparen könnte.

- Wiederholen Sie Schritt 1 und Schritt 2 mehrmals innerhalb einiger Wochen, fordern Sie Ihr Kind erneut auf, Verantwortung zu übernehmen, und mischen Sie sich stärker in sein Bildschirmverhalten ein, wenn das nichts hilft: »Können wir uns darauf einigen, dass deine Geräte um 21 Uhr heruntergefahren werden, wenn du dich diese Woche nicht an dein Zeitlimit hältst? Nach einem Monat darfst du deine Geräte wieder selbst ausschalten, wir schauen dann, wie gut du damit zurechtkommst.«

- Belohnen Sie Ihr Kind, wenn es weniger vor dem Bildschirm hängt. Wenn nichts anders dabei hilft, Ihr Kind vom Bildschirm zu lösen, nutzen Sie die Überzeugungskraft der Bestechung.

- Machen Sie Ihrem Kind sanft klar, dass das Internet suchtgefährdend ist und genau wie Heroin ein ganzes Menschenleben an sich reißen kann.

- Wenn gar nichts mehr hilft, ziehen Sie den Stecker – aber wirklich nur als allerletzten Ausweg. Denken Sie sich gleichzeitig einen Plan aus, um Ihr Kind wieder fit für das Internet zu machen. Treten Sie so lange als Kontrollinstanz auf, bis Ihr Kind sich selbst kontrollieren kann. Schafft Ihr Kind es nicht, sich in den Griff zu bekommen, suchen Sie professionelle Hilfe auf.

## Don't:

- Fangen Sie nicht gleich damit an, den Stecker zu ziehen (es sei denn Sie mögen gerne Filme, in denen Explosionen vorkommen, oder Teenager, die sich nicht selbst regulieren können).

- Unterschätzen Sie niemals, wie wichtig die elektronischen Geräte für Ihr Kind sind. Für Ihr Kind fühlt es sich an, als sei sein Handy lebensnotwendig.
- Halten Sie nicht alle internetfähigen Geräte von Ihrem Kind fern, um Schlechtes fernzuhalten. So verpasst Ihr Kind auch all die positiven Seiten.
- Es ist keine Option aufzugeben und Ihrem Kind zu erlauben, die ganze Nacht vor dem Bildschirm zu verbringen.
- Bevor es 14 Jahre alt ist, sollten Sie Ihr Kind nicht völlig unbeaufsichtigt vor dem Bildschirm lassen.
- Begeben Sie sich nicht in körperliche Auseinandersetzungen, um Stecker zu ziehen oder Bildschirme zu konfiszieren. Schalten Sie stattdessen das WLAN aus und sichern Sie die Geräte Ihres Kindes, wenn es gerade nicht da ist.

## Was steckt hinter den Handlungsempfehlungen?

Ob Sie wollen oder nicht, das Internet hat die gute alte Straßenecke ersetzt. Dieser Ort, den Teenager meist zur Kontaktpflege außerhalb der Schulzeiten nutzen, hat eine wichtige Funktion für die soziale/ emotionale Entwicklung in der Pubertät. Während wir Eltern uns heute nach der Straßenecke von früher zurücksehnen, hätten unsere Eltern wahrscheinlich das Internet vorgezogen, da in der damaligen realen Welt, mindestens genau so oft wie im Internet heute, schreckliche Gefahren auf Teenager lauerten. Allerdings hat das Internet eine beängstigende Schattenseite, derentwegen Sie dies wahrscheinlich lesen.

### Gefahren des Internets

Genau wie Eltern waren auch all diejenigen, die professionell mit Kindern und Jugendlichen arbeiten, völlig unvorbereitet, als internetfähige Endgeräte auf dem Markt auftauchten. Nur wenige sahen die problematischen Seiten in ihrem ganzen Umfang. Das Problem ist dabei nicht Kinderpornografie, die zwar leider real ist, aber doch eher selten vorkommt. Die größere Gefahr liegt in anderen Bereichen. Umfangreiche Recherchen (der American Academy of Pediatrics und der American Academy of Child and Adolescent Psychiatry) haben ergeben, dass zu diesen Risiken unter anderem

- Cybermobbing
- problematische Moralvorstellungen
- Pornosucht und sexuelle Fetische (zwischenzeitlich werden davon junge Frauen genauso wie junge Männer angezogen)
- Gewichtzunahme
- Schlafmangel
- Isolation
- soziale und emotionale Defizite
- Depressionen
- Angststörungen und
- eine ausgewachsene Internetabhängigkeit

gehören.

Diese Wissenschaftler sind auch der Meinung, dass gewalttätige Computerspiele dazu führen können, dass Menschen reale Gewalt weniger stark empfinden (und nicht darauf reagieren, als wäre sie real) und darüber hinaus dazu führen können, dass Teenager eher bereit sind, Gewalt auszuüben. Wenn diese furchterregend normalen Probleme in Ihren Ohren wie Resilienz-Killer und stressfördernde Gifte klingen, sind Ihre Ohren gut. (Habe ich bereits erwähnt, dass die heutige Teenagergeneration die gestressteste der letzten 50 Jahre ist?)

Auch wenn Sie wirklich keine Lust darauf haben: Ihre Mission im Namen der Resilienz lautet nicht, die Zeit, die Ihr Kind am Bildschirm verbringt, einfach zu kontrollieren, sondern Ihrem Kind beizubringen, wie es sich selbst kontrollieren kann. Die ganzen Bildschirme werden Ihrem Kind mit Sicherheit weit länger erhalten bleiben als Ihre ständige Gegenwart als Eltern. Eltern, die nach der alten Mission (Kontrolle) vorgehen, verbieten häufig einfach jegliche Internetnutzung. So bescheren sie mir grandiose Urlaubsersparnisse, da ich ihre Erstsemester-Studierenden behandle, die völlig ausgebrannt nach Hause kommen, weil sie mehrere Nächte hintereinander online waren und es einfach nicht geschafft haben, das plötzlich grenzenlos zugängliche, extrem suchterzeugende Gerät auszuschalten.

### Mein Vorschlag

Eine sehr gute Strategie ist es, die Nutzung von internetfähigen Geräten wie Autofahren zu betrachten. Bei Computerbildschirmen und Autos handelt es sich um wunderbare Werkzeuge, die grundlegend sind für das Lebensglück Ihres Kindes. Doch ohne Übung und sorgfältige Aufsicht können sie gefährlich sein und Menschenleben kosten. Sie würden das Leben Ihres Kindes ja auch niemals riskieren, indem Sie ihm mit zehn Jahren Ihre Autoschlüssel aushändigen und ihm viel Spaß wünschen. Wenn es um Computer und das Internet geht, haben wir häufig aber genau das getan, und die daraus resultierenden »Unfallzahlen« sprengen die Statistik. Im Folgenden einige Anregungen, wie Sie am besten mit Computer und Internet umgehen:

- Erlauben Sie unbeaufsichtigte Zeit am Bildschirm frühestens ab 14 Jahren. Auf diese Altersgrenze haben sich die Experten geeinigt. Meine eigene Empfehlung lautet sogar: nicht früher als 16 Jahre. (Vielleicht bin ich Zeuge von zu vielen Unfällen.)
- Zögern Sie den Umgang mit Computern so lange wie möglich hinaus. Wenn Ihr Kind nicht von vorneherein um das neueste Smartphone bettelt, geben Sie ihm so lange ein älteres Modell, bis es nicht mehr anders geht.
- Wünscht sich Ihr Kind nichts sehnlicher, als endlich mehr Zeit am Bildschirm verbringen zu dürfen (es stimmt, dass es ohne Internetzugang tatsächlich von den anderen Jugendlichen isoliert ist), so sprechen Sie mit ihm über die Risiken und fragen Sie nach seiner Meinung, ohne es zu verurteilen oder einen Streit zu beginnen.
- Ziehen Sie die Metapher vom Autofahren heran und sagen Sie, dass Sie vollkommen überzeugt sein wollen, dass Ihr Kind sicher ist, wenn es mit 14 Jahren allein losfährt. Beginnen Sie damit, Programme zu installieren, mit deren Hilfe Sie die Computernutzung nachvollziehen können. Spionieren Sie Ihr Kind nicht aus. Reden Sie offen mit Ihrem Kind und sagen Sie ihm, dass Sie sehen können, mit

wem und worüber es im Internet kommuniziert. Sagen Sie auch, dass Sie sich immer mehr zurückziehen, je besser Ihr Kind mit dem Computer umgeht und dass es am Ende völlig selbstständig handeln darf.

- Beginnen Sie mit »minimal-invasiven« Mitteln und erhöhen Sie die Kontrolle nur, wenn es sein muss. Der Gedanke dabei ist, dass Ihr Kind lernt, sich selbst zu regulieren. Wenn Sie einfach den Stecker ziehen (und Sie diese Tat überleben), teilen Sie Ihrem Kind so zugleich mit, dass es nur online sein kann, wenn Sie da sind und, dass es die Kontrolle völlig verlieren wird, wenn es von zu Hause auszieht. Der Schlüssel zum Erfolg ist, wie bei den meisten Teenager-Problemen, dass Ihr Kind es schafft sein (C)-Hirn durch sein (A)-Hirn auszugleichen. Dieser Trick kann als Vorbild für andere Verhaltensweisen dienen und ist zugleich ein wahrer Schatz in puncto Resilienz, von dem Ihr Kind sein Leben lang zehren kann.

## Nicht schlafen können oder wollen

**Do:**

- Schauen Sie nach Zeichen, die auf Schlafmangel hinweisen (Gereiztheit, Überdrehtheit, Lethargie, Dösen, Konzentrationsmangel, schlechte Leistungen).
- Nehmen Sie dieses Thema ernst. (Das ganze Leben Ihres Kindes hängt von seinem Schlaf ab.)
- Ihr Kind braucht neun Stunden Schlaf. Pro Nacht, nicht pro Woche.
- Seien Sie sich im Klaren darüber, dass Ihr Kind eher sechs Stunden oder weniger pro Nacht schläft, und wahrscheinlich besteht es darauf, dass das völlig ausreicht.
- Das Gehirn Ihres Kindes sorgt dafür, dass es erst spät müde wird. Mit ein bisschen Anstrengung kann es lange wachbleiben (siehe unten).
- Schlaf kann nicht nachgeholt oder auf Vorrat »vorgeschlafen« werden, indem man das ganze Wochenende durchschläft. Ein solches Muster verschlimmert das Problem eher.

- Schauen Sie nach möglichen Störungen, die mit dem Schlafmangel in Verbindung stehen können (Depressionen, Ängste, eine bipolare Störung, Schlafstörungen, Drogen).
- Halten Sie das Schlafzimmer Ihres Kindes bildschirmfrei – bestechen Sie Ihr Kind, wenn es sein muss.
- Bringen Sie Ihr Kind dazu, Sport zu machen, und zwar vor, nicht nach dem Abendessen (habe ich schon die Möglichkeit eines Bestechungsversuches erwähnt?)
- Recherchieren Sie gemeinsam mit Ihrem Kind, wie man Schlafhygiene herstellen kann.
- Suchen Sie einen Arzt auf, wenn sich die Schlafsituation nicht bessert. Hinter dem Schlafmangel Ihres Kindes könnten auch körperliche Ursachen stecken (Schlafapnoe, eine Schlafstörung, das Restless-Legs-Syndrom).

## Don't

- Erlauben Sie weder Fernseher, Handy noch Computer im Schlafzimmer (wenn die Geräte schon dort sind, versuchen Sie, sie mittels Bestechung zu entfernen).
- Meckern oder schreien Sie Ihr Kind nicht an, bedrängen Sie Ihr Kind nicht, wenn es um Schlaf geht (so machen Sie aus einem Gesundheitsproblem eine kräftezehrende Auseinandersetzung um Macht und Kontrolle).
- Ermutigen Sie Ihr Kind nicht zu längeren Nickerchen zwischendurch (mehr als 20 Minuten).
- Verabreichen Sie keine Schlafmittel, ohne zuvor Rücksprache mit Ihrem Arzt zu halten. Einige der Mittel können das Problem noch verschlimmern.

## Was steckt hinter den Handlungsempfehlungen?

Die meisten Menschen, die beruflich mit Kindern und Jugendlichen zu tun haben, halten schlechte Schlafgewohnheiten für das dringlichste Gesundheitsproblem der heutigen Generation. Schlafmangel gilt außerdem als häufigste Ursache für den Verlust psychischer Widerstandskraft. Auch wenn es zuerst nicht sonderlich dramatisch klingt, ein paar Stunden Schlaf pro Nacht zu verlieren, so ist dieser Schlafverlust doch ein gewichtiger Faktor, der zur seuchenartigen Verbreitung von Depressionen, Angststörungen, Autounfällen, Selbstmord, Übergewicht, ADHS, Typ-2-Diabetes und schlechten Leistungen bei Teenagern führt. Bei all den aufgezählten bedrohlichen Folgen spielt Schlafmangel eine wichtige Rolle. Schlaf ist für Pubertierende außerdem für das körperliche Wachstum und die körperliche Entwicklung besonders wichtig und auch, weil das Gehirn sich im Schlaf von »Abfall« befreit und die neurologischen Verbindungen entstehen, die so wichtig sind, um das (A)-Hirn zu erreichen.

Die meisten Studien kommen zu dem Ergebnis, dass Ihr Kind neun bis zehn Stunden Schlaf pro Nacht benötigt. Ich reagiere geradezu ekstatisch, wenn einer meiner Klienten auf acht Stunden kommt. Die meisten Teenager kommen etwa auf sechs Stunden Schlaf und mit diesem Defizit verhält es sich ganz ähnlich, wie mit einer Kreditkarte, die ständig überzogen wird: Der nächtliche Schlafmangel addiert sich zu einer längst überfälligen Schlafschuld und wächst aufgrund der Zinsen immer mehr an, je weiter die Woche voranschreitet. Ein Jugendlicher, der jede Nacht zwei Stunden zu wenig schläft, schleppt sich am Montag mit zwei Stunden Schlafdefizit durch den Tag. Am Dienstag sind es bereits vier Stunden und so weiter. Und nein, es ist nicht möglich diesen Mangel dadurch auszugleichen, dass man am Samstag und am Sonntag 16 Stunden lang schläft oder Schlaf vorauseilend anspart. Diese Schlafmarathons machen alles nur noch schlimmer, da so die Schlafuhr im Gehirn durcheinandergebracht wird. Diese innere Uhr braucht einen regelmäßigen Rhythmus, damit wir uns müde fühlen und morgens aufwachen.

Ein Drittel unserer Kinder starren nachts die Schlafzimmerdecke an, weil ihre pubertären Gehirne (ganz von selbst) die innere Uhr um ein paar Stunden vorstellen, was zur Folge hat, dass sie, ohne äußeres Zutun, gegen ein Uhr in der Früh schläfrig werden und gegen Mittag aufwachen. Das bedeutet natürlich auch, dass sie im Chemieunterricht beinahe komatös sind. Ihr Kind lügt nicht, wenn es schreit: »Ich kann einfach nicht schlafen.« Was für Sie aussieht wie der Wunsch, bis spät in die Nacht zu feiern, ist in Wirklichkeit ein weiteres Symptom der sich entwickelnden Verdrahtung im Gehirn.

Dass Jugendliche heute ständig von Bildschirmen umgeben sind, die die »Jetzt-wird-geschlafen«-Funktion ihres Gehirns auf eine Weise außer Gefecht setzten, auf die Starbucks neidisch werden könnte, macht die Lage noch schwieriger. Fernseh-, Computer-, Tablet- und Smartphone-Bildschirme stimulieren die jugendlichen Gehirne und machen sie hellwach (auch wenn sie darauf bestehen, dass Fernsehen beim Einschlafen hilft). Fügen Sie all dem noch den nie zuvor dagewesenen Druck hinzu, so erhalten Sie eine äußerst wirksame Mixtur für eine chronische Erschöpfung. Ich bin immer wieder überrascht, dass Teenager dennoch so gut funktionieren. Ich bin überrascht, dass die meisten freitags noch Luft bekommen.

### Mein Vorschlag

Der erste Schritt für Sie wird es sein, Ihr Kind zu fragen, ob es die genannten Punkte bei sich selbst feststellt (wahrscheinlich wird es Übereinstimmungen verneinen). Im zweiten Schritt sollten Sie versuchen, Ihr Kind dazu zu bewegen, seine innere Uhr umzustellen (wahrscheinlich wird auch das nicht einfach so klappen). Es ist anzunehmen, dass sich die Erschöpfung für Ihr Kind schon ganz normal anfühlt, und es wird lachen, wenn Sie sagen, dass es neun Stunden Schlaf pro Nacht benötigt. Viele Jugendliche haben den Eindruck, lange wachzubleiben, sei Teil des Erwachsenwerdens, weswegen sie gerne damit angeben, wie lange sie in der Nacht vor der Klausur/dem Fußballspiel/ dem Schulfest aufgeblieben sind.

Schicken Sie Ihr Kind los, um dieses Thema auf eigene Faust zu recherchieren und verhandeln (bestechen?) Sie eine vierwöchige Versuchsphase, in der es früher zu Bett geht und Tagebuch darüber führt, wie es sich fühlt. Anreize anzubieten, kann sich auszahlen, da sich das Gehirn Ihres Kindes daran gewöhnt, früher müde zu werden, wenn die innere Uhr erst einmal vorgestellt wurde. Mit der Zeit werden dann auch die Anreize überflüssig.

Wenn Ihr Kind erst einmal so weit und willig ist, können Sie alle Geräte eine Stunde vor der anvisierten Schlafenszeit aus seinem Umfeld entfernen. »Bettzeit« bedeutet für Jugendliche meistens so etwas wie Nachrichten schreiben, Videos ansehen und so weiter. »Schlafenszeit« ist gleichbedeutend mit Augen schließen, schnarchen und sabbern. Letzteres wird wohl am schwierigsten umzusetzen sein, also zücken Sie schon einmal Ihren Geldbeutel. Wenn Sie es sich leisten können, bieten Sie an, neue Geräte (Smartphones, Tablets) zu kaufen, die ihren Platz nicht im Kinder-/Jugendzimmer haben, und fordern Sie im Gegenzug, dass Ihnen alle alten Geräte, die sich bereits im Zimmer Ihres Kindes befinden, ausgehändigt werden. Oder bieten Sie neue Privilegien an, wenn sich Ihr Kind im Gegenzug auf einen gesünderen Schlafrhythmus einlässt (ein großartiger Handel). Sagen Sie Ihrem Kind, dass es Zeit und Geduld braucht, bis die Schlafuhr umgestellt ist. Die folgenden Tricks kann Ihr Kind ausprobieren und für sich herausfinden, was am besten funktioniert:

**Schlafhygiene-Tricks**

- Gehe jeden Abend 15 Minuten früher zu Bett (ausgehend von Deiner sonst üblichen Schlafenszeit), bis Du das anvisierte Ziel erreicht hast. Versuche nicht, die Uhr von einer Nacht auf die andere um drei Stunden vorzustellen.
- Stehe jeden Morgen zur selben Zeit auf, selbst wenn Du am Abend zuvor lange wach warst.
- Vermeide Schlafpausen zwischendurch oder begrenze diese auf maximal 20 Minuten. Gehe stattdessen spazieren, joggen oder tanze einfach ein bisschen.
- Mache Sport (aber nicht nach dem Abendessen).
- Dimme eine Stunde vor der Schlafenszeit das Licht in Deinem Zimmer und schalte alle elektronischen Geräte aus.
- Ab Mittag solltest Du keine koffeinhaltigen Getränke mehr zu Dir nehmen (Kakao, manche Limonaden, Tee und Kaffee enthalten Koffein und können den Schlafrhythmus durcheinanderbringen).
- Vor dem Schlafen wirkt Lesen beruhigend, am besten auf einem Stuhl oder am Boden, nicht im Bett.
- Höre Entspannungs-CDs an oder lausche einer beruhigenden »White Noise Machine«.
- Probiere Ohrstöpsel aus.
- Wiederhole immer dasselbe Ritual, bevor du schlafen gehst (beispielsweise eine Dusche und einen abendlichen Snack immer zur selben Zeit).
- Bleib gelassen. Auch wenn du heute Nacht nicht gut schläfst, schläfst Du dafür morgen Nacht umso besser (wenn du keinen langen Mittagsschlaf machst).

Behandeln Sie das Thema »Schlaf« so wie das äußere Erscheinungsbild oder das chaotische Zimmer Ihres Kindes, will heißen, diese Themen sind es nicht wert, in große Auseinandersetzungen auszuarten (bei denen Ihr Kind das Gefühl bekommt, Sie würden es ablehnen). Bitten Sie Ihr Kind, sich bessere Schlafgewohnheiten anzueignen, bestechen

Sie es, aber fangen Sie keine Kämpfe an. Mündet das Thema »Schlaf« in einen Machtkampf, so wird Schlafmangel in der Zukunft Ihres Kindes höchstwahrscheinlich ein echtes Problem. Wichtiger ist es, zu lernen, dass Schlaf etwas ist, das man nicht einfach erzwingen kann. Mit der Zeit finden die meisten Jugendlichen selbst heraus, dass sie genügend Schlaf brauchen, um zu funktionieren. Und je weniger wir sie drängen, desto besser schlafen sie – irgendwann.

## Ein stark erhöhtes Stresslevel

*»Stress ist nichts anderes als eine sozial akzeptierte psychische Erkrankung.«*

*Autor und Therapeut Richard Carlson*

**Do:**

- Machen Sie sich klar, dass unsere Kinder zu der am meisten gestressten Generation gehören, die jemals existiert hat.
- Machen Sie sich klar, dass Stress eine kräftezehrende Krankheit ist, die sich körperlich und seelisch auswirkt (und die mit der Zeit schlimmer wird).
- Machen Sie sich klar, dass Stress die chemischen Vorgänge im Gehirn negativ beeinflusst, die ihr Kind braucht, um mit der Welt fertigzuwerden. So entsteht ein Teufelskreis, denn durch die mangelnden Bewältigungsmechanismen wird noch mehr Stress produziert, der einen negativen Einfluss ausübt ... und so weiter.
- Hören Sie ruhig zu, wenn Ihr Kind Sie anschreit (ohne beleidigend zu werden). Halten Sie nach Stressoren Ausschau, die es in seiner Wut möglicherweise äußert.
- Seien Sie ein Vorbild der Ruhe als Gegenpol zum »Teenagerwahn«.

- Schauen Sie nach Indikatoren für Stress wie Unruhe, riskantes Verhalten, Weinen, ungewöhnliche Launenhaftigkeit, Drogenkonsum und Veränderungen im Schlaf- oder Essverhalten sowie im sozialen Umfeld.
- Unterstützen Sie Ihr Kind dadurch, dass Sie seine Ernährung verbessern, es antreiben, mehr zu schlafen, ihm Mediationsübungen und Sport nahelegen. Diese Veränderungen können wirklich zu einer Verbesserung der Situation beitragen. Bestechen Sie Ihr Kind, wenn es sein muss. Übrigens, Sie stehen an erster Stelle: Verhalten Sie sich so, wie Sie das von Ihrem Kind wünschen, verbessern Sie also Ihr eigenes Wohlbefinden.
- Erstellen Sie gemeinsam eine Liste aller Stressoren, beginnen Sie mit den schlimmsten. Löschen Sie die weniger gravierenden Stressoren, wenigstens vorübergehend. Möglicherweise sieht Ihr Kind den »Stress-Wald« vor lauter Bäumen schon gar nicht mehr. Ironischerweise kann Stress dazu führen, dass man alles auf einmal schaffen möchte (gerade bei Jugendlichen).
- Fragen Sie Ihr Kind, ob es sich so schlecht fühlt, dass es lieber nicht mehr am Leben wäre. Suchen Sie unverzüglich professionelle Hilfe auf, wenn die Antwort Ja lautet.
- Machen Sie einen Termin bei einem psychologischen Berater, sollte Ihr Kind mehr als ein bis zwei Wochen unter starkem Stress stehen. Bestechen Sie Ihr Kind, um es zur Beratung zu bewegen.

## Don't:

- Unterschätzen Sie die Risiken von übermäßigem Stress nicht.
- Erhöhen Sie nicht das Stresslevel Ihres Kindes, indem Sie es aufziehen oder seine Gefühle nicht ernst nehmen. Sagen Sie nicht so etwas wie: »Was für einen Grund hast du denn, so gestresst zu sein?«
- Speisen Sie Ihr Kind nicht mit hohlen Phrasen wie »Es wird schon alles gut werden« ab. Für Ihr Kind fühlt es sich gerade ganz sicher völlig anders an.

- Nehmen Sie Ihrem Kind nicht alle Verantwortung und Entscheidungen ab. Es sei denn, es schafft es nicht, diese selbst zu tragen.

## Was steckt hinter den Handlungsempfehlungen?

Das Zitat von Richard Carlson gefällt mir sehr gut, auch wenn es inzwischen veraltet ist. Heutzutage sind die psychischen Folgen, die durch exzessiven Stress verursacht wurden, meiner Meinung nach nicht nur akzeptiert, sondern geradezu erwünscht, stehen sie doch als Nachweis für harte Arbeit, Engagement und Fleiß. In angemessener Dosierung ist Stress für die Entwicklung in der Pubertät förderlich. Positiver Stress, der aus einer Herausforderung erwächst, kann auf Teenager aktivierend wirken: Sie fühlen sich lebendig, glücklich, engagiert, sind voller Energie und haben ein Lächeln im Gesicht. Von ihren lächelnden Gesichtern kann man geradezu ablesen, wie ihre Resilienz stärker wird. Dieses Lächeln hervorzuzaubern – mit den Strategien und Taktiken, die ich Ihnen an die Hand gegeben habe – ist das primäre Ziel dieses Buches. In diesem Abschnitt geht es darum, was zu tun ist, wenn Jugendliche vom Stress überwältigt werden und ihr Wohlergehen zusammen mit dem Lächeln verschwindet. Lange Stressphasen können einem Teenager ernsthaften Schaden zufügen, sie können sogar zum Tod führen.

Junge Menschen sind heute mit mehr Stressoren konfrontiert, als alle Generationen vor ihnen. Für die Erfolgreichen, die »Gewinner«, kommt der große Druck von unangemessen hohen Leistungserwartungen an den Schulen und im Studium sowie vom grotesken Zulassungswettbewerb an Universitäten. Für die Erfolglosen, die »Verlierer«, kommt der große Druck von der unaufhörlichen Bombardierung mit Botschaften der Hoffnungslosigkeit. Diese Botschaften führen dazu, dass die Jugendlichen glauben, sie könnten nie gut genug werden, um zu den Gewinnern zu gehören. Die »Gewinner«, die »Verlierer« und alle dazwischen leiden darunter, dass sie mit vielen komplexen Entscheidungen konfrontiert werden (solche, die Soziales oder ihre Sexualität betreffen, aber auch bezüglich von Drogen und Gewalt), und das in einem Alter, in dem sie aus neurologischer Sicht noch nicht weit genug entwickelt sind und außerdem noch nicht über die nötige Lebenserfahrung verfügen, die ihnen Orientierung geben könnte.

Eine Überdosis Stress bleibt von Eltern häufig unerkannt, da die Fähigkeiten einzelner Teenager, mit Stress umzugehen, sehr unterschiedlich sind. Was für Ihre Tochter lustig war, kann für Ihren Sohn schmerzvoll sein. Folgen von zu viel Stress sind biochemische Effekte im Gehirn Ihres Kindes, die dazu führen können, dass es verrückte, hochriskante Dinge tut, da risikoreiche Aktivitäten zu einem Anstieg stressreduzierender Neurotransmitter führt. Deswegen kann es sein, dass Ihr »perfektes« Kind eines Tages viel zu schnell über die Autobahn rast, obwohl es weiß, dass das verboten und falsch ist, sich aber für zehn Minuten großartig anfühlt. Dieselben biochemischen Effekte können auch dazu führen, dass Ihr Kind sich wünscht, nicht mehr länger leben zu müssen.

**Mein Vorschlag**

Reagieren Sie ruhig, wenn Ihr Kind ausflippt, weil Sie seine Lieblingskekse vergessen haben. In Wirklichkeit brüllt Ihr Kind wegen zehn anderer Dinge, die viel schlimmer sind als ein bisschen Keksverzicht. Hören Sie dem Geschimpfe zu und warten Sie ab, wohin es führt. Während Ihr Kind, ohne von Ihnen unterbrochen zu werden, schimpft, verwandeln sich die fehlenden Kekse möglicherweise in die beste Freundin, die weggezogen ist, in die vollkommen unverständliche Chemieklausur und in fünf andere schmerzhafte Dinge, von denen Sie nichts ahnten. Betrachten Sie diese Ausbrüche als Geschenk, als Überdruckventil, das Ihr Kind vor dem Explodieren bewahrt, als harmloses Geschrei, das es Ihnen ermöglicht, die wahren Stressquellen zu erkennen. Wenn Sie wissen, dass Ihr Kind gestresst ist, aber im Stillen leidet, gehen Sie mit Ihren Bedenken auf es zu, ohne es zum Reden zu drängen. Sagen Sie beispielsweise: »Ich mache mir Sorgen um dich, du scheinst unter viel Druck zu stehen. Ich fände es toll, wenn wir darüber miteinander sprechen könnten oder, wenn es dir lieber ist, du zu einer Beratung gingest. Denk einfach darüber nach. Du musst dich nicht schlecht fühlen.« Teenager wollen sich häufig nicht eingestehen, dass sie unter Stress stehen (weil gestresst zu sein einer Schwäche gleichkommt) und versuchen deshalb, das Unmögliche ohne Klagen zu vollbringen. Unausgesprochener Stress kann dermaßen schwer auf Teenagern lasten, dass sie sich wünschen, nicht mehr weiterleben zu müssen. Zögern Sie nie, über solche Gefühle offen zu sprechen, denn desto häufiger Sie über solche Dinge miteinander reden, desto unwahrscheinlicher wird es, dass sie geschehen: »Hast du dich jemals so schlecht gefühlt, dass du nicht mehr leben wolltest?« Wenn Ihr Kind darauf mit Ja antwortet oder stumm bleibt (keine Antwort bedeutet normalerweise »Ja«), gehen Sie zu einer Beratungsstelle. Sollte es in Ihrer Nähe keine Beratungsstelle geben, suchen Sie die Notaufnahme auf. Verbannen Sie alle Messer, Scheren und potentiell tödlichen Pillen aus Ihrem Haus. Noch heute.

Denken Sie daran, Ihr Kind fest in den Arm zu nehmen und ihm für seine Offenheit zu danken. Versichern Sie ihm, dass alles gut wird, auch wenn es sich gerade überhaupt nicht so anfühlt, und sagen Sie, dass Sie ihm vorübergehend ein wenig Verantwortung abnehmen (werden Sie zu seinem (A)). Suchen Sie dann die Hilfe von Experten auf, die Ihr Kind jetzt braucht. Würden Sie erst noch rätseln, wenn es über Schmerzen in der Brust, Taubheitsgefühle im Arm und Atemnot klagte? Rätseln Sie bitte auch nicht, wenn es um Selbstmord geht. Manche Dinge können nicht mehr rückgängig gemacht werden. Wenn Ihr Kind in Sicherheit ist, ist es an der Zeit, ihm eine hohe Dosis des neuen unglaublich wirksamen Anti-Stress-Medikaments namens Achtsamkeit zu verabreichen.

## Achtsamkeit: Stressbewältigung und -prävention

---

*»Nicht der Stress selbst tötet uns,*
*sondern unsere Reaktion darauf.«*

*Der Mediziner Hans Selye*

---

Hans Selye (1907–1982) war der erste Wissenschaftler, der die verheerenden Effekte von übermäßigem Stress erkannte, die sich wie Gift auf unseren Organismus auswirken und lebensbedrohliche Krankheiten, darunter Herzinsuffizienz und Krebs, nach sich ziehen können. Als er zum ersten Mal öffentlich über seine Erkenntnisse sprach, wurde er von seinen Kollegen ausgelacht. Ähnlich wie Ihr Kind Sie manchmal verspottet. Jetzt aber mal wirklich, warum sollten sich Gefühle auf den Körper auswirken? Nun gut, Dr. Selyes Kollegen hörten auf zu lachen, als sie seine Forschungsergebnisse lasen. Ich gehe davon aus, dass einige nach der Lektüre sofort damit anfingen, weniger zu arbeiten, mehr Sport zu machen, gesünder zu essen, mehr zu schlafen und zu meditieren, denn diese Maßnahmen gehören zu den besten Anti-Stressmitteln, die uns zur Verfügung stehen. Allerdings funktioniert das (A)-Hirn Ihres Teenagers noch nicht so gut, zumindest nicht so gut wie bei den Kollegen von Dr. S. Wahrscheinlich wissen Sie über Achtsamkeit bereits mehr als genug (und wenn nicht, googeln Sie das Wort). Was Sie vielleicht nicht wissen, ist, wie Sie Ihr Kind dazu bringen können, gesünder zu leben, damit es gegen den Stress ankommt, der ziemlich sicher mehr seiner Schulfreunde auf dem Gewissen hat als damals Kollegen von Dr. S.

Wenn Sie Glück haben, und Ihr Kind für die Themen offen ist, können Sie es dazu bringen, mit Ihnen gemeinsam Sport zu machen, zu meditieren und so weiter. Zu Beginn fällt es uns sehr viel leichter, diese Dinge in Gesellschaft zu tun. Allerdings sind die meisten Jugendlichen zu gestresst, um überhaupt noch klar denken zu können, und sie schaffen es schon gar nicht, Disziplin aufzubringen, die es anfänglich braucht, um am Ball zu bleiben. Denn man muss erst einmal eine Weile meditieren, um die wohltuende Wirkung zu spüren. Wie also können Sie Ihr stressgeplagtes Kind überzeugen, wenn Worte nichts nützen? Genau, bestechen Sie es! Stellen Sie Privilegien in Aussicht. Wie Sie sehen werden, sind Bestechungen höchstwahrscheinlich nur so lange nötig, bis die Freude an den Tätigkeiten einsetzt.

Überlassen Sie die Entscheidungen in diesem Bereich Ihrem Kind. Je mehr es selbst Verantwortung übernimmt, umso wahrscheinlicher ist es, dass die anfängliche Begeisterung anhält, da es sich hier um seine Bemühungen handelt und nicht um Forderungen von Ihnen. Denken Sie daran, Ihre Ideen sind für einen Teenager »wertlos«; je mehr Sie das beherzigen, desto mehr Einfluss können Sie ausüben.

## Die Behandlung ernsthafter Belastungsstörungen

*»Die beste Waffe gegen Stress ist unsere Fähigkeit, unsere Gedanken gegeneinander abzuwägen.«*

*Der Philosoph und Psychologe William James*

Mehr als ein halbes Jahrhundert bevor Dr. Selye die Wunderwirkung von Entspannungsmaßnahmen propagierte, sprach sich William James für die Kraft der Gedanken aus, mit der Emotionen kontrolliert werden können. Insofern waren seine Ideen Vorreiter der heutigen so wunderbar effektiven Therapien wie der Kognitiven Verhaltenstherapie (KVT) und der Dialektisch-Behavioralen Therapie (DBT, auch dialektische Verhaltenstherapie). Sollte Ihr Teenager schrecklich leiden, so ist es an der Zeit für eine sofortige Behandlung mit KVT oder DBT, um den zerstörerischen Stress in den Griff zu bekommen. In Teil 1 haben Sie ein wenig darüber erfahren, wie diese Therapien funktionieren – und wie sie funktionieren! Aber nur, wenn Ihr Kind zu seinen Therapiestunden geht und lernt, die Techniken anzuwenden.

Viele Teenager verweigern sich Therapien, da psychische Probleme gesellschaftlich stigmatisiert sind, aber auch, weil sie das Timing stört. Die Pubertät ist genau die Phase, in der Erwachsene nichts mehr im Leben von Teenagern zu suchen haben, weil diese selbstständig werden. Da kann sich eine Therapie wie ein schrecklicher Erwachseneneingriff anfühlen. Zumindest bis sie mit der Therapie beginnen, dann machen die meisten Teenager aus freien Stücken und mit vollem Einsatz mit.

Wenn Ihr Kind sich schon dem Gedanken an eine Therapie verweigert, versuchen Sie es mit einer guten Überzeugungsstrategie. Handeln Sie aus, dass Ihr Kind sich auf drei Sitzungen einlässt, bevor es die Therapie ablehnt. Sollte das nichts helfen, versuchen Sie es mit einer kleinen Bestechung: »Okay, du sagst also, eine Therapie sei blöd, bringe nichts und sei reine Zeitverschwendung. Wie wäre es, wenn du für die Therapiestunden entlohnt würdest?«

Viele Experten sind damit überhaupt nicht einverstanden, hier jedoch zwei Argumente, die dafürsprechen: Erstens geschieht die Abwehrreaktion Ihres Kindes höchstwahrscheinlich aus Angst, und wenn es erst einmal im Behandlungszimmer angekommen ist, beginnt die (C)-Angst, kleiner zu werden, und mit seinem (A)-Hirn wird es verstehen, was mit ihm passiert und wie es sich selbst helfen kann. Die Bestechung kann diese erste Hürde aus dem Weg räumen. Mein zweites Argument ist simpel. Wenn Ihr Kind gerade den »Stress-Bach runtergeht«, ist ein Bestechungsversuch dann nicht besser, als gar nichts zu tun?

# Schulprobleme

»*Sie können mich zwingen, zur Schule zu gehen,
aber sie können mich nicht zwingen,
etwas zu lernen.*«

*Spruch auf einem Autoaufkleber*

Anmerkung des Autors: Bevor Sie weiterlesen dürfen, müssen Sie den obenstehenden Slogan hundertmal abschreiben. Hierbei handelt es sich um eine Pflichtaufgabe. Korrekte Schreibweise und ein sauberes Schriftbild fließen in die Bewertung ein. Denken Sie an die Ränder. Kleiner Scherz – natürlich müssen Sie gar nichts schreiben. Aber war es gerade nicht nervig, gesagt zu bekommen, was Sie tun sollen und wie, ob Sie wollten oder nicht? Kam es nicht zu einer sofortigen Ablehnungsreaktion Ihres (C)-Hirns? Stellen Sie sich vor, wie sich unsere Kinder fühlen. Ziemlich genau so gestaltet sich für sie der Schulalltag, und das rund um die Uhr.

Es ist schon seltsam, dass wir ehemaligen Teenager vergessen, wie furchtbar sich die Schule für Heranwachsende anfühlen kann. Wir verdrängen diese schmerzhaften Erinnerungen nicht nur (wie beispielsweise die daran, wie grauenhaft langsam das Ticken einer Uhr sein kann), sondern haben obendrein diese komische Fantasie, dass Schule für unsere Kinder etwas Erfreuliches sein soll. Häufig ist Schule für unsere Kinder aber nicht erfreulich und als Teenager beginnen sie, so zu reagieren, wie Sie selbst das nur einen Moment zuvor getan haben: genervt, mit Widerspruch, sich dem verweigernd, was von ihnen gefordert wird. In solchen Momenten wird uns Eltern schmerzhaft bewusst, dass wir unsere Teenager nicht so hinbiegen können, wie wir es uns wünschen. Diese Einsichten überrollen uns in Form gigantischer Wellen des Staunens und der Frustration. Wenn es um schulische Leistungen geht, werden aus den Wellen manchmal regelrechte Tsunamis.

Der Autoaufkleber, den ich zitiert habe, fasst das Dilemma bestens zusammen, mit dem sich Eltern konfrontiert sehen, denn ein Kind zum Lernen zu zwingen, ist in etwa so effektiv, wie es zum Schlafen zu zwingen: Je mehr Sie darüber streiten, desto weniger wird es schlafen – oder lernen. Solche Ziele mit Gewalt zu erzwingen, klappt nicht. Wirtschaftswissenschaftler sprechen in solchen Fällen von sinkenden Erträgen. Je mehr Sie in diese Methoden investieren, desto weniger wird dabei rauskommen. Sie können sogar sehr viel mehr von dem bekommen, was Sie eigentlich gerade nicht wollten.

Macht es Sinn, die Hände in einer hilflosen Geste über dem Kopf zusammenzuschlagen, wenn die zehnte verärgerte Nachricht seines Lehrers bei Ihnen ankommt? Meine Lieblingsnachricht war die, in der ein Lehrer mich beschuldigte, meine Kinder dazu zu ermuntern, die Schule nicht ernst zu nehmen: »Liebe Eltern, ich mache mir große Sorgen, da ich den Eindruck habe, dass Ihr Sohn es in Ordnung findet, ohne einen Funken Enthusiasmus und völlig unvorbereitet zum Unterricht zu erscheinen ...« Es gibt vieles, was wir für unsere schulisch angeschlagenen Teenager tun können und sollten. Aber wie es schon im Gelassenheitsgebet heißt, sollten wir zuerst entscheiden, was wir tun können, und vergessen, wo wir nicht helfen können.

## »Schulhass«

### Do:

- Bleiben Sie ruhig. Mehr sichtbare elterliche Frustration = weniger schulisches Engagement auf Seiten des Teenagers.
- Betrachten Sie »Schul-Hass« als reines Pubertätsproblem, nicht als Charakterschwäche.
- Stimmen Sie seinem (C)-Hirn zu: Ja, Schule ist langweilig und meistens irrelevant (so sehen das die meisten Teenager). Doch dann ...

- ... fragen Sie, ob es einen Teil gibt (sein (A)-Hirn), der der Schule einen gewissen Wert zuerkennt.
- Tun Sie sich mit den Lehrern zusammen, um nach möglichen, bisher unentdeckten Gründen für die Schulverweigerung zu suchen (beispielsweise Schwierigkeiten in bestimmten Fächern, mangelnder Schlaf, unausgewogene Ernährung, schlechte Organisation, Angst, der Einfluss Gleichaltriger).
- Bleiben Sie am Ball. Eines Tages wird auch bei Ihrem Kind der Groschen fallen – wenn Sie nicht die Geduld verlieren.

## Don't:

- Sagen Sie nicht, dass Ihr Kind gerne zur Schule gehen soll. So beginnt Ihr Kind einen Kampf um Macht und Kontrolle, es geht dann gar nicht mehr um die Schule.
- Bestätigen Sie nicht einfach das »Ich hasse die Schule« seines (C)-Hirns, ohne im zweiten Schritt mit wachrüttelnden Fragen an sein (A)-Hirn zu appellieren.
- Drehen Sie nicht durch. Viele derer, die in ihrer Jugend ungern zur Schule gegangen sind, entdecken später die Lust am Lernen. Geben Sie Ihrem Kind einfach Zeit. Nachdem Ihr Kind beim Praktikum im Restaurant zehn Stunden lang Zwiebeln gehackt hat, überlegt es vielleicht noch einmal, ob die Schule wirklich so unwichtig ist.

## Was steckt hinter den Handlungsempfehlungen?

Räumen Sie bei Diskussionen zum Thema Schule ein, dass diese tatsächlich langweilig und unwichtig ist – zumindest im Kopf der meisten Jugendlichen. Wenn Sie von der »Schule-ist-irrelevant-Sache« nicht viel halten, beantworten Sie, ohne zu überlegen, die folgenden Fragen: Wie hoch war das Bruttosozialprodukt in Jugoslawien im Jahr 1980? Gab es Jugoslawien überhaupt im Jahr 1980? Können Sie sich jetzt daran erinnern, wie es ist Dinge zu lernen, die Ihnen überflüssig erscheinen und auf die Sie keine Lust haben? Andererseits ist die Schulzeit zweifelsohne der beste Weg zu einem glücklichen Leben. Problematischerweise fehlen Teenagern die neurologischen Kapazitäten, um sich vorstellen zu können, was in der weiter entfernten Zukunft sein wird.

Wenn Sie weiterhin nicht einräumen, dass Schule massiv langweilig sein kann, dann erklären Sie mir bitte, wie Sie Ihr Kind dazu bringen, sich für die Lektüre von Shakespeare zu begeistern. Ist Ihnen etwas Vergleichbares gelungen? Lernen aus Spaß am Lernen ist eine typisch erwachsene Erfahrung, die die meisten Jugendlichen nicht nachvollziehen können. Schüler sind in der Regel schulpflichtig und nicht freiwillig dort. Seien Sie ein bisschen einfühlsam und hören Sie zu, was Ihrem Kind sinnvoll erscheint. Auf diese Weise haben Sie die Möglichkeit, auf seine Überzeugungen einzuwirken.

Eine Metapher, die im Fall von ausgewachsenem Schulhass hilfreich sein kann, ist die, zu sagen (nachdem Sie dem Klagen Ihres Kindes voller Mitgefühl gelauscht haben), Schule sei wie Profifußball: Man muss sich zuerst durch die Regionalliga kämpfen, um eines Tages einen roten Sportwagen fahren zu können.

Gute Leistungen in der niedrigeren Ligaebene (Mittelstufe) bereiten einen auf die nächsthöhere Liga vor (Oberstufe), die einen in Form bringt, um sich für die Profiliga zu qualifizieren (Universität, Berufsschule). Wenn man hart arbeitet, kann einem die letztgenannte Liga die Schlüssel für den Sportwagen bescheren. Jugendlichen fällt es leichter, die »Irrelevanz« von Unterrichtsstoff zu akzeptieren, wenn ihnen klar wird, dass die Schule einem Spiel gleicht, das am Ende zu dem Leben führt, das man gerne leben möchte. So kann der Schulhass vermindert werden. Sollte sich Ihr Kind nicht für schnelle Autos interessieren, können Sie ihm Bildung als etwas nahebringen, das ihm mehr Freiheit als Selbstständigkeit bringt: »Schreiner, Köche und Krankenpfleger finden auf der ganzen Welt Arbeit. Bildung kann zum Flugticket werden.«

Bei mir hat der rote Sportwagen bestens gezogen.

## Die Qual der Hausaufgaben

> *»Hausaufgaben sind für meinen Lebensstil*
> *völlig belanglos.«*
>
> *Sohn des Autors im Alter von 13 Jahren*

### Do:

- Immer mit der Ruhe. Machen Sie sich klar, dass es da draußen unzählige Eltern gibt, die sich wünschten, ihr größtes Problem wären Hausaufgaben.
- Auch für junge Menschen, die während der Schulzeit gefaulenzt haben, gibt es trotz mangelhafter Leistungen Zukunftschancen. Ein Ausbildungsplatz, ein Studienplatz an einer Fachhochschule oder die technische Fachschule können für ein wachsendes (A)-Hirn plötzlich äußerst attraktiv wirken.
- Betrachten Sie die Schulverweigerung Ihres Kindes als Symptom, nicht als schweres Vergehen.
- Die meisten Hausaufgabenverweigerer sind nicht glücklich, im Gegensatz zu den Jugendlichen, denen die Hausaufgaben leicht von der Hand gehen. Aber irgendwo tief in ihrem Schädel wartet ein Macher – das (A)-Hirn – nur darauf endlich die Kontrolle vom (C)-Hirn zu übernehmen.
- Versuchen Sie herauszufinden, was diesen Macher vom Schreibtisch Ihres Kindes fernhält (Angst, Depressionen, Lern- oder Selbstorganisationsprobleme, ein schlecht ausgestatteter Arbeitsplatz, Wut etc.).
- Bieten Sie Ihrem Kind Hilfe an, oder, noch besser, bieten Sie ihm an, professionelle Hilfe aufzusuchen. Ist Ihnen schon aufgefallen, dass wir Therapeuten auf die Kinder anderer Leute so ungemein viel besser einwirken können als auf unsere eigenen Sprösslinge? Diese elterliche Unfähigkeit trifft auch auf Sie zu.

- Schlagen Sie vor, dass Ihr Kind seine Schulaufgaben nicht zu Hause erledigt (manchmal klappt es in einer Bibliothek viel besser).
- Teilen Sie die Hausaufgaben in 20- bis 30-minütige Portionen, die von kurzen Bewegungspausen unterbrochen werden.
- Bieten Sie Anreize (Konsequenzen, die verdient, aber auch reduziert werden können) wie mehr Computerzeit, Geld und so weiter.
- Machen Sie Ihrem Kind das Angebot (nicht zu verwechseln mit Zwang), ihm abends bei den Hausaufgaben zu helfen oder einen Nachhilfelehrer zu engagieren. Akzeptieren Sie die »a-a-d«-Attitüde (»alle-außer-dir«) Ihres Kindes. Das ist schlau.
- Richten Sie einen ruhigen, ordentlichen und gut beleuchteten Arbeitsplatz ein – ohne elektronische Ablenkungsmöglichkeiten. Wenn nötig, bestechen Sie Ihr Kind diesbezüglich.
- Verabreden Sie eine vierwöchige Testphase, in der Ihr Kind die Hausaufgaben erledigt und darüber berichtet, wie es sich damit fühlt.
- Bieten Sie Anreize, die sich nach dem Engagement Ihres Kindes richten, nicht nach den Noten.

## Don't:

- Brüllen, meckern oder drohen Sie nicht. Wie Sie bereits bemerkt haben sollten, führen diese Maßnahmen zu nichts.
- Vermeiden Sie verbitterte Kämpfe über das Thema Hausaufgaben (»Du bist so ein Versager!«). So gewinnen Sie vielleicht den Kampf um die Noten, verlieren aber den Schlüssel zum Herzen Ihres Kindes.
- Geben Sie niemals auf. Eines Tages wird Ihr geduldiger, liebevoller Einsatz Wirkung zeigen: »Ich mache mir immer noch Sorgen, weil dir die Schule so schwerfällt. Sag Bescheid, wenn du darüber sprechen willst.«
- Erledigen Sie niemals die Hausaufgaben Ihres Kindes. Für den Moment mag sich das gut anfühlen, aber auf Dauer wird es Ihrem Kind schaden.

## Was steckt hinter den Handlungsempfehlungen?

Ihre erste Aufgabe ist es, Ihre Gefühle in den Griff zu bekommen. Ihre Wut kann Ihr Kind hervorragend als Ablenkungsmanöver nutzen, um einen Streit vom Zaun zu brechen, anstatt sich mit sich selbst auseinanderzusetzen. Betrachten Sie geistige Leistungen einfach wie Leistungen im Tennis: In beiden Fällen wird viel Training, Unterstützung und Engagement benötigt, und nichts kann mit Wut erzwungen werden – Ihr Kind muss selbst darauf kommen, dass es etwas gerne tut. Also, zurück auf Los. Versuchen Sie an die (A)-Überzeugung Ihres Kindes zu appellieren: »Warum gehst du eigentlich zur Schule? Was springt dabei für dich heraus?« Wenn Sie gemeinsam die Begründung für diese Frage gefunden haben (»Um nicht nur rumzugammeln« genügt vorerst als Antwort), finden Sie beide sein Ziel heraus, nicht Ihres. Beziehen Sie Ihr Kind wirklich ein, sonst fühlen sich Ihre liebevoll gemeinten Bemühungen möglicherweise eher wie elterliche Wut oder Kontrolle an und verschlimmern die Situation noch.

Die Gründe für die schlechten Leistungen Ihres Kindes sind häufig vielfältig und komplex. Wenden Sie sich an Experten, wenn dieses Thema zum langfristigen Problem wird. Vereinbaren Sie gemeinsame Treffen mit Klassen- und Vertrauenslehrern oder einem Schulpsychologen, wo alle zusammen, inklusive Ihres Kindes, nach einer Lösung suchen. (Bringen Sie Snacks mit, die Lehrer werden sich darüber freuen). Wenn Sie trotz aller Bemühungen auf Granit beißen, verzweifeln Sie nicht, drehen Sie nicht durch und geben Sie nicht auf. Rufen Sie sich ins Gedächtnis, dass Ihre elterliche Mission nicht darin besteht, Ihr Kind zu kontrollieren, sondern darin, Ihrem Kind beizubringen, wie es sich selbst in den Griff bekommt – so etwas ist ein langwieriges Unterfangen. Unsere Kinder müssen aus ihren Fehlern lernen, wir können sie dabei nur unterstützen: »Hey, Mama – mir ist gerade etwas klargeworden. Ich kann eigentlich gar nicht konzentriert lernen, wenn mein Fernseher, Computer, Smartphone und MP3-Player laufen. Glaubst du, darauf sind auch schon Wissenschaftler gekommen?« Wichtiger als alles andere aber ist es, schlechte Noten nie zum Inhalt von Familienfehden zu machen, so verlieren Sie nur die Verbindung zu Ihrem Kind.

Seine Noten sind wichtig, stehen aber an zweiter Stelle. An erster Stelle steht, dass Sie immer für Ihr Kind da sind – egal ob es Einsen oder Sechsen nach Hause bringt. Seinen schulischen Rückstand kann es später im Leben immer noch ausgleichen. Erkaltete Liebe aber bleibt für immer eisig. Ihre Wut kann Macht- und Kontrollkämpfe auslösen und dafür sorgen, dass Ihr Kind weitere Gründe hat, seine Hausaufgaben nicht zu machen. Und das daraus erwachsende Ablehnungsgefühl Ihres Kindes kann dafür sorgen, dass Sie weitere Kapitel dieses Buches lesen müssen, die von weit schlimmeren Themen als von Schulaufgaben handeln.

Alle Heranwachsenden wollen erfolgreich sein, betrachten Sie die Zurückhaltung Ihres Kindes also als ein Zeichen, das für ein anderes Problem steht. Es ist Ihre Aufgabe, herauszufinden, was Ihrem Kind auf der Seele brennt, und dann für Linderung zu sorgen. Das, was Eltern häufig als »Faulheit« wahrnehmen, ist beispielsweise eine Strategie: Lieber strenge ich mich erst gar nicht an (lasse mich also selbst durchfallen), als dass ich mich reinhänge und möglicherweise nicht bestehe. Bei Jugendlichen regiert das (C)-Hirn. Aber genau wie der Baseballspieler, der zu ängstlich ist, um aufzustehen und einen Schlag auszuführen, wird Ihr Kind nie herausfinden, ob es einen Treffer landen kann, wenn es es nicht versucht. Und Sie wissen nicht, wo Ihr Kind Unterstützung braucht, bis jemand seinen Schlag analysiert hat. Ihr Nahziel ist es also, Ihr Kind in die Schlagposition zu stellen, es muss nicht gleich einen Treffer landen, sondern soll einfach ein paar Schläge ausprobieren.

## Mein Vorschlag

Hören Sie zunächst mit all dem auf, was Sie wahrscheinlich getan haben (brüllen, drohen, meckern) und entschuldigen Sie sich dafür bei Ihrem Kind. Machen Sie sich klar, dass Ihr Kind sein Potential entfalten kann, auch wenn das nicht in der Schule geschieht, sondern erst später beispielsweise in der Berufsschule, der Fachhochschule oder einer Berufsausbildung. Gehen Sie dazu über, seinen (A)-Anteil anzusprechen: »Ich verstehe schon, dass du Hausaufgaben nicht gerade gerne

KONZENTRIEREN SIE SICH DARAUF, WAS **GLÜCK** FÜR IHR KIND BEDEUTET hast und sie nicht machen möchtest. Ich weiß, dass die meisten deiner Klassenkameraden so denken. Aber gibt es nicht doch vielleicht einen kleinen Teil in dir, vielleicht nur fünf Prozent, der denkt, dass es doch angebracht ist, die Hausaufgaben zu erledigen? Ja? Cool! Kann ich mal für einen Moment mit diesem Teil sprechen?« Fragen Sie diesen (A)-Anteil, warum er glaubt, es sei angemessen, die Schulaufgaben zu machen, fragen Sie so lange weiter, bis Sie Antworten erhalten, die die Überzeugungen Ihres Kindes spiegeln und nicht die Ihren: »Inwiefern glaubst du, dass Schulaufgaben für dein Leben wichtig sein könnten?« Wenn Ihr Kind dahinkommt, zu sagen, es wolle sich um seiner selbst willen anstrengen, können Sie mit ihm darüber nachdenken, wo die wahren Gründe für den Hausaufgaben-Hass liegen.

Vereinbaren Sie mit seinem (A)-Hirn, dass sich Ihr Kind richtig reinhängt – und wenn nur für vier Wochen –, nur um zu sehen, wie es sich danach fühlt. Zeitlich begrenzt wirkt die Aufgabe nicht gar so erdrückend wie die Forderung, sich für immer anstrengen zu müssen. Häufig erntet Ihr Kind bereits nach zwei Wochen Anstrengung seinen Lohn und wird so intrinsisch motiviert, weiterzumachen. Wenn Sie Ihrem Kind die Schulaufgaben mittels von Anreizen schmackhaft machen, belohnen Sie seine Bemühungen (Zeit und Energie) und nicht das, was dabei herauskommt (die Noten). Die Noten werden dem Einsatz Ihres Kindes folgen und das, was wirklich wertvoll ist, ist sein Einsatz. Vereinbaren Sie dann einen gemeinsamen Termin mit seinen Lehrern und überlegen Sie gemeinsam, welche Maßnahmen herangezogen werden sollten (Nachhilfeunterricht, pädagogisches Testen, dass die Hausaufgaben in der Schule erledigt werden, etc.). Bleiben die Hausaufgaben ein schwieriges Thema, suchen Sie professionelle Hilfe auf (eine Beratungsstelle für Kinder und Jugendliche). Vermeiden Sie es, zu schreien oder zu nörgeln, aber geben Sie auch nicht auf. Kommen Sie auf das ungeliebte Thema immer wieder zurück. In diesem Fall ist die Zeit auf Ihrer Seite: Das (A)-Hirn entwickelt sich immer weiter. Vermitteln Sie Ihrem Kind, dass Sie immer für es da sind und ihm jederzeit helfen, wenn es aus seiner Deckung herauskommen und einen Versuch als Schlagmann starten möchte. Erinnern Sie Ihr Kind auch daran, dass noch nie jemand einen Treffer landen konnte, ohne es überhaupt zu versuchen.

Zögern Sie nicht, Anreize zu setzen, auch wenn das nach Bestechung und Profitgier stinkt und das in Bezug auf etwas (Bildung), das vielen Menschen heilig ist. Mit diesem Trick können Sie Ihren zögerlichen Schüler anstoßen und ihm so helfen, seine anfängliche Angst zu überwinden. Wenn Ihr Kind erst einmal den süßen Geschmack des Erfolgs gekostet hat, klappt es irgendwann auch mit der »Freude am Lernen«. Bis es dazu kommt, müssen Sie den Spruch auf dem Autoaufkleber akzeptieren, am Ende kann nur Ihr Kind entscheiden, ob es bereit ist, sich zu verändern. So ist das nun mal. Wir müssen unsere Teenager bezüglich Ihrer Einstellung zur Schule zunächst annehmen, wie sie sind. Wir können an den Feineinstellungen feilen, während wir darauf warten, dass das intellektuelle Erwachen und die Disziplin, deren es beim Lernen bedarf, einsetzen. Und irgendwann kommen diese Eigenschaften fast immer zur Blüte, wenn wir unsere Kinder nicht durch Streitereien entmutigen und zermürben. Denn unser Ärger verzögert den wunderbaren Reifeprozess nur und kann ganz andere Probleme nach sich ziehen, die Schulverweigerung und Hausaufgabenhass ziemlich harmlos aussehen lassen.

**Die Reife richtet manches** Zum Glück hat Mutter Natur an ein Sicherheitsnetz gedacht, das Teenager mit Schulproblemen auffängt. Man nennt es Reife. Eines Tages erreichte mich ein Brief einer ehemaligen Klientin, Michelle, einer sehr intelligenten jungen Frau, die in der Schule auf keinen grünen Zweig gekommen war. In diesem Brief stand: »Hey Doc Mike! Raten Sie mal, an welcher Uni ich nächste Woche meinen Abschluss mache? Nein, nicht im örtlichen Jugendgefängnis. An der Universität von New York! Ha! Das hätten Sie wohl nie gedacht. Geben Sie's ruhig zu ...« Michelle beschrieb außerdem, wie sie an einer Abendschule Disziplin gelernt hatte, um dann an einer der besten Universitäten zu studieren.

Mir war es damals nicht gelungen, Michelle zu »heilen«. Aber es gelang mir, dass ihre Eltern Wut und Ablehnung gegen Unterstützung und Akzeptanz eintauschten. Da die beiden, wie so viele von uns

Eltern, daran glaubten, dass es ein Akt der Liebe sei, hart mit einem Kind umzugehen, das sich der Schule verweigert, war dieses Umdenken für die beiden nicht einfach. So etwas ist nie einfach. Während der Schulzeit war ihre Tochter nie unter der Klassenbesten, aber sie mussten auch nicht mitansehen, wie sie in ein Jugendgefängnis oder die -psychiatrie eingewiesen wurde. Und schließlich waren sie bei der Abschlussfeier ihrer Tochter an der New York University und hatten eingesehen, dass es nur einen Zeitplan gibt, der funktioniert – der ihres Kindes und nicht ihr eigener.

**Es muss nicht jeder studieren** Nachdem ich Ihnen die wundervolle Geschichte von Michelle erzählt habe, muss ich Ihnen nun Ihre wilden Zukunftsträume für Ihr Kind ein bisschen verderben. Erinnern Sie sich noch daran, als ich ganz zu Anfang des Buches gesagt habe, dass ich die Zulassung Ihres Kindes an einer der Top-Universitäten nicht garantieren kann und das möglicherweise auch gar nicht will? Der Grund dafür ist, dass nicht jeder für ein Studium an der Uni geschaffen ist. Die Überzeugung, dass jeder einen Universitätsabschluss machen sollte, ist eine schräge Idee, die sich erst in den letzten 50 Jahren entwickelt hat. Wenn das zum Wohl aller Jugendlicher beitrüge, hätte ich nichts dagegen, aber so ist es nicht. Mehr als ein Drittel unserer Kinder, die ein Studium beginnen, schließen es nicht ab. Und diejenigen, die bis zum Ende durchhalten, bekommen häufig gerade einmal einen Job im Supermarkt. Diejenigen, die aufgeben oder es nicht schaffen, verlassen die Hochschule geknickt, mit dem Gefühl Versager zu sein, und oft mit hohen Schulden.

Wenn es Ihr Ziel ist, Ihrem Kind ein glückliches Leben zu ermöglichen, sollten Sie sich darauf konzentrieren, was Glück für Ihr Kind bedeutet. Das kann ein Studium an einer Universität beinhalten. Oder eine Berufsausbildung oder ein Studium an einer Fachhochschule – was auch immer zur Persönlichkeit Ihres Kindes passt. Ich kenne Ärzte, die Ihre Arbeit lieben, und solche, die sie absolut verabscheuen. Genauso verhält sich das auch mit Polizisten, Köchen, Elektrikern und überhaupt mit so ziemlich allen anderen Berufen. Viele Jugendliche zermürbt es, ständig zu hören, dass die Universität der einzig richtige Weg sein soll, obwohl sie selbst bereits für sich spüren, dass ein Studium nicht zu ihnen passt. Die Abwehrhaltung gegen die Schule kann in solchen Fällen häufig dadurch gemindert werden, dass wir unseren Horizont erweitern und damit die Optionen unserer Kinder – neben einem Studium gibt es viele andere Möglichkeiten.

Lassen Sie auch die Möglichkeit eines Auslandsjahres oder Freiwilligendienstes im Inland in die Gespräche mit Ihrem Kind einfließen. In so einem Jahr lernen junge Menschen wichtige Dinge, die ihnen dabei helfen, herauszufinden, wer sie eigentlich sind und was sie mit ihrem Leben anfangen wollen. Und sollten sie sich für ein Studium entscheiden, hängen sie nicht ein Jahr hinterher, sondern sind ihren Kommilitonen um Jahre voraus, denn diese Studenten sind oft viel gewissenhafter und engagierter. Das hat einen einfachen Grund: Jetzt können unsere Kinder selbst entscheiden, welchen Weg sie einschlagen möchten, egal, wohin dieser sie führt. Wenn wir Eltern Zeugen dieser resilienzstärkenden Entwicklung werden, können wir uns, mit gutem Gewissen zu Ruhe setzen.

# Sex- und Beziehungsprobleme

*»Also, Mama, mit wie vielen Männern hattest du schon geschlafen, bevor du Papa kennengelernt hast? Mama? Mama? Hast du mich gehört? Ich habe gefragt, mit …?«*

*Die meistgefürchtete Frage vieler Eltern*

Vielleicht hat sich Ihr Kind gerade in ein sexuelles Wesen verwandelt und Sie schlagen deshalb dieses Kapitel auf. Herzlich willkommen in einem neuen Alptraum. Wie Sie sehen, verstehe ich Ihre Sorgen. Natürlich haben Sie immer gewusst, dass Ihr Mädchen oder Ihr Junge eines Tages zur Frau beziehungsweise zum Mann heranwächst. Aber: Sie haben diese Tatsache bestens verdrängt. Heimlich haben Sie immer die Hoffnung gehegt, dass Ihr Kind nicht so triebgesteuert wird, wie Sie es damals als Teenager waren, dass Ihr Kind über diesen Themen stehen würde, so bis etwa zum Alter von 25 oder 30 Jahren. Und es war Ihnen Trost, dass Sie bis dahin mit ein bisschen Glück bereits tot wären. Also, kein Problem. Habe ich recht?

Wahrscheinlich ist Ihr Grad der Verdrängung nicht ganz so massiv wie meiner, aber die meisten Eltern leugnen die Sexualität Ihres Kindes in gewissem Maße. Dabei sollten wir gerade das nicht tun. Denn auch wir waren in der Pubertät von unserer Sexualität besessen, und genauso geht es unseren Teenagern – nur schlimmer. Nicht weil sie schlechtere Menschen sind, sondern weil sie in einer Welt aufwachsen, in der das Thema »Sex« allgegenwärtig ist. Schon früh wurde ihnen eine Botschaft eingetrichtert: Dein Wert als Mensch und deine Sexualität hängen auf fatale Weise miteinander zusammen.

Der Sexualkundeunterricht in der Schule ist ein erster Schritt, aber bietet nicht die Antwort auf alle Fragen. Natürlich lernen sie dort medizinische und biologische Aspekte von Sexualität, aber das ist nicht annähernd genug. Was in der Schule nicht vermittelt werden kann (und auch gar nicht vermittelt werden sollte), sind die »sexy« (die wirklich wichtigen) Aspekte von Sexualität – ein stabiles Selbstwertgefühl und moralisches Verhalten. Diese Themen sollten in der Verantwortung der Eltern bleiben. »Okay, Dr. Bradley«, seufzen Sie. »Dann versuchen sie doch, mein Kind aufzuklären. Wenn ich damit anfange, hält es sich die Ohren zu und singt so lange seinen Lieblingssong, bis ich aufhöre zu reden.« Natürlich tut es das. Das große Gespräch über Bienen und Blumen sollte eigentlich in 10 000 kleinen Portionen stattfinden, kurze Konversationen nebenbei, die früh beginnen und immer weitergehen und nicht in einen fünfstündigen Marathon in der Küche ausarten. Das Thema sollte als etwas Normales behandelt und immer wieder in kurzen Unterhaltungen aufgeworfen werden. Vielleicht als spontane Reaktion auf Bilder im Fernsehen, während Sie gemeinsam auf der Couch sitzen: »Prostitution wird in diesem Film dargestellt, als sei es cool, als hätten die Prostituierten eine gute Zeit. Glaubst du, dass das stimmt?« Oder auf einen Liedtext: »In dem Lied heißt es, es sei cool, ein Zuhälter zu sein. Was denkst du darüber?« Oder auf einen Zeitungsartikel bezogen: »Hier steht, Vergewaltigungen seien Sexualverbrechen. Denkst du bei einer Vergewaltigung geht es um Sex oder um Gewalt?«

Doch eigentlich sollte die Kommunikation mit unseren Kindern am häufigsten ohne Worte ablaufen, indem wir ihnen unsere auf Sexualität bezogenen Wertevorstellungen vorleben. Und was genau zeigen wir unseren Kindern dann? Begegnen wir anderen mit Achtung oder mit anzüglichen Witzen und Gesten? Verhalten wir uns unserem Partner gegenüber respektvoll oder flirten wir mit anderen? Sind wir treu? Kleiden wir uns angemessen oder ziehen wir mit provokanten Outfits die Blicke auf uns? Denken Sie über diese Fragen gut nach und seien Sie sich gewahr, dass in den Köpfen unserer Kinder unsere Worte immer von unseren Taten übertönt werden.

Wenn Sie nichts von all dem, was Sie gerade gelesen haben, richtig gemacht haben (so geht es leider viel zu vielen von uns), ist dann alles zu spät? Keineswegs. Es kann sich sogar als sehr effektiv erweisen, diesen Ansatz erst im Praxiseinsatz anzuwenden, denn dann wird das Thema für unsere Kinder real. Machen Sie sich klar, dass Sex und Beziehungen nur selten zum Tode führen und meistens nur dann gefährlich werden, wenn wir über diese Themen nicht miteinander sprechen. Sie haben es geschafft, die Pubertät zu überleben. Ihrem Kind wird das auch gelingen. Auch wenn es sich nicht so einfach anfühlt, wenn man Mutter oder Vater ist ...

## Wenn Ihr Kind in einen Macho verliebt ist

*»Johnny liebt mich so sehr, dass er total eifersüchtig wird, wenn ich meine Freundinnen treffe. Deswegen habe ich unsere Freundschaften beendet.«*

*Alise, 13 Jahre alt*

### Do:

- Jetzt ist es an der Zeit für einen kühlen Kopf und Diplomatie, nicht für Wut und gereizte Reaktionen.
- Verbotene Liebe ist immer am interessantesten (zumindest für Teenager).
- Seien Sie sich im Klaren darüber, dass Sie nur einen Bruchteil des ganzen Wahnsinns mitbekommen.
- Jungs und Mädchen können kontrollierend und missbräuchlich handeln.

- Negative Beziehungen können starken Stress auslösen und der Resilienz Ihres Kindes nachhaltig schaden. Versuchen Sie, solche Folgen geschickt abzuwenden.
- Seien Sie aufmerksam und schauen Sie nach Anzeichen körperlicher Gewaltanwendung bei Ihrer Tochter und bei Ihrem Sohn (blaue Flecken, Beulen, Kleidung oder Make-up, das Verletzungen verstecken soll).
- Seien Sie aufmerksam und schauen Sie nach Anzeichen von seelischen Verletzungen bei Ihrer Tochter und bei Ihrem Sohn (Rückzug von Freunden, von Aktivitäten, von der Familie, schlechte Hygiene, verändertes Schlaf- oder Essverhalten).
- Sprechen Sie Ihre Sorgen behutsam an.
- Setzen Sie Sicherheitsgrenzen durch, ohne Ihrem Kind zu sagen, wen es lieben darf.
- Laden Sie den Trottel bei jeder Gelegenheit zu sich nach Hause ein (frei nach dem Motto »Halte deine Freunde nahe bei dir, deine Feinde aber noch näher«).
- Gestehen Sie es Ihrem Kind zu, negative Erfahrungen zu machen – in einem sicheren Umfeld. Besser mit 16 als mit 36 Jahren.
- Verbieten Sie Ihrem Kind den Umgang, wenn es eingesteht, missbräuchlich behandelt zu werden, und benachrichtigen Sie die Polizei.
- Suchen Sie sofort eine Beratungsstelle auf, sollte Ihr Kind Zeichen von Gewalt aufweisen oder offensichtlich die Kontrolle über sich verlieren, dies aber leugnen.

## Don't:

- Verbieten Sie Ihrem Kind seine Beziehung nicht komplett (es sei denn, es bestehen körperliche Risiken).
- Unterschätzen Sie die Kraft der Teenagerliebe nicht und auch nicht die Defizite von Teenager-Hirnen.
- Tun Sie nicht nichts (sonst denkt Ihr Kind, sein verrücktes Verhalten sei in Ordnung).

• Hüten Sie sich davor, den Trottel in Gegenwart Ihres Kindes zu kritisieren oder abzuwerten (es sei denn, Sie wollen ihnen als Schwiegersohn).

## Was steckt hinter den Handlungsempfehlungen?

Unglaublich, aber leider wahr: Nicht wenige unserer Töchter und Söhne gehen zunächst eine missbräuchliche Beziehung oder eine Beziehung mit einem stark kontrollierenden Partner ein, bevor sie die Schule beenden.

Verbieten Sie Ihrem Kind, den Macho zu treffen, schaffen Sie es blitzschnell, den unliebsamen Widerling in den attraktivsten Partner auf Erden zu verwandeln. Das ist eine todsichere Methode, um aus einer merkwürdigen Laune, die eigentlich schnell vorüberziehen würde, eine Liebestragödie à la Romeo und Julia zu machen, und so dafür zu sorgen, dass das (C)-Hirn Ihres Kindes die Oberhand gewinnt. Tun Sie, was Sie tun müssen, um Ihr Kind vor seinem (C)-Hirn zu bewahren (»Aber er liebt mich doch«), und erinnern Sie sich daran, dass Ihre erste Priorität darin liegt, Ihrem Kind etwas beizubringen. Wenn Sie jeglichen Kontakt verbieten, hört Ihr Kind auf zu lernen und beginnt aus Protest gegen Sie damit, sich von Ihnen zu entfernen. Damit Ihr Kind etwas von Ihnen annimmt, ist es wichtig, dass es sich nicht vor Ihnen verschließt. Nur so kann es lernen, den nächsten kontrollierenden Partner frühzeitig als solchen zu erkennen und keine Beziehung mit ihm einzugehen.

### Mein Vorschlag

Zeigen Sie Ihrem Kind Grenzen zu seiner Sicherheit auf, aber beenden Sie nicht seine Beziehungen (es sei denn, es ist körperliche Gewalt im Spiel) und reden Sie nicht schlecht über seinen Partner: »Schätzchen, ich mache mir Sorgen, dass eure Beziehung für dich nicht sonderlich gut ist. Mit wem du zusammen bist, ist deine Sache, aber deine Sicherheit ist meine, darum bitte ich dich, deinen Freund nur hier bei uns oder zusammen mit deinen Freunden zu treffen. Er ist hier jederzeit willkommen. Wenn wir schon dabei sind, warum lädst du ihn nicht ein, am Sonntag mit uns zu Abend zu essen?« Wenn Herr/Frau Falsche-Wahl mit säuerlicher Miene am Essenstisch sitzt und daneben gutgelaunte, ausgeglichene Vorbilder (wie große Geschwister) erlebt, sieht das blindverliebte Kind danach vielleicht klarer. Denn die miese Laune, die so ein Blödmann (oder eine Blödfrau) verbreitet, sticht ins Auge und könnte zum Nachdenken führen. Lehnen Sie sich währenddessen zurück, kommentieren Sie nicht.

Ich weiß aus privater und beruflicher Erfahrung sehr gut, dass das leichter gesagt als getan ist. Aber ich weiß auch, dass die Zeit in solchen Fällen für Sie arbeitet. Die unsympathischen Partner verlieren mit der Zeit ihre Anziehungskraft, die sie haben, weil die Eltern sie ablehnen, und irgendwann kann das (A)-Hirn Ihres Kindes die Schwächen nicht mehr ignorieren.

Bieten Sie an zuzuhören, wenn Sie Tränen sehen, aber erzwingen Sie keine Informationen. Gestehen Sie Ihrem Kind zu, nur das mit Ihnen zu teilen, was es von sich aus erzählen möchte. Und falls Ihr Kind von etwas berichtet, woraufhin Sie den Heißgeliebten am liebsten schlagen würden, bleiben Sie ruhig und fragen Sie, was Ihr Teenager fühlt und denkt. Den Macho zu schlagen oder auch nur zu beleidigen, führt zum Absinken der Lernkurve. Geben Sie Ihrem Kind den Raum, selbst darauf zu kommen, so wirkt diese wichtige resilienzstärkende Lektion ein Leben lang.

## Die ersten sexuellen Erfahrungen

### Do:

- Bleiben Sie locker. Ihre ruhige Verfassung und Ihr Rat können lebensrettend sein.
- Machen Sie sich klar, dass der Druck, sich über sexuelle Aktivitäten zu definieren, nie höher war als heute.

- Machen Sie sich klar, dass der Mythos vom harmlosen Gelegenheitssex auch unter schlauen Jugendlichen gang und gäbe ist.
- Machen Sie sich klar, dass die Ansteckungsraten von sexuell übertragbaren Krankheiten unter Jugendlichen hoch sind.
- Machen Sie sich klar, dass Mädchen in der Mittelstufe häufig als Initiatorinnen sexueller Handlungen auftreten, dabei aber oft gemischte Gefühle haben und den Sex im Nachhinein bereuen.
- Berufen Sie Eltern des Freundes/der Freundin Ihres Kindes zu einem »Teamtreffen« ein (geben Sie ihnen diese Seiten zum Lesen).
- Fragen Sie das junge Paar danach, ob Pläne für eine Schwangerschaft bestehen (so etwas kommt wirklich vor), und geben Sie den beiden zu bedenken, wie sehr ein Kind ihr Leben verändern würde.
- Versichern Sie sich, dass die beiden verhüten. Teenager, die verhüten, werden meist nicht schwanger. Dahingegen scheitern sehr viele früh gegründete Teenagerfamilien.
- Verhindern Sie intime Zusammenkünfte, wenn Ihr Kind entschlossen ist, weiterhin Sex zu haben, dies aber nur als letzter Ausweg.
- Suchen Sie professionellen Rat, sollten Sie das Gefühl haben, gegen eine Wand zu laufen.

## Don't:

- Drehen Sie nicht durch. Ihr Schreien kann sich verehrend auswirken.
- Gehen Sie nicht davon aus, dass Teenager für so etwas alt genug sind (sie sehen bloß so aus).
- Zwingen Sie Ihrem Kind nicht gleich Gespräche über Moral und Werte auf (das kann später kommen).
- Verbieten Sie Ihrem Kind seine Beziehung nicht, sonst könnte es passieren, dass es mit seinem Partner durchbrennt.
- Geben Sie nicht klein bei und erlauben Sie Ihrem Kind nicht, weiterhin Sex zu haben. Es geht hier wirklich um das Leben Ihres Kindes.

## Was steckt hinter den Handlungsempfehlungen?

Konzentrieren Sie sich zunächst auf die Don'ts. Verliebte/triebgesteuerte Teenager reagieren auf Moralpredigten nicht sonderlich gut – zumindest nicht in einer akuten Krise – also gilt es, Wissen zu vermitteln, nicht zu predigen. Ihr Kind anzuschreien und ihm den Sex zu verbieten, macht die verbotene Sache gleich viel attraktiver, vor allem um es Ihnen heimzuzahlen. Ein Beziehungsverbot kann aus kleinen Flämmchen der Leidenschaft ein loderndes Feuer machen, inklusive Teenager-Schwangerschaft. Die Kälte, die Statistiken über sexuell übertragbare Krankheiten und Schwangerschaften ausstrahlen, kann sich als effektives Löschmittel für die Flammen erweisen.

Teenager wissen theoretisch alles über Sex. Doch dieses Wissen haben sie fein säuberlich verpackt und während der Dauer ihrer Romanze in einem hinteren Winkel im Kopf weggeschlossen. Sie müssen also ein Spielverderber sein und die Leidenschaft mit Statistiken abkühlen, von denen die Teenager eigentlich bereits gehört haben, die aber jetzt, wo sie selbst riskieren, einen Schwangerschafts- oder Aidstest machen zu müssen, eine ganz andere Dimension annehmen. Wir sind am aufnahmefähigsten, wenn etwas mit unserem Leben zu tun hat. Wie haben Sie selbst denn all diese Dinge gelernt? Genau. So war es auch bei mir.

### Mein Vorschlag

Engen Sie die Freiheiten Ihres Kindes ein – aber nur so weit wie nötig und nur als letztes Hilfsmittel. Diese Maßnahme kann ein paar Wochen lang wirksam sein, Ihr Kind dann aber weiter auf dem Weg hin zu ungeschütztem Sex treiben. Versuchen Sie stattdessen lieber, seine (A)-Überzeugungen zu formen, die halten ein Leben lang. Zum Nachteil von Eltern funktionieren ruhig geführte Unterhaltungen immer dann am besten, wenn Sie am liebsten schreien würden. Schreien Sie Ihren Partner beim Kickboxen an, wenn Sie geladen sind, und sprechen Sie mit Ihrem Kind, wenn Sie sich beruhigt haben.

Wenn Sie mit Ihrem Kind ein Gleichgewicht zwischen Freiheiten und Sicherheit ausgehandelt haben, wird sich herausstellen, dass die Zeit auf Ihrer Seite ist: Die meisten Teenager-Lieben haben eine kurze Lebensdauer. Um Ihren Schmerz erträglicher zu machen, können Sie sich in Erinnerung rufen, dass wir alle unsere Erfahrungen in verrückten Beziehungen gesammelt haben, um dann eines Tages einen passenden Partner auswählen zu können. Es gibt dabei keinen einfachen Weg. Nochmal, denken Sie daran: »Halte deine Freunde nahe bei dir, deine Feinde aber noch näher.« Stellen Sie klar: »Er ist bei uns jederzeit willkommen und du kannst gemeinsam mit deinen Freunden und ihm unterwegs sein, aber dass ihr beide allein bei ihm zu Hause seid, ist absolut ausgeschlossen. Wir können darüber zu einem späteren Zeitpunkt erneut diskutieren.«

So beunruhigend dieses Thema für Sie auch sein mag, machen Sie sich bewusst, dass die Sexualität ein Geschenk ist. Werten Sie das verrückte Verhalten, das Ihr Kind an den Tag legt, als Symptom und nicht als Vergehen. Jetzt sind Sie an der Reihe damit, Ihrem Kind die wirkungsvollste Lektion, die möglich ist, zu vermitteln. Die Lektion, die gelehrt wird, wenn sie absolute Relevanz für das Leben Ihres Kindes hat. Ihr Lehrplan sieht es vor, das (A)-Wertesystem zu schärfen, sodass Ihr Kind über die positiven und negativen Seiten der Sexualität aufgeklärt ist und besonnen handelt – nicht nur bei dieser einen »Seelenverwandten-die-ewige-Liebe-Person«, sondern auch bei den zehn anderen, die es im Lauf der nächsten zehn Jahre treffen wird, während es seine sexuelle Identität und seine eigenen Werte formt. Ihre moralische Verurteilung steht diesem Lernen im Weg. Ihre bedingungslose Liebe wird Ihr Kind hingegen stärken.

# Sozialprobleme

Ist es nicht erstaunlich? Da hatten Sie immer angenommen, Ihr Kind lerne an Werktagen von 8 Uhr bis 15 Uhr, und dann, plötzlich ging Ihnen ein Licht auf: Ihr Kind geht nicht nur in eine, sondern in zwei Schulen. In die eine, die wichtige Schule, über die Sie bereits Bescheid wussten, die mit den müffelnden Sporthallen, den schmuddeligen Toiletten und dem schlechten Essen.

Und dann gibt es da noch die andere, die wirklich wichtige Schule, von der Sie erst gerade erfahren haben: die »soziale Schule«. Das hat Sie nun echt überrascht, nicht wahr? Das kommt daher, dass wir Eltern dazu neigen, die Themen »Freundschaften und Soziales« in denselben Topf mit derselben niedrigen Priorität zu werfen wie die Lieblingszahnpasta, -musik oder –filme unseres Kindes. Wie wichtig können Freunde für einen Jugendlichen wohl sein? Die Antwort: unermesslich viel wichtiger, als Ihnen Ihre Freunde sind. Freunde sind weitere Steine in der Mauer namens Resilienz. Das soziale Netzwerk von Jugendlichen kann mit einem Korallenriff verglichen werden: ein ungemein vielfältiger Lebensraum, der verschiedenste Möglichkeiten zur Interaktion bietet und eine unglaublich ergiebige Quelle ist, um Neues zu lernen und innerlich zu wachsen. Diese »soziale Schule« ist ein lebensangewandtes Lernlabor, in dem Ihr Kind Ideen testen kann, die wichtiger sind, als alles, was es im Chemieunterricht je zu Augen bekommt. In der »sozialen Schule« lernt es wichtige Lektionen über Loyalität, Respekt, Werte, Vertrauen, Charakterstärke, Leidenschaft, Verhandlungen, Selbstlosigkeit, Verhaltensregeln, Liebe und einige weitere dieser trivialen Dinge, die so wichtig für den Aufbau von Resilienz sind.

Hierbei handelt es sich um ein weiteres Beispiel dafür, dass Ihr Kind ganz woanders im Leben steht als Sie. Wenn Sie diesen Umstand nicht berücksichtigen, kann es für Ihr Kind sehr verletzend sein. Bei den Themen rund um Soziales ist Ihre Aufgabe beinahe erledigt. Sie selbst wissen im Großen und Ganzen, wer Sie sind, woran Sie glauben und welche Dinge Ihnen wichtig sind. Weil Sie in diesen Fragen Klarheit haben, fühlen Sie sich weniger schnell angegriffen (Sie sind resilienter), sollte es zu negativen zwischenmenschlichen Situationen kommen, etwa einem Streit mit einem Freund, dem Ausschluss aus einer Gruppe oder Ärger mit einem Macho. Wenn Sie bei der Arbeit einen richtig miesen Tag hatten, haben Sie immer noch Ihren Lebensgefährten, Freunde von der Arbeit, Nachbarn, Selbstvertrauen und so weiter. Ihr Kind jedoch hat wenige dieser Anker und wird von sozialen Unwettern viel stärker hin und her geschleudert. Die Ironie der Sache liegt darin, dass Ihr Kind mitten ins Auge des Sturms segeln sollte, um mehr (Selbst-)Sicherheit zu bekommen. Oder wie haben Sie das gelernt?

Auch scharfe Zähne und gefährliche Korallen sind in diesem Riff versteckt. Das fragile Selbstwertgefühl Ihres Kindes kann blitzschnell verletzt werden und es kann sogar zu körperlichen Verletzungen kommen. Das Beste und das Schlechteste, beides ist Teil dieser sozialen Welt. Wie also können wir Eltern unsere Teenager schützen und ihnen dennoch zugestehen, selbst zu lernen? Je mehr wir großen Fische (die Eltern) uns in das Leben am Riff einmischen, desto weniger lernen die kleinen Fische. Wenn Sie sich also in die Beziehungen Ihres Kindes einmischen, tun Sie das im Wissen, dass Ihr Kind ab dem Moment Ihrer Einmischung nichts mehr aus der Beziehung lernt und dies wahrscheinlich zu einem späteren Zeitpunkt nachholen muss. Wenn es zu Problemen bei der Thematik »Freundschaften und Soziales« kommt, sollte unsere elterliche Titelmelodie eigentlich »Let It Be« lauten. Auch wenn ich zugeben muss, dass dieses Lied nur so lange gut klingt, bis wir sehen, wie unser Kind arglos auf scharfe Zähne zuschwimmt. In solchen Schreckensmomenten stehen wir vor der großen Entscheidung: Sollen wir helfend eingreifen und wenn ja, wann und wie? In den folgenden Abschnitten finden Sie Antworten auf diese Fragen.

Zunächst ein grundlegender Hinweis: In den meisten dieser Fälle bedeutet weniger mehr. Seien Sie einfühlsam und bieten Sie Ihrem Kind an zuzuhören, verzichten Sie auf Belehrungen. Durch Ausprobieren lernt man immer noch am bestens, zumindest solange man das Ausprobieren überlebt und das neugewonnene Wissen anwenden kann. Stellen Sie Fragen, seien Sie dabei behutsam und versuchen Sie hier und da Ihren Standpunkt einzubringen. Das ist besser, als wenn Sie die Kontrolle über das Leben Ihres Kindes an sich reißen: »Mein Schatz, ich befürchte, dass Susans Zuhause kein so guter Ort für dich ist. Wie siehst du das?«

Wenn Sie kurz davorstehen, kopfüber ins Wasser zu springen, nicht um Ihr Kind zu schützen, sondern damit Sie sich besser fühlen, dann denken Sie an die klugen Worte meiner Frau: Es ist in unserem eigenen Interesse, dass unsere Kinder diese schwierigen Lektionen lernen, solange sie noch unter unserem Dach leben. Sie singt »Let It Be« übrigens immer mit einer Zusatzzeile: »Better at 14 than at 40.«

## Mobbing

Do:

- Gemobbt zu werden kann ähnlich wie Drogenmissbrauch zu Änderungen im Verhalten führen (sozialer Rückzug, Schulverweigerung, Schlaf- oder Essstörungen, Stimmungsschwankungen). Die Ursache wird häufig versteckt, da es als beschämend empfunden wird, Opfer der Tyrannei anderer zu sein.
- Mobbing kann auf körperlicher, verbaler oder digitaler Ebene stattfinden. Es gibt auch stilles Mobbing: wenn jemand einfach ignoriert wird.
- Verbales/digitales/stilles wird oft schmerzhafter empfunden als körperliches Mobbing.
- Machen Sie sich bewusst, dass das, was wir Erwachsenen als »Belästigung« und »Angriff« bezeichnen, von Jugendlichen eher als »hänseln«, »normal«, »unvermeidlich« oder »abhärtend« bezeichnet wird.
- Im Gegensatz zu dem, was man üblicherweise über junge Tyrannen sagt, sind diese häufig beliebt und haben ein gutes Selbstwertgefühl.

- Mobbing-Täter sind häufig größer, beliebter und stärker als ihre Opfer (ein Faustkampf zur Problemlösung funktioniert also leider doch nur im Film).
- Machen Sie sich klar, dass es gut möglich ist, dass Ihr Teenager sich schämt, Ihnen zu erzählen, dass er gemobbt wird.
- Mobbing kann am besten durch langfristige, wiederholte Anti-Mobbing-Programme an der Schule eingedämmt werden. So etwas funktioniert sehr viel besser als die Schlichtung im Einzelfall.
- Jedes Opfer muss seinen Weg finden, mit der Situation umzugehen und sich zu wehren.
- Bieten Sie Ihrem Kind an, jederzeit zuzuhören. Behalten Sie gutgemeinten, aber emotional eher distanzierenden Rat für sich.
- Bieten Sie Ihrem Kind an, in der Schule anzurufen, wenn das Mobbing extrem ist, aber ...
- ... seien Sie sich im Klaren darüber, dass die Lehrer alles noch schlimmer machen können, wenn sie in diesen Belangen nicht gut ausgebildet sind.
- Mobbing tritt am häufigsten in der Mittelstufe auf, danach nehmen die Fälle mit jedem Jahr ab.
- Fragen Sie Ihr Kind, ob es je daran gedacht hat, sich selbst zu verletzen oder Rache zu nehmen. Sollte es auf diese Frage mit Ja antworten, ist es an der Zeit, professionelle Hilfe aufzusuchen, um die Verletzungsgefahr besser einzuschätzen zu können.
- Versuchen Sie, Ihr Kind vom Internet wegzubekommen – notfalls durch Bestechung –, wenn es im digitalen Raum Opfer von »Cybermobbing« geworden ist (heute ist diese Form des Mobbings die häufigste).

## Don't:

- Gehen Sie nicht davon aus, dass es für Ihr Kind die beste Lösung ist, sich körperlich zur Wehr zu setzen. Vor allem dann nicht, wenn es die von Ihnen bevorzugte Antwort auf Sticheleien war.
- Glauben Sie nicht, dass Sie wüssten, wie Ihr Kind am besten reagieren sollte.

- Verharmlosen Sie diese Qual nicht, indem Sie sagen, es sei »normal«.
- Lassen Sie es nicht zu, dass Ihr Ärger oder Ihre Enttäuschung (möglicherweise darüber, dass Ihr Kind sich nicht zur Wehr setzt?) Ihr Kind davon abhält, Ihnen seinen eigenen Selbsthass und seine Enttäuschung mitzuteilen.
- Rufen Sie nicht in der Schule an, ohne Ihr Kind davon in Kenntnis zu setzen. (Manchmal machen die Lehrer alles noch schlimmer, und Ihr Kind braucht insbesondere jetzt das Gefühl, die Kontrolle zu haben.)
- Denken Sie daran, dass Ihr Kind eher Ihre Liebe und Unterstützung braucht als Ihr Nahkampftraining.

### Was steckt hinter den Handlungsempfehlungen?

Mehr als 15 % aller Jugendlicher werden irgendwann zur Zielscheibe, und viele schämen sich zu sehr, um es zuzugeben. Zwischenzeitlich wirkt das so normal, dass wir Erwachsenen es gar nicht mehr richtig wahrnehmen (wobei wir selbst vor Gericht ziehen würden, wenn mit uns jemand so umginge, wie unsere Teenager sich gegenseitig behandeln).

Häufig romantisieren wir Mobbing sogar als etwas ganz Normales, nach dem Motto »Was mich nicht umbringt, macht mich stärker«, als stärke es die Resilienz unserer Kinder. Tut es aber nicht. Die Mobbingopfer sind Kinder, keine Soldaten, und sie sind verpflichtet, zur Schule zu gehen, und nicht freiwillig dort. Sie sitzen in der Falle – eingesperrt im Klassenzimmer und in der Nachbarschaft, gemeinsam mit den fiesen Mobbern, für die wir Erwachsenen ein Unterlassungsgebot erwirken würden. Stellen Sie sich einfach vor, Sie säßen im Gefängnis. Mobbing wirkt wie ein Gift, es schwächt die Resilienz und lässt das Stresslevel gefährlich nach oben schnellen.

Sie stimmen mir also zu, dass sich Mobbing negativ auf Ihr Kind auswirkt und dass man etwas dagegen unternehmen muss. Aber was? Rachefeldzüge (Faustkämpfe, jemanden im Gegenzug beleidigen) helfen nur in seltensten Fällen, meistens verschlimmern sie die Situation nur. Egal ob man den einen Kampf gewinnt oder verliert, der Krieg wird danach mit größerer Härte geführt. Und sollten Sie darüber nachdenken, die Lehrer Ihres Kindes miteinzubeziehen, sollten Sie zuerst versuchen herauszufinden, was diese wohl tun würden. Wenn sie über ein schulweites Anti-Mobbing-Programm sprechen, sollten Sie sich dafür einsetzen (solche Programme sind sehr effektiv). Wird nur darüber geredet, den Mobber zu bestrafen und/oder den Jugendlichen eine Mediation aufzuzwängen (»Okay, jetzt geben wir uns die Hand und sind Freunde«), sollten Sie Ihrem Kind die Entscheidung überlassen. Häufig fällt das, was am Ende rauskommt, schlechter aus, als das, was passieren würde, wenn man erst gar nicht eingriffe.

Bei Mobbing handelt es sich um komplexe Gruppendynamiken, nicht darum, dass zwei miteinander kämpfen. Die einzige reale Möglichkeit, Mobbing in den Griff zu bekommen, ist, die Art und Weise, wie Mobbing in der Gemeinschaft wahrgenommen wird zu ändern. Ohne sich um die Gemeinschafts- und Schaulustigenmentalität zu kümmern und diese zu ändern (»Yo, Alter! Das ist nicht witzig, kapiert«), kann die Schule für Ihr leidendes Kind nicht viel ausrichten. Übrigens sind internetfähige Geräte die neuen Waffen der tyrannisierenden Jugendlichen. Sowohl Fälle von versuchtem als auch gelungenem Suizid gehen in den USA auf das Konto von Cybermobbern.

**Mein Vorschlag**

Sie können eine ganze Menge bewirken, nämlich mit einem System, das ich »Die Mistkerle überdauern« nenne.

- Hören Sie Ihrem Kind zu, Ihre Ohren sind das heilsamste und am wenigsten genutzte elterliche Werkzeug. Gutes Zuhören macht in etwa 50 Prozent des Heilungsprozesses aus.
- Stimmen Sie Ihrem Kind zu, wenn es erklärt, dass die Situation ungemein schmerzhaft ist.
- Geben Sie Ihrem Kind danach, wenn es sich ausgeweint hat, zu bedenken, dass dieser Wahnsinn seinen Höhepunkt in der Mittelstufe erreicht, in der Oberstufe abnimmt und an der Universität beinahe völlig verschwunden sein wird. Ihrem Kind zu sagen, dass Mobber

an der Universität eher ausgelacht und gemieden werden, kann ihm Hoffnung geben, dass sich sein Leben bessert (was höchstwahrscheinlich der Fall sein wird).

- Fragen Sie dann, ob Ihr Kind bis dahin ein paar Strategien dafür erlernen möchte, besser durch diese Phase zu kommen.
- Überlegen Sie gemeinsam und notieren Sie alle Möglichkeiten auf einer Liste, aus der Ihr Kind sich seine Strategien aussuchen kann.

Beginnen Sie damit, ihm die verschiedener Strategien vorzuschlagen (Humor ist äußerst hilfreich):

- Fragen Sie, was Ihr Kind davon hält, mit fester Stimme zu sagen: »Bitte hör damit auf!« (das funktioniert öfter, als die meisten denken),
- den Mobber zu ignorieren (was einfacher gesagt als getan ist),
- ihm aus dem Weg zu gehen,
- mit Freunden zu verreisen und
- neue Freunde durch neue Aktivitäten zu finden.

Diese Liste – selbst wenn einige der Strategien nicht brauchbar sein sollten – vermittelt Ihrem Kind das Gefühl von Kontrolle, das es jetzt so dringend braucht.

Versuchen Sie dabei, stets an Ihre Mission zu denken. Ihre Priorität liegt nicht darin, seine Probleme zu lösen, sondern seinem (A)-Hirn beizubringen, wie es die Emotionen seines (C)-Hirns in den Griff bekommt, auch für die zehntausenden Herausforderungen, wenn Sie nicht da sind. So entwickelt Ihr Kind das Herzstück seiner Resilienz und die Fähigkeit, für den Rest seines Lebens mit Stress umzugehen. Es kommt nicht darauf an, ob sein erster Versuch, mit dem Mobber fertigzuwerden, glückt. Wichtig ist, dass Ihr Kind nicht aufgibt und immer neue Möglichkeiten ausprobiert, bis es seinen eigenen Weg findet – nicht den Ihren.

Bitten Sie Ihr Kind, in sich hineinzulauschen und zu hören, was sein (P)-Hirn zu ihm sagt. Es ist gut möglich, dass das (P)-Hirn übernommen hat, was die Fieslinge gesagt haben: Du bist ein Loser, hässlich, fett, mager, hast keine Freunde. Machen Sie Ihrem Kind klar, dass das so ist, als habe man unentwegt einen Mobber im Kopf, einen, dem es sich unbedingt entgegenstellen muss. Bitten Sie Ihr Kind, mit seinem (A) auf die Sticheleien seines (P) zu antworten: »Ein Teil von dir sagt, du hättest keine Freunde, stimmt das?« Wenn Ihr Kind sagt: »Ich bin hässlich«, dann erwidern Sie, dass Sie gerade sein 4-jähriges Ich (sein (C)) gehört hätten, das gesagt habe, dass es sich hässlich fühle, und ob sein 14-jähriges Ich (sein (A)) denke, dass es hässlich sei. Helfen Sie Ihrem Kind dabei, diese inneren Stimmen zu unterscheiden, und fragen Sie, worauf man sich besser verlassen solle: auf das, was man fühlt, oder auf das, was man denkt?

Wenn Ihr Kind stark auf die Sticheleien anderer reagiert, können Sie ihm das Konzept »Freedom Challenge«[9] von Therapeut Fred Hanna nahebringen. Machen Sie Ihrem Kind klar, dass man Mobbern Macht gibt, wenn man sich über Ihre Gemeinheiten aufregt. Stellen Sie sich gemeinsam vor, Ihr Kind würde Haltung bewahren und einfach seelenruhig davonlaufen. Nicht wie ein Feigling, sondern triumphierend, da der Fiesling so keine Macht mehr über seine Reaktionen ausübt. Das zu schaffen, ist zwar wirklich schwer, kann sich aber auszahlen. Wiederholen Sie dieses Szenario von Zeit zu Zeit, um es an den wachsenden Reifegraf Ihres Kindes und veränderte Mobbing-Methoden anzupassen. Am allerwichtigsten aber ist es, zuzuhören und ein Auge auf Ihr Kind zu haben, um Depressionen, die aus solch traumatischen Situationen erwachsenen können, frühzeitig zu erkennen. Gehen Sie dann gemeinsam in Deckung und überleben Sie die Mistkerle. Da ich selbst »Mistkerl-Überdaurer« bin, weiß ich, wovon ich spreche und, dass ein gutes Leben die beste Rache ist.

## Extreme Schüchternheit

### Do:

- Machen Sie sich bewusst, dass Schüchternheit dann als Störung aufgefasst werden kann, wenn diese dem Glück Ihres Kindes im Weg steht.

- Machen Sie sich bewusst, dass Schüchternheit nicht das ist, was Ihr Kind ausmacht (sein (A)-Hirn), sondern wie es sich fühlt (sein (C)-Hirn).

- Machen Sie sich bewusst, dass sich extrem schüchterne Jugendliche aufgrund ihrer Schüchternheit meistens schlecht fühlen.

- Machen Sie sich bewusst, dass Schüchternheit durch ein biochemisches Ungleichgewicht ausgelöst werden und/oder eine erlernte Verhaltensweise sein kann (als Folge von Mobbing oder Missbrauch). Extreme Schüchternheit kann die soziale und emotionale Entwicklung sowie die Resilienz Ihres Kindes negativ beeinflussen.

- Machen Sie sich bewusst, dass 50 Prozent aller Erwachsenen angeben, mit Schüchternheit gekämpft zu haben.

- Fragen Sie Ihr Kind, ob es sich mit seiner Schüchternheit wohlfühlt, aber seien Sie behutsam (vielleicht schämt es sich zu sehr, um mit Ihnen darüber zu sprechen).

- Versuchen Sie Ihrem Kind klarzumachen, dass Schüchternheit ein begrenzender Wesenszug ist, nicht sein begrenztes Wesen.

- Bekräftigen Sie die positiven Charakterzüge Ihres Kindes – ohne leere Floskeln zu benutzen.

- Fragen Sie Ihr Kind, ob es sich ändern möchte.

- Bieten Sie ihm Anreize an, damit es unter Leute geht.

- Kontaktieren Sie die Schule Ihres Kindes, um herauszufinden, ob es dort Gruppenaktivitäten gibt, bei denen auf schüchterne Jugendliche eingegangen wird.

- Erzählen Sie Ihrem Kind, dass es viele ganz großartige Menschen gibt, die sich mit der Zeit von ihrer Schüchternheit befreien konnten (wie man auf www.shakeyourshyness.com sehen kann). Die meisten dieser Leute haben auf ihr (A)-Hirn eingewirkt, um ihre (C)-Ängste zu überwinden.

- Lehren Sie Ihr Kind Ihre eigenen Anti-Schüchternheits-Techniken (andere herzlich grüßen, dem Gegenüber Fragen stellen). Erzählen Sie davon, dass auch Sie sich manchmal zwingen müssen, zu Veranstaltungen zu gehen, auf denen sich Sie am liebsten verstecken würden. Und, dass es im Nachhinein immer eine gute Entscheidung war, zu gehen.

## Don't:

- Glauben Sie nicht, dass Ihr Kind gerne so lebt.
- Machen Sie keine Witze über die Schüchternheit Ihres Kindes, und lassen Sie es auch nicht zu, dass andere so etwas tun.
- Mäkeln Sie nicht an Ihrem Kind herum und versuchen Sie auch nicht, es krampfhaft zu verändern.
- Ignorieren Sie die Schüchternheit nicht nach dem Motto »Das wird sich schon noch auswachsen«.

## Was steckt hinter den Handlungsempfehlungen?

Extreme Schüchternheit ist weniger Teil der Persönlichkeit als etwas, das Persönlichkeit begrenzt. Schüchternheit ist nicht das, was ein Teenager ist, sondern eher ein ernstes Leiden, das Ihrem Kind nicht ermöglicht zu sein, wer es ist, oder zu werden, wer es sein möchte. Ohne etwas dagegen zu tun, kann sie einfach weggehen, doch bis dahin sind die Auswirkungen immens. Schüchternheit kann Ihrem Kind bei einer der grundlegenden Aufgaben Heranwachsender im Weg stehen: dabei, herauszufinden, wer es ist.

Im Internet wimmelt es nur so von Geschichten erfolgreicher Menschen, die mit extremer Schüchternheit gekämpft haben (oder immer noch kämpfen). Sehen Sie sich diese Geschichten gemeinsam an. Auf einer stark verkürzten Liste stehen unter anderem historische Persönlichkeiten wie Albert Einstein, Theodore Roosevelt, Eleanor Roosevelt, Thomas Jefferson und Ulysses S. Grant oder Größen aus dem Showbusiness wie Brad Pitt, Julia Roberts, David Bowie, Michelle Pfeiffer, David Letterman, George Harrison, Gloria Estefan, Jim Carrey, Tom Hanks und Kevin Costner. Und bei diesen Personen handelt es sich nur um diejenigen, die selbstsicher genug sind, ihre Schüchternheit einzugestehen. Bitten Sie Ihr Kind dann, Ihnen zu sagen, wenn es bereit ist, das Problem mithilfe eines Therapeuten anzugehen.

**Mein Vorschlag**

Nutzen Sie die Zwischenzeit, um Ihrem Kind Ihr eigenes Vier-Schritte-Modell gegen Schüchternheit vorzuführen:

- Benennen Sie zuerst die irrationale angsterfüllte Erwartung Ihres (C)-Hirns:»Ein blöder Teil von mir, mein (C)-Hirn, sagt, dass mich alle auf der Party hassen werden.«
- Wenden Sie dann die Aufmerksamkeit auf Ihr (A)-Hirn: »Mein klügerer Teil, mein (A)-Hirn, sagt voraus, dass ich höchstwahrscheinlich einen netten Abend haben werde und mich hinterher freue, rausgegangen zu sein.
- Im dritten Schritt fällen Sie eine Entscheidung: »Ich muss jetzt wohl entscheiden, auf welchen Teil von mir ich hören möchte.«
- Und im vierten Schritt schließt sich die Reflexion der Situation an: »Ich ärgere mich über mich selbst, weil ich auf mein (C)-Hirn gehört habe und nicht gegangen bin. Ich habe gehört, es war lustig dort«, oder hoffentlich: »Ich bin so froh, dass ich meinem (A)-Hirn vertraut habe und gegangen bin. Ich hatte einen tollen Abend.«

Fokussieren Sie sich auf alles, was Ihr Kind erreicht hat, und auf seine positiven Charaktereigenschaften (Einfühlungsvermögen, Mitgefühl etc.), bis es Ihnen signalisiert, dass es bereit ist. Suchen Sie gemeinsam nach Aktivitäten, bei denen Ihr Kind auf stressfreie Weise mit anderen Gleichaltrigen zusammenkommt (wie beispielsweise als Teamer in der Jugendarbeit, Jugendtrainer im Sportverein oder als freiwilliger Helfer in einer Tafel). Beginnen Sie mit den am wenigsten einschüchternden Aktivitäten und arbeiten Sie sich von dort aus nach vorne.

Sagen Sie die folgenden Worte Eleanor Roosevelts, einer schmerzhaft schüchternen Person, die das eine oder andere in ihrem Leben erreicht hat, Ihrem Kind weiter:

---

*»Niemand kann dir ohne deine Zustimmung*
*das Gefühl geben, minderwertig zu sein.«*

---

# Epilog

Herzlichen Glückwunsch! Ihr Training ist hiermit abgeschlossen, das Abenteuer kann nun beginnen. Teenager in unserer Zeit großzuziehen, ist in jeder Hinsicht ein echtes Abenteuer. Vor allem aber, weil es sich um einen wahrhaft tiefgreifenden Prozess handelt, der auch uns selbst grundlegend verändert. Mein persönliches Ziel war es, Ihnen Ihre elterliche Mission mitsamt den Strategien und Taktiken auf den Weg zu geben, die alle dazu dienen, die Resilienz Ihres Kindes zu stärken. Allerdings ließ uns das wenig Zeit, um ehrfürchtig das große Ganze zu betrachten, das all die Disziplin, die ich Ihnen abverlangt habe, rechtfertigt:

Hier geht es darum, ein Kind ins Erwachsenenalter zu begleiten, darum, diesem Menschen etwas für sein Leben mitzugeben. Dieser Jemand hat zu Beginn des Abenteuers noch nicht existiert und wird von nichts und niemandem auf dieser Welt stärker beeinflusst worden sein als von Ihnen.

Diese Einsicht sollte uns eigentlich täglich den Atem verschlagen, aber es ist wahrscheinlich, dass wir darüber schon eine ganze Weile nicht mehr nachgedacht haben. Zuletzt möglicherweise sogar vor vielen Jahren, als wir unser neugeborenes Kind zum ersten Mal in den Armen hielten, überwältigt vom Wunder des Lebens. Dann wurden wir so stark in den Strudel des (häufig frustrierenden) Elternalltags gesogen, dass wir die Heiligkeit unserer Aufgabe vergaßen. Es geht beim Elternsein niemals darum, einen Elitestudenten heranzuziehen. Es geht darum, die künftigen Eltern unserer Enkel großzuziehen. An erster Stelle muss dabei immer unsere bedingungslose Liebe stehen, keine Zeugnisse. Näher gelangen wir niemals an die Unendlichkeit heran. Was wir heute Abend als Eltern tun, wird Teil unseres Erbes, das wir für alle Zeiten weiterreichen. Was möchten Sie hinterlassen? Wut, Enttäuschung, Schmerz, Traurigkeit? Das vermachen wir unseren Kindern, wenn wir uns nur darauf konzentrieren, was sie nicht sind.

Würden Sie es vielleicht vorziehen, Schätze wie Akzeptanz, Geduld, Humor, Freude und Toleranz weiterzugeben, und das vor allem dann, wenn Sie provoziert werden? Solche Familienerbstücke entstehen dann, wenn wir unsere Kinder so lieben, wie sie sind, wenn wir ihnen nicht abverlangen, so zu werden, wie wir es gerne hätten. Im Grunde ist Liebe unsere wirksamste Taktik.

Helden opfern ihr Leben nicht aus Hass auf den Feind, sondern aus Liebe zu ihren Schwestern und Brüdern. Tapferkeit erwächst nicht aus einem ruhigen friedlichen Leben. Heldenhafte Eltern und Soldaten bestätigen, dass Tapferkeit inmitten von Angst, Schmerz, Chaos und völliger Erschöpfung entsteht. Fürchten Sie sich also nicht zu sehr vor den schwierigen Phasen. Denn – Ironie des Lebens – es sind genau diese Zeiten, in denen wir über uns herauswachsen, viel mehr schaffen, als wir uns je zugetraut oder von allein versucht hätten. Auch an finsteren Tagen beobachtet das Kind, das so wild entschlossen scheint, Sie in den Wahnsinn zu treiben, aufmerksam, wie Sie sich halten. Es lernt, was zu tun ist, wenn sein Kind es eines Tages in den Wahnsinn treibt. Um Ihnen bei Ihrem heldenhaften Einsatz zu helfen, überlasse ich Ihnen nun meine vier besten Erziehungs-Tricks:

**1. Trick:** Beim ersten handelt es sich um eine Haltung, die ich vom kürzlich verstorbenen Yogi Berra gelernt habe. Im Jahr 1973 durchlebte Yogi düstere Tage in der Baseballliga, als er die New York Mets trainierte und die Mannschaft auf dem letzten Platz landete. Damals äußerte er spontan: »Es ist nicht vorbei, bevor es vorbei ist« – dieser Satz wurde zum Mantra für alle, die sich durch eine schwierige Zeit kämpfen müssen. Später in der Saison, und gegen alle Prognosen, wurde sein Team Gruppenerster und qualifizierte sich für die World Series. Im Privaten wie im Beruflichen konnte ich die Wirksamkeit von Yogis Haltung unzählige Male beobachten, immer dann, wenn ein »hoffnungsloser Pubertätsfall«, als junger Erwachsener Erfolge feiern konnte. In beinahe allen Fällen waren für die positive Entwicklung die Eltern verantwortlich, die während schwieriger Zeiten in Yogi-Manier und mit einem Achselzucken sagten: »Es ist nicht vorbei, bevor es vorbei ist«, und nicht aufgaben.

**2. Trick:** Den zweiten Trick verdanke ich Colin Powell, einem hausauf-
gabenverweigernden Schulversager, der zum Vier-Sterne-General und
Minister wurde. Während meiner Militärzeit hörte ich sein Führungs-
Mantra etwas zehnmal täglich – »Immerwährender Optimismus ist
ein Kraft-Multiplikator« –, was so viel bedeutet wie, dass eine kleinere
Militäreinheit mit starkem Kampfgeist eine viel größere mutlose be-
siegen kann. Dieser Satz trifft auf Eltern noch viel besser zu als auf Soldaten. Es ist wichtig, sich immer auf die positiven Möglichkeiten, die
in der Zukunft liegen, zu konzentrieren, insbesondere, wenn die Zeiten schwierig sind, denn genau dann fühlen wir uns hoffnungslos
unterlegen und überwältigt.

**3. Trick:** Um Sie dabei zu unterstützen, verrate ich Ihnen nun meinen
dritten Trick, einen, der den heiteren Namen »Totenbett-Übung« trägt.
Wenn ich während einer dieser schwierigen Phasen mit meinen pubertierenden Kindern nach Hause kam, hielt ich in der Garage einen
Moment inne, bevor ich ins Haus ging. Ich wusste bereits, dass im
Haus echte Herausforderungen auf mich warten würden: das Schlafzimmer meines Sohnes (»Mein Bett ist noch da, Papa. Schau, dort, unter den Pizza-Kartons«) oder das Treffen mit dem neusten Mr. Won-
derful meiner Tochter (»Genghis arbeitet im mittleren Management –
im Tattoo-Studio«). Ich hatte mir vorgenommen, in diesen Fällen eine
kurze Pause zu machen, tief durchzuatmen und mir selbst die wohl
klügste Frage überhaupt zu stellen: »Also, Mike, wenn du eines Tages
auf dem Sterbebett liegst und dein Leben noch einmal an dir vorbeizie-
hen lässt, wie wird sich dann das, was du heute Abend vorhast, wohl
anfühlen?« Diese Frage würde mich schnell abkühlen. Ich würde mein
Wort an wen oder was auch immer dort oben im Himmel richten:
»Danke, hab's verstanden!« Ich würde zu meinem Sohn gehen, ihn in
den Arm nehmen, fragen, was bei ihm gerade los ist, und ihm zuhören, ohne ihn zu kritisieren. Dann würde ich ihn möglicherweise fragen, so wie ich das bereits an die zehntausendmal zuvor getan habe:
»Ross, könntest du Essensreste und -verpackungen möglicherweise
aus deinem Zimmer bringen, bevor sie von selbst rauskrabbeln?« Er
würde lachen und sagen: »Klar, Papa.« Wir würden diese Übung so
lange wiederholen, bis er eines Tages auszieht. An diesem Beispiel

lässt sich ablesen, dass sich resilienzfördernde Erziehung um kluge Prioritäten (Gefühle stehen an erster, Ordnung an zweiter Stelle), Methoden (etwa so zu handeln, wie man von anderen wahrgenommen werden möchte; vorsichtig abwägen, weswegen man einen Krieg beginnt) und Geduld (darauf vertrauen, dass die Saat, die wir mit Liebe säen, eines Tages erblüht) dreht.

»Aber Dr. B.«, werfen Sie schnell ein, »das hat so nicht funktioniert. Ihr Sohn war ein totaler Chaot, als er unter ihrem Dach gewohnt hat. Er hat so nie und nimmer gelernt, ordentlich zu sein.« Ich antworte darauf mit dem, was meine Tochter völlig erstaunt erzählte, als sie ihren Bruder zum ersten Mal besuchte, nachdem er ausgezogen war: »Papa, du wirst es nicht glauben. Ross ist der Putzteufel in seiner WG. Er putzt ständig hinter seinen Mitbewohnern her und hält ihnen Vorträge, wie sie die Wohnung sauber und ordentlich halten sollen!« Als ich das hörte, platzte ich beinahe vor väterlichem Stolz.

**4. Trick:** Mein vierter und bester persönlicher Erziehungs-Trick heißt Humor. Der von der dunkleren Sorte, der die geistige Gesundheit erhält, den Soldaten in Schützenlöchern entwickeln, Polizisten auf Streife oder ausgelaugte Eltern von Teenagern, die versuchen, die Selbstdisziplin für resilienzfördernde Erziehungsmaßnahmen aufrechtzuerhalten, wenn sie gerade eigentlich am liebsten ausrasten würden. Cindy und ich haben einen Lieblingscartoon, der von Peter C. Vey gezeichnet wurde und den wir wohl an die tausendmal spätnachts zitiert haben. Vey hat viel für »The New Yorker« und das »Mad Magazine« gearbeitet – ideale Referenzen für einen Kommentator in Erziehungsfragen, finden Sie nicht auch? Ich habe dieses Kleinod von einem pensionierten Kinderarzt und Vater übernommen – einem, der alles gesehen hat, was es bezüglich Kindererziehung zu sehen gibt –, den ich auf einem meiner Seminare kennenlernte. Er sagte, der Cartoon habe ihn und seine Frau während schwieriger Pubertätszeiten ihrer Kinder bei Verstand gehalten. Ich schlage vor, Sie kaufen sich ein Poster davon (die gibt es online) und hängen es in Ihre Küche. Dargestellt ist ein Paar mittleren Alters, das friedlich im Wohnzimmer liest. Die Frau blickt auf und sagt: »Jetzt, wo die Kinder im Gefängnis sind, können wir endlich den Urlaub machen, von dem wir schon so lange geträumt haben.«

Viel Glück da draußen, immer mit der Ruhe und vergessen Sie nicht zu lachen!

Ihr Doc Mike

# Dank

All denen, die meine Arbeit unterstützt haben, möchte ich meinen Dank aussprechen: Bonnie Arena, Pete Bradley, Tony Chunn, Ginny Harvey-Dawson, Joe Ducette, Mattie Gershenfeld, Barry Kayes, Terry Longren, Father Michael McCarthy, Father John Riley, Pat Williams, Gene Stivers und am meisten von allen Chuck Schrader – vielen Dank!

Auch denen, die an mein Buch glaubten und dieses Projekt möglich gemacht haben: Ellen Kadin, Marilyn Allen und Sandy McWilliams – vielen Dank!

# Service

## Literatur

**Hinweis:** Da es sich bei dieser Ausgabe um eine Übersetzung handelt, ist nur englischsprachige Literatur aufgeführt. Deutschsprachige Literatur zum Thema finden Sie unter »Weiterführende Literatur«.

Aiken, Mary. *The Cyber Effect: A Pioneering Cyber-psychologist Explains How Human Behavior Changes Online.* Spiegel & Grau, 2016.

Antony, Martin M. and Richard P. Swinson. *The Shyness & Social Anxiety Workbook: Proven, Step-by-Step Techniques for Overcoming Your Fear.* New Harbinger Publications, 2008.

Basso, Michael J. *The Underground Guide to Teenage Sexuality.* Fairview Press, 2003

Bast, Donna S. *Teens and Computers. .. What's a Parent to Do? A Basic Guide to Social Networking, Instant Messaging, Chat, Email, Computer Set-up, and More.* CreateSpace, 2007.

Blanco, Jodee. *Please Stop Laughing at Us: One Survivor's Extraordinary Quest to Prevent School Bullying.* BenBella Books, 2008.

Borba, Michele. *UnSelfie: Why Empathetic Kids Succeed in Our All-About-Me World.* Touchstone, 2016.

Bradley, Michael J. *Yes, Your Parents Are Crazy!: A Teen Survival Guide.* Harbor Press, 2004.

Bright, Neil. *Rethinking Everything: Personal Growth through Transactional Analysis.* Roman & Littlefield, 2015.

Christen, Carol and Richard N. Bolles. *What Color Is Your Parachute? For Teens, 2nd Edition: Discovering Yourself, Defining Your Future.* Ten Speed Press, 2011.

Coloroso, Barbara. *The Bully, the Bullied, and the Bystander: From Preschool to High School—How Parents and Teachers Can Help Break the Cycle of Violence.* William Morrow, 2009.

Crandell, Christy. *Lost & Found: A Mother and Son Find Victory Over Teen Drug Addiction.* Pascoe Publishing, 2006.

Ginsburg, Kenneth R. *Building Resilience in Children and Teens: Giving Kids Roots and Wings, Raising Kids to Thrive: Balancing Love with Expectations and Protection with Trust.* American Academy of Pediatrics, 2015.

*Giving Kids Roots and Wings, Raising Kids to Thrive: Balancing Love with Expectations and Protection with Trust.* American Academy of Pediatrics, 2015.

Hipp, Earl. *Fighting Invisible Tigers: Stress Management for Teens.* Free Spirit Publishing, 2008.

James, Muriel and Dorothy Jonge-Ward. *Born to Win: Transactional Analysis With Gestalt Experiments, 25th Anniversary Edition.* Da Capo Press, 1996.

Jensen, Frances E. and Amy Ellis Nutt. *The Teenage Brain: A Neuroscientist's Survival Guide to Raising Adolescents and Young Adults.* Harper Paperbacks, 2016.

Kohn, Alfie. *The Homework Myth: Why Our Kids Get Too Much of a Bad Thing.* Da Capo Lifelong Books, 2006.

Luthar, Suniya S., ed. *Resilience and Vulnerability: Adaptation in the Context of Childhood Adversities.* Cambridge University Press, 2003.

Murray, Jill. *But I Love Him: Protecting Your Teen Daughter from Controlling, Abusive Dating Relationships.* Regan Books, 2001.

Schaefer, Dick. *Choices and Consequences: What to Do When a Teenager Uses Alcohol/Drugs.* Hazelden, 2010.

Seaward, Brian Luke and Linda K. Bartlett. *Hot Stones & Funny Bones: Teens Helping Teens Cope with Stress & Anger.* HCI Teens, 2002.

Siegel, Daniel J. *Brainstorm: The Power and Purpose of the Teenage Brain.* Tarcher Perigree, 2015.

Stepp, Laura Sessions. *Unhooked: How Young Women Pursue* Sex, Delay *Love* and *Lose at Both.* Riverhead Books, 2008.

Zimbardo, Philip G. *Shyness: What It Is, What to Do About It.* Addison-Wesley, 1990.

## Weiterführende Literatur

Brooks, Robert et al.: Das Resilienz-Buch: Wie Eltern ihre Kinder fürs Leben stärken. Klett-Cotta 2017.

Böckem, Jörg et al.: High Sein: Ein Aufklärungsbuch. Rogner & Bernhard 2015.

Cain, Susan: Still und Stark: Die Kraft introvertierter Kinder und Jugendlicher. Goldmann Verlag 2017.

Feibel, Thomas: Jetzt pack doch mal das Handy weg!: Wie wir unsere Kinder von der digitalen Sucht befreien. Ullstein 2017.

Henning, Ann-Marlene & Tina Bemer-Olszewski: Make Love: Ein Aufklärungsbuch. Goldmann Verlag 2017.

Hipp, Earl. Was wirklich hilft gegen deinen Stress. Verlag an der Ruhr 2011.

James, Muriel & Dorothy Jonge-Ward. Spontan leben: Übungen zur Selbstverwirklichung. Rowohlt 1995.

Jannan, Mustafa: Das Anti-Mobbing-Buch: Gewalt an der Schule – vorbeugen, erkennen, handeln. Mit Elternheft. Beltz 2015.

Jensen, Frances E. & Amy Ellis Nutt. Teenager-Hirn: Was in der Pubertät im Kopf Ihres Kindes los ist – Survival-Guide für geplagte Eltern. Goldmann Verlag 2016.

Kohn, Alfie. Der Mythos des verwöhnten Kindes: Erziehungslügen unter die Lupe genommen. Beltz 2015.

Saval, Ingeborg: Starke Kinder: Gezielt und fantasievoll: Methoden für selbstbewusste und ausgeglichene Kinder. Trias 2014.

Schmale-Riedel, Almut: Der unbewusste Lebensplan: Das Skript in der Transaktionsanalyse. Typische Muster und therapeutische Strategien. Kösel 2016.

Siegel, Daniel J. Aufruhr im Kopf: Was während der Pubertät im Gehirn unserer Kinder passiert. mvg Verlag 2015.

# Endnoten

1  Jay Giedd, »Forword« in Michael J. Bradley, Yes, Your Teen Is Crazy!: Loving Your Kid Without Losing Your Mind. Gig Harbor, WA: Harbor Press, 2002.

2  J.M. Twenge et al., »Birth Cohort Increases in Psychopathology Among Young Americans, 1938–2007: A Cross Temporal Meta-Analysis of the MMPI.« *Clinical Psychology Review* (30)2, March, 2010, 145–154.

3  J.M. Twenge et al., »It's Beyond My Control: A Cross-Temporal Meta-Analysis of Increasing Externality in Locus of Control, 1960–2002«, *Personality and Social Psychology Review* 8(3), (2004): 308–319.

4  Michael Borba, UnSelfie: *Why Empathetic Kids Succeed in Our All-About-Me World* (New York: Touchstone, 2016)

5  Jacobellis v. Ohio, 378 U.S. 184 (1964).

6  Thaves, Fred, *Frank and Ernest*, United Features Syndicate (1982).

7  The National Center of Addiction and Substance Abuse, Adolescent Substance Abuse (June, 2011).

8  M.L. Pendergast, et al, »The Effectiveness of Drug Abusse Treatment: A Meta-Analysis of Comparison Group Studies,« *Drug and Alcohol Dependence*67(1) (June 1, 2002): 53–72.

9  Fred J. Hanna, Therapy with Difficult Clients: *Using the Precursors Model to Awaken Change*. Washington, DC: American Psychological Association (2002).

# Sachverzeichnis